EL TALLER DE LOS ESCRITORES

© 2005　Francis Amalfi
© 2005　EDITORIAL OCÉANO S.L.
　　　　Barcelona (Spain)

All rights reserved. No part of this publication may be reproduced or stored in a retrieval system or transmitted in any form or by any means, whether electronic, mechanical, photocopying, recording or other kind, without the prior permission in writing of the owners.

All rights reserved. Korean Translation Copyright © WILLCOMPANY, 2013.
This Korean edition published by arrangement with Editorial Océano, S.L., through Shinwon Agency.

이 책의 한국어판 저작권은 (주)신원에이전시를 통한 저작권사와의 독점 계약으로 윌컴퍼니가 소유합니다.
신 저작권법에 의하여 한국 내에서 보호를 받는 저작물이므로 무단전재와 무단복제를 금합니다.

불멸의 작가들

초판 1쇄 발행 | 2013년 8월 20일
지은이 프란시스 아말피 | 옮긴이 정미화 | 펴낸곳 윌컴퍼니 | 펴낸이 김화수
등록 2011년 4월 19일 제300-2011-71호 | 주소 (110-043) 서울시 종로구 자하문로13길 15, 1층
전화 02-725-9597 | 팩스 02-725-0312 | 이메일 willcompany@nate.com
ISBN | 978-89-967751-6-4　03800
* 잘못된 책은 바꿔드립니다. * 책값은 뒤표지에 있습니다.

불멸의 작가들

폴 오스터에서 프란츠 카프카까지, 위대한 작가 125인의 삶, 사랑 그리고 문학

프란시스 아말피 지음 | 정미화 옮김

WILLCOMPANY

| 차례 | 책을 소개하며 : 문학의 힘 | 10 |

이사벨 아옌데 Isabel Allende	14
마틴 에이미스 Martin Amis	18
아이작 아시모프 Isaac Asimov	22
폴 오스터 Paul Auster	26
오노레 드 발자크 Honoré de Balzac	30
피오 바로하 Pio Baroja	34
샤를 보들레르 Charles Baudelaire	38
사뮈엘 베케트 Samuel Beckett	42
마리오 베네데티 Mario Benedetti	46
윌리엄 블레이크 William Blake	50
호르헤 루이스 보르헤스 Jorge Luis Borges	54
베르톨트 브레히트 Bertolt Brecht	58
찰스 부코스키 Charles Bukowski	62
바이런 경 Lord Byron	66
이탈로 칼비노 Italo Calvino	70
알베르 카뮈 Albert Camus	74
엘리아스 카네티 Elias Canetti	78
트루먼 커포티 Truman Capote	82
루이스 캐럴 Lewis Carroll	86
카밀로 호세 셀라 Camilo José Cela	90

미겔 데 세르반테스 Miguel de Cervantes	94
안톤 체호프 Anton Chekhov	98
애거사 크리스티 Agatha Christie	102
아서 코넌 도일 Arthur Conan Doyle	106
조지프 콘래드 Joseph Conrad	110
훌리오 코르타사르 Julio Cortázar	114
알리기에리 단테 Alighieri Dante	118
루벤 다리오 Rubén Darío	122
대니얼 디포 Daniel Defoe	126
미겔 델리베스 Miguel Delibes	130
찰스 디킨스 Charles Dickens	134
표도르 도스토옙스키 Fyodor Dostoevskii	138
알렉상드르 뒤마 Alexandre Dumas	142
마르그리트 뒤라스 Marguerite Duras	146
로렌스 더럴 Lawrence Durrell	150
프리드리히 뒤렌마트 Friedrich Dürrenmatt	154
움베르토 에코 Umberto Eco	158
조지 엘리엇 George Eliot	162
윌리엄 포크너 William Faulkner	166
귀스타브 플로베르 Gustave Flaubert	170
페데리코 가르시아 로르카 Federico García Lorca	174
가브리엘 가르시아 마르케스 Gabriel García Márquez	178
칼릴 지브란 Khalil Gibran	182
요한 볼프강 폰 괴테 Johann Wolfgang von Goethe	186

그레이엄 그린 Graham Greene	190
막심 고리키 Maksim Gor'kii	194
하인리히 하이네 Heinrich Heine	198
어니스트 헤밍웨이 Ernest Hemingway	202
헤르만 헤세 Hermann Hesse	206
퍼트리샤 하이스미스 Patricia Highsmith	210
프리드리히 횔덜린 Johann Christian Friedrich Hölderlin	214
빅토르 위고 Victor Hugo	218
올더스 헉슬리 Aldous Huxley	222
헨리크 입센 Henrik J. Ibsen	226
에우제네 이오네스코 Eugene Ionesco	230
헨리 제임스 Henry James	234
제임스 조이스 James Joyce	238
프란츠 카프카 Franz Kafka	242
니코스 카잔차키스 Nikos Kazantzakis	246
잭 케루악 Jack Kerouac	250
스티븐 킹 Stephen King	254
러디어드 키플링 Rudyard Kipling	258
밀란 쿤데라 Milan Kundera	262
자코모 레오파르디 Giacomo Leopardi	266
도리스 레싱 Doris Lessing	270
잭 런던 Jack London	274
하워드 필립스 러브크래프트 Howard Phillips Lovecraft	278
안토니오 마차도 Antonio Machado	282

토마스 만 Thomas Mann	286
하비에르 마리아스 Javier Marías	290
허먼 멜빌 Herman Melville	294
헨리 밀러 Henry Miller	298
몰리에르 Moliére	302
알베르토 모라비아 Alberto Moravia	306
로베르트 무질 Robert Musil	310
블라디미르 나보코프 Vladimir Nabokov	314
파블로 네루다 Pablo Neruda	318
후안 카를로스 오네티 Juan Carlos Onetti	322
조지 오웰 George Orwell	326
옥타비오 파스 Octavio Paz	330
페르난도 페소아 Fernando Pessoa	334
루이지 피란델로 Luigi Pirandello	338
에드거 앨런 포 Edgar Allan Poe	342
마르셀 프루스트 Marcel Proust	346
프란시스코 데 케베도 Francisco de Quevedo	350
라이너 마리아 릴케 Rainer Maria Rilke	354
아르튀르 랭보 Arthur Rimbaud	358
메르세 로도레다 Mercé Rodoreda	362
몬세라트 로이그 Montserrat Roig	366
살만 루시디 Salman Rushdie	370
에르네스토 사바토 Ernesto Sábato	374
마르키 드 사드 Marquis de Sade	378

프랑수아즈 사강 Françoise Sagan	382
앙투안 드 생텍쥐페리 A. de Saint-Exupéry	386
제롬 데이비드 샐린저 Jerome David Salinger	390
조르주 상드 George Sand	394
주제 사라마구 José Saramago	398
프리드리히 실러 Friedrich Schiller	402
월터 스콧 Walter Scott	406
윌리엄 셰익스피어 William Shakespeare	410
버나드 쇼 Bernard Shaw	414
메리 셸리 Mary Shelley	418
조르주 심농 Georges Simenon	422
존 스타인벡 John Steinbeck	426
스탕달 Stendhal	430
로버트 루이스 스티븐슨 Robert L. Stevenson	434
조너선 스위프트 Jonathan Swift	438
라빈드라나트 타고르 Rabindranath Tagore	442
존 로널드 톨킨 John Ronald Reuel Tolkien	446
레프 톨스토이 Lev Tolstoi	450
마크 트웨인 Mark Twain	454
미겔 데 우나무노 Miguel de Unamuno	458
폴 발레리 Paul Valéry	462
마리오 바르가스 요사 Mario Vargas Llosa	466
마누엘 바스케스 몬탈반 Manuel Vázquez Montalbán	470
로페 데 베가 Lope de Vega	474

폴 베를렌 Paul Verlaine	478
쥘 베른 Jules Verne	482
보리스 비앙 Boris Vian	486
허버트 조지 웰스 Herbert George Wells	490
월트 휘트먼 Walt Whitman	494
오스카 와일드 Oscar Wilde	498
버지니아 울프 Virginia Woolf	502
마르그리트 유르스나르 Marguerite Yourcenar	506
슈테판 츠바이크 Stefan Zweig	510

부록 : 작가 지망생들을 위한 125가지 제안	514

책을 소개하며

문학의 힘

펜은 칼보다 강하다.
— 에드워드 리턴 Edward Lytton

위대한 작가들은 자신의 작품을 통해 현실에 빛이 되어왔다. 그리고 시보다는 소설의 비중이 더 높았던 것이 사실이다. 예를 들어 돈키호테나 햄릿 혹은 베르테르가 없는 세상을 상상할 수 있겠는가?

문자가 발명된 시점부터 세계적인 문학의 대가들이 인류에게 영감을 주었다는 점에는 의심의 여지가 없다. 문학은 픽션이라는 점을 들어 당시 우리가 공개적으로 표명할 수 없던 사상들을 많은 이에게 알리고 설명하며 제안하는 수단으로 이용됐다.

또한 문학은 정도의 크기와 상관없이 우리가 처한 현실을 바꾸어 주었다. 우리는 문학 작품들을 읽으며 판에 박힌 일상에서 잠시 벗어나 멀리서 우리의 삶을 응시하거나 제대로 볼 수 있는 기회를 얻었기 때문이다.

작가란 책을 통해 시간과 거리를 초월하여 우리에게 은밀한 이야기를 전해주는 친구다. 이러한 의미에서 봤을 때, 좋은 책 한 권만 있다면 이 세상에서 그 누구도 혼자가 아닌 셈이다.

《불멸의 작가들》은 작가들과 그들의 존재 이유이기도 했던 독자들을 위한 헌정서이다. 이 책은 오랜 세월에 걸쳐 사랑을 받은 작가 125명의 일대기와 그들의 대표작 중 하나에서 발췌한 내용을 담고 있다. 이를 통해 독자들은 당대의 작가들이 추구했던 문학의 의미와 대담한 사상들을 발견할 수 있을 것이다.

물론 이 책에 수록된 작가들의 목록이 다소 독단적이며 변덕스러운 감이 있다는 사실을 애써 부인하지는 않겠다. 다만 본래의 의도는 대표적인 고전 작가와 현대 작가를 한데 모으는 데 있었다는 사실을 알아주길 바란다. 친애하는 독자 여러분, 그러니 부디 여러분이 동경하는 작가가 혹시 이 목록에 포함되지 않았다면 너그러이 용서해주길 바란다. 그리고 이 책을 통해 작가들의 빛나는 재능과 놀랄만한 생각들 그리고 그들의 불후의 명작들을 발견하리라 의심치 않는다.

또한 독자 여러분도 이미 알려졌거나 혹은 이제 막 발견한 작가들 중에서 위대한 작가의 리스트에 포함할 만한 새로운 작가들을 찾아내는 일을 계속해나가길 바란다.

거장 125명과의 만남이 끝난 후, 지체 없이 바로 시작할 수 있는 글쓰기의 요령과 흥미로운 훈련법을 부록으로 추가해두었으므로 이를 잘 활용할 수 있기를 바란다.

프란시스 아말피 Francis Amalfi

한 권의 책은 우리 안의 얼어붙은 바다를 부수는 도끼여야 한다.

― 프란츠 카프카

Isabel Allende

외교관이었던 아버지를 따라 세계 여러 곳을 다니며 자랐다. 칠레의 대통령이었던 그녀의 숙부 살바도르 아옌데가 피노체트의 군사 쿠데타 세력에 의해 살해되자 저널리스트로 활동하던 그녀는 정부의 블랙리스트에 올랐다. 이후 군부독재가 계속되자 그녀는 베네수엘라로 망명했다.

1982년에 발표한 《영혼의 집》은 4대에 걸친 가족사를 통해 칠레의 현대사를 조명한 수작으로, 작가에게 큰 명성을 안겨주었다. 이 작품은 빌 어거스트 감독에 의해 동명의 영화로도 제작되어 사랑을 받았다.

이후 《사랑과 그림자에 대하여》와 《에바루나》 등을 연이어 발표했으며, 유전성혈액병으로 식물인간 상태가 된 딸에게 보내는 편지 형식의 자전적 소설 《파울라》를 발표하면서 세계적인 작가의 반열에 올랐다.

라틴아메리카의 대표적인 여성 작가인 그녀의 작품은 현실비판과 재미를 모두 충족시켜 전 세계적으로 많은 독자에게 사랑받고 있다.

이사벨 아옌데 Isabel Allende, 페루 리마 1942~

주요 작품

영혼의 집 La casa de los espíritus, 1982

사랑과 그림자에 대하여 De amor y de sombra, 1984

에바루나 Los cuentos de Eva Luna, 1988

무한한 계획 El plan infinito, 1991

파울라 Paula, 1994

운명의 딸 Hija de la fortuna, 1999

세피아 빛 초상화 Retrato en sepia, 2000

문구 및 명언

글을 쓰는 것은 사랑을 나누는 것과 같다. 오르가슴에 연연할 것이 아니라 그 과정에 몰두하라.

작가는 내부에서 끓고 있는 것을 더 이상 감당할 수 없을 때, 이를 한꺼번에 토하듯 글을 쓰게 된다.

진실을 찾는 이는 그것을 얻었을 때 발생할 수 있는 위험에 노출되기 마련이다.

고문의 목적은 정보를 캐내기 위함이 아니라 집행인의 분이 풀릴 때까지 벌주고 괴롭히는 데에 있다. 그들은 이를 통해 다른 이들이 줄곧 겁에 질리길 바랄 뿐이다.

죽음의 손이 당신의 어깨를 쓰다듬는 순간 삶이 다른 방식으로 반짝이는 것을 보게 될 것이며, 지금껏 이해할 수 없었던 점들을 스스로 깨닫게 될 것이다.

어릴 적부터 권력에 맞서야 한다고 배웠다. 그리고 인생 대부분을 그렇게 살아왔기에, 삶이란 태어나기 전과 죽은 후의 고요함 가운데 놓인 혼란일 뿐이라는 것을 알게 되었다.

전쟁은 오직 군인들의 작품이며, 그들의 즉위식과 금빛 계급장은 평화의 상징이 될 수 없다.

여자보다는 남자로 살아가는 것이 낫다. 아무리 미천한 남자일지라도 부려먹을 여자 한 명쯤은 있기 때문이다.

친밀감을 주는 성적 관계란 오로지 어머니와 갓난아기 사이에서만 성립된다.

본능, 꿈, 예감이 중요하다고 생각하는 이유는, 낮에 실제로 본 것보다 밤에 꿈꾼 것이 더욱 실감 날 때가 있기 때문이다. 나는 내 아이들이나 손자들이 태어나기 전에 꿈에서 먼저 만났다. 그래서인지 나는 직감을 절대적으로 믿는 편이다.

글을 쓴다는 것은 코를 하나 빠뜨릴까 노심초사하며 뜨개질을 하는 것과 같다.

무한한 계획 El plan infinito

제2차 세계대전이 끝나갈 무렵에도 삶은 고단했다. 남자들은 아직도 모험하듯 열정적으로 전진하는 데 반해, 여인들은 '애국' 운운하는 각종 선전에도 고독을 더 이상 견뎌내기가 힘이 들었다. 여인들에게 유럽은 아득한 악몽과도 같았고, 배급을 받으며 남편 없이 홀로 아이들을 키우고 집안을 건사하는 것에 신물이 났다.

일명 '백인 쓰레기'라 불리던 가난한 농민들은 현실에 낙담하여 제 살길을 찾아 거리를 우왕좌왕 떠돌았다. 그들이 백인 쓰레기라 불린 이유는, 그들과 같은 가난뱅이지만 더욱 천대받던 흑인, 인디오, 멕시코인 노동자들과 구분 짓기 위함이었다.

영화 《영혼의 집》의 한 장면.   이사벨 아옌데에게 헌정된 미국 판 첫 발행본.

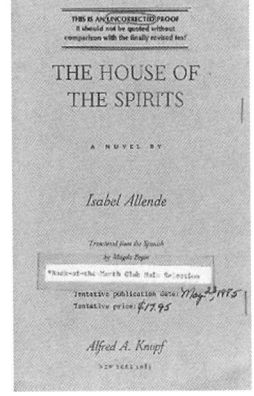

아버지가 《행운아 짐(Lucky Jim)》으로 유명한 작가 킹즐리 에이미스다. 역시 작가였던 새어머니 엘리자베스 제인 하워드 덕분에 어릴 적부터 제인 오스틴의 작품에 심취했다.

엑시터대학에서 영문학을 전공하고, 졸업 후 출판업계에서 다양한 일을 했다. 문학비평가로 활동하다가 27세부터 저명한 잡지사인 〈뉴스테이츠먼(New Statesman)〉의 문학부서 편집장을 역임했다.

24세에 첫 번째 장편소설 《레이첼 페이퍼스》로 서머싯몸상을 받으며 화려하게 등장해 한때 '영국 문단의 록스타'로 불리기도 할 만큼 세간의 관심을 끄는 작가가 되었다.

그의 소설은 돈, 마약, 섹스, 환경 문제 등 현대 사회의 부조리함을 블랙유머로 신랄하게 풍자하는 것이 특징이다. 그 때문에 찬사와 비난을 동시에 받기도 하지만, 그럼에도 그는 현재 영국 문단의 가장 핵심적인 작가로 인정받고 있다.

마틴 에이미스 Martin Amis, 영국 옥스퍼드 1949~

주요 작품

레이첼 페이퍼스 The Rachel Papers, 1973
돈: 한 남자의 자살노트 Money, 1984
런던필즈 London Fields, 1989
시간의 화살 Time's Arrow, 1991
정보 The Information, 1995
경험 Experience, 2000
두려운 코바 Koba the Dread, 2002

문구 및 명언

총알에 대적하는 것은 불가능하며 이를 없는 것으로 치부할 수도 없다. 그렇지만 적어도 총에서 그것들을 빼버릴 수는 있다.

무기는 돈과 같아서 만족이라는 법을 모른다.

돈은 권력에 따라 흐르기 때문에 악하다. 이는 허상과 중독 그리고 암묵적인 음모를 부른다.

세상이 말하는 것을 알아듣지 못한다면 세상을 온전히 이해한다고 볼 수 없다.

요새 작가들은 마치 록스타 같다고 말하는 이들은 도대체 여태껏 어디에서 살았던 걸까? 난 벌써 네 번째 월드 투어 중인데 말이다.

책의 내용보다 작가에게 더 관심을 두는 것은 저속한 일이다.

모든 작가는 자신의 삶이 하나의 표본이 되길 기대하므로 지극히 사적인 부분들까지 널리 공개해버리기도 한다.

읽는 것보다는 보는 것이 훨씬 쉽다. 누군가가 가족들 앞에 앉아서 찰스 디킨스의 《황폐한 집(Bleak house)》을 읽어주는 것은 시시할지 몰라도, 텔레비전에 나오는 찰스 브론슨의 연기를 보는 것은 확실히 실감 나기 때문이다.

소설을 쓰는 것은 지도 없이 목적지 하나만을 바라보며 여행을 떠나기 위해 승선하는 것과 같다.

내가 책을 쓸 때 우선시하는 것이 공포는 아닐까 하는 의심이 들어도, 실제로는 항상 재미를 추구한다.

좋은 책은 다 읽고 난 후 작가에게 술 한 잔 사고 싶게 만드는 법이다.

사회적 양식은 윤리적인 방향을 제시하므로 절대 중립적일 수 없다.

밤기차 Night Train

예전부터 보아왔던 대략 천여 구에 이르는 미스터리한 시신들 때문이리라. 어느덧 그로 인한 후유증이 생기기 시작했다. 그들은 대부분 자살이나 사고로 사망했거나 혹은 가족들로부터 버려진 채 죽어간 이들이었다. 투신했거나 살해당한 후 토막 난 사람들, 압사당하거나 익사하거나 과다출혈로 죽은 사람들, 혹은 죽은 지 오래되어 물 위에 둥둥 뜬 채로 발견되거나, 총에 맞거나 내장 파열로 죽은 사람 등등 거의 모든 종류의 시체를 보아왔다. 심지어 호되게 맞아 죽은 한 살배기 아기의 시체와 깡패 무리에 흠씬 두들겨 맞은 노파의 그것도 본 적이 있었다. 버려져 방치된 사람 중에는 죽은 후 상당한 시간이 지난 후에야 발견되는 시신도 있었는데, 얼마나 부패했는지 시체를 파먹은 거머리의 크기로 사망 시점을 유추했을 정도였다. 수없이 시신들을 확인해왔음에도 대부분은 기억에서 지워졌으나 유일하게 또렷이 뇌리에 저장된 것이 있었으니 바로 제니퍼 록웰의 시신이었다.

마틴 에이미스의 아버지 킹즐리 에이미스.   미국에서 발간된 마틴 에이미스에 관한 연구서적.

러시아에서 태어났으나 3세 때 가족과 함께 뉴욕 브루클린으로 이주하여 미국인으로 귀화했다. 컬럼비아대학에서 생화학 박사 학위를 받았고, 보스턴대학의 생화학과 교수가 되었다.

어린 시절부터 SF에 관심을 보였던 그는 대학생이 되면서부터 본격적인 소설 습작에 들어갔다. 꾸준히 SF 전문 잡지에 소설을 발표해오던 아시모프는 점차 팬들 사이에서 명성을 얻었고, SF 분야의 대표작가로 자리매김하게 된다. 그는 평생에 걸쳐 SF와 교양과학은 물론 추리소설, 역사, 신화, 종교, 고전문학에 이르기까지 500여 편 이상의 작품을 발표했다. 그의 소설은 수많은 SF 영화에 영향을 주었으며 〈바이센테니얼 맨〉과 〈아이, 로봇〉 등은 영화화되었다.

유대인이었음에도 평생 무신론자였던 그는 인간의 문제는 인간 스스로 해결해야 한다고 주장했으며, '미국인본주의자협회(American Humanist Association)' 회장을 역임하기도 했다.

아이작 아시모프 Isaac Asimov,
러시아 페트로비치 1920~미국 뉴욕 1992

주요 작품

아이, 로봇 I, Robot, 1950
파운데이션 시리즈 Foundation Series, 1951-1953
로봇 시리즈 Robot Series, 1954-1985
신들 자신 The Gods Themselves, 1972
바이센테니얼 맨 The Bicentennial Man, 1976
추억은 더욱더 새롭게 In Memory yet Green, 1979

문구 및 명언

현시대가 지닌 슬픈 사실은, 사회의 지적 수준보다 과학이 더 빠르게 진보한다는 것이다.

공상과학 소설가들은 피할 수 없는 것들을 예견한다. 그리고 이렇게 예견된 문제와 참사들은 달리 해결할 방도가 없다.

재능 있는 사람들이 좋은 성과를 얻을 수는 있겠지만, 끝내 목적을 이루는 사람은 자기 일에 집요한 사람들이다.

삶은 즐겁고 죽음은 평온하다. 골치 아픈 것은 그 중간 과정이다.

살 빼는 이들이 알아야 할 첫 번째 교훈은 맛있는 것이 몸에 해롭다는 것이다.

인류에게 유일하게 허용될 만한 전쟁은 오로지 전쟁을 멸하기 위한 전쟁뿐이다.

지식이 문제를 일으킬 수 있을지는 몰라도, 무지가 그것을 해결하는 것은 아니다.

과학자는 보통 사람들과 마찬가지로 나약한 존재다. 하지만 자신의 의지와는 무관하게 과학적 발견을 하는 바람에 출세하기도 한다.

작고 하찮은 생각에서 시작된 연구가 위대한 가치를 지닌 진실을 밝혀내기도 한다.

폭력은 무능한 자들의 마지막 방어수단이다.

폭탄은 절대 인류가 성장했다는 증거가 될 수 없으며 오히려 그 반대다. 만일 폭탄의 발명을 진보의 한 단계로 본다면 차라리 퇴보하는 데 한 표를 던지리라.

아이, 로봇 I, Robot

너희는 주기적으로 혼수상태에 빠질 뿐만 아니라 최소한의 기후 변화라든지, 기압, 습도, 방사선 강도 등에 따라 능률에 차이가 나지. 그만큼 불안정하다는 뜻이야. 그에 반해 날 보라고. 내가 얼마나 완벽한지를. 전기에너지를 직접 흡수해서 그것을 거의 100퍼센트 활용할 줄 알고, 온몸이 강철로 되어 있어 튼튼하지. 게다가 매사에 이성적이고 어떠한 외부 변화에도 끄떡없다고. 너희는 자신들보다 완벽한 생명체를 창조하는 것은 불가능하다고 우기지만, 이것은 너희의 이론이 어리석다는 사실을 증명하는 것이라고.

월 스미스 주연의 영화 〈아이, 로봇〉 포스터.   아시모프의 작품 《파운데이션》의 제1권.

Paul Auster

컬럼비아대학 출신으로 석유업체에서 근무하다 프랑스로 떠나 그곳에서 한동안 머물렀다. 1974년에 뉴욕으로 돌아와 당시 최고의 잡지 〈뉴욕의 책 리뷰(New York Review of Books)〉와 〈하퍼의 토요일 리뷰(Harper's Saturday Review)〉의 작가로 활동했다.

1987년에 발간된 《뉴욕 삼부작》은 대중과 평론가들의 찬사를 받으며 그의 대표작으로 자리매김하게 된다. 이후 다수의 소설과 시나리오를 집필했으며, 그중 〈스모크(Smoke)〉와 〈블루 인 더 페이스(Blue in the Face)〉는 영화로 제작되어 흥행을 거두었다.

환상적인 소재를 이용하여 현실과 상상을 넘나들며 독자를 매혹시키는 그의 작품은 미국뿐만 아니라 프랑스를 비롯한 전 세계에서 사랑받고 있다.

폴 오스터 Paul Auster, 미국 뉴욕 1947~

주요 작품

뉴욕 삼부작 The New York Trilogy, 1987
달의 궁전 Moon Palace, 1989
우연의 음악 The Music of Chance, 1990
오기 렌의 크리스마스 이야기 Auggie Wren's Christmas Story, 1992
공중곡예사 Mr. Vertigo, 1994
빵굽는 타자기 Hand to Mouth, 1997
나는 아버지가 하느님인 줄 알았다 I thought my father was God, 2001
신탁의 밤 Oracle Night, 2004

문구 및 명언

사람들은 세상을 구경하려면 여행을 해야 한다고 말한다. 하지만 눈을 크게 뜨고 한 자리에 가만히 있어보라. 당신이 제어할 수 있는 모든 것을 볼 수 있을 것이다.

나는 인생 대부분을 처마 끝 가장자리에서 살아왔다.

내가 15살쯤 되던 해 《죄와 벌》을 읽게 되었는데, 처음으로 소설이라는 것과 앞으로 내가 갈 길에 대해 깊은 감흥을 느꼈다. 그것이 지금의 나를 만들어 준 계기였다는 것을 믿어 의심치 않는다.

글을 쓰는 것은 즐겁지 않다. 괴롭고 고단하며 매 순간 자신의 재능을 의심하며 좌절감을 느낀다. 그러므로 만족이나 승리의 기쁨을 맛볼 수가 없다. 문제는 글을 쓰지 않을 때가 훨씬 힘들다는 것이다. 글을 쓰지 않으면 자신이 낙오자로 느껴질 뿐만 아니라 인생에 대한 의미를 상실하기 때문이다.

문학이란 근본적으로 고독하다. 글을 쓰는 이도 고독하게 쓰며 읽는 이도 고독하게 읽는다. 하지만 문학은 이러한 두 인간을 소통하게 한다.

고독 속에서 이루어진 작업이 많은 이가 공유하는 경험으로 어떻게 변해 가는지 바라보는 것은 대단히 감동적이다.

글을 쓰는 것은 마라톤과 같다. 기량을 유지하는 것이 중요하며, 하루라도 훈련을 빠뜨리면 리듬을 상실하고 회복하려면 많은 시간을 허비하게 된다.

내 생각에는 글 쓰는 것이 젊음을 유지하는 비결인 것 같다. 모든 예술은 사람을 젊게 유지해주는데, 예술가에겐 은퇴가 없기 때문이다.

가끔은 25년 이상 한 회사에서 일한 내 또래의 사람들을 만나는데, 나보다 10살에서 15살은 족히 많아 보인다.

20여 년 전에는 상대의 의상을 보고 국적을 파악할 수 있었으나 지금은 불가능하다. 이것이 서구 사회의 단일화가 놀라운 이유다.

뉴욕 삼부작 The New York Trilogy 중 유리의 도시 City of Glass

문손잡이를 잡기 전까지도 뭘 해야 할지 의심치 않았다. "나가야겠지." 그는 말했다. "근데 나간다면, 도대체 어딜 가야 하지?" 한 시간 후, 4번 버스에서 내려 5번 대로 코너에 있는 60번 길에 발을 내딛으면서도 아직 질문에 대한 답을 찾지 못했다…….

"여긴 것 같아." 그는 이렇게 말하며 한 건물 앞에 멈춰 섰다. 갑자기 홀가분해지는 기분이 들었다. 그리고 이 모든 게 이미 일어났던 일 인양 마음이 편해졌다. 그는 대문을 열면서 마지막으로 나지막하게 말했다. "만일 지금 이 모든 것이 사실이라면, 반드시 눈을 크게 뜨고 똑바로 봐야만 해."

작가의 시나리오로 만들어진 영화 〈블루 인 더 페이스〉의 포스터.
마추켈리와 카라식이 각색하여 재구성한 만화책 〈유리의 도시〉.

Honoré de Balzac

유복한 집안에서 태어났으나 불행한 결혼생활을 유지하던 어머니로부터 사랑을 받지 못한 채 유모와 기숙학교에 맡겨져 성장했다. 법률가가 되기를 원했던 아버지의 완강한 반대를 무릅쓰고 문학에 몰두했다.

오랜 세월 무명으로 지냈으며, 그의 연인이자 후원자였던 22살 연상의 베르니 부인의 도움으로 1825년에 출판업을 시작했으나 그마저도 3년 만에 파산하고 만다. 빚을 갚기 위해 밤낮으로 작품에 매진한 그는 20년간 100여 편에 이르는 작품을 남기게 되는데, 이후 모든 작품을 묶어 《인간희극(La Comédie Humaine)》이라는 총괄적 제목을 붙인다. 그는 2천여 명에 달하는 《인간희극》 속 등장인물들의 삶을 통해 당시 프랑스 사회를 세밀하게 보여주며 사실주의 문학의 문을 열었다.

그의 작품은 대중들에게는 열렬한 사랑을 받았으나 당시의 전문가들에게는 냉대와 멸시를 받았다. 그러나 이후 도스토옙스키와 빅토르 위고 등의 문인들에게 찬사를 받으며 최고의 작가로 인정받게 된다.

오노레 드 발자크 Honoré de Balzac
프랑스 투르 1799 ~ 파리 1850

주요 작품

발자크의 해학 30 Contes Drolatiques, 1832-1837
외제니 그랑데 Eugénie Grandet, 1833
절대의 탐구 La recherche de l'absolu, 1834
고리오 영감 Le Pére Goriot, 1835
골짜기의 백합 Le lys dans la vallée, 1835
잃어버린 환상 Les Illusions Perdues, 1837-1843

문구 및 명언

명예는 독성이 있으므로 소량만 섭취해야 한다.

대식가는 씹는 것의 숭고함을 모르기 때문에 요리사에겐 별로 달가운 존재가 못된다.

많은 짐승은 크리스천이다. 그들은 짐승과 다를 바 없는 크리스천의 수를 보충하기 위해 존재한다.

운이 있어도 존재감이 없는 사람이 있는 반면, 운이 없어도 존재감이 있는 사람이 있다.

세상에는 이해할 수 없는 두 부류의 사람들이 있다. 여자들 그리고 작가들이다.

예술은 머리에서 태어나는 것이지 가슴에서 나오는 것이 아니다.

풍습은 그 나라의 가식이다.

위대한 영혼들은 항상 불행의 미덕이 될 준비가 되어 있다.

아름다운 책은 인간의 생각 속 전쟁터에 오른 승전기다.

소설은 그 나라의 사적인 이야기다.

글 쓰는 사람들, 괴로운 사람들.

영감(靈感)은 날마다 일하게 한다.

신은 작가와 결혼한 여자들을 구원해주리라.

사랑은 감정일 뿐만 아니라 예술이기도 하다.

예술의 사명은 자연을 모방하는 것이 아니라 그것을 표현하는 것이다.

사랑은 감정의 시다.

투르의 신부 Le curé de Tours

시간은 인생을 불안하고 혼란스럽게 만드는 갖가지 행위들을 일삼는 술 취한 영혼들에게만 빠르게 흘러간다는 말은 거짓이 아닐까?

비로토 사제는 시간을 활기차게 보내며 생각을 짓누르는 마음의 짐에서도 멀어졌다. 그의 생각은 한동안 야망, 탐욕, 연애 등을 수시로 넘나들며 기대와 절망에 얽매여 있었다. 오직 신만이 인간과 세속적인 것, 그리고 우리 자신 안에 숨은 욕구를 떨쳐내는 것이 얼마나 힘든 일인지 그 공로를 알아봐주시리라. 우리가 자신의 목적지에 대해서 항상 꿰뚫고 있는 것은 아닐지라도, 여행을 하며 느끼는 피로에 대해선 신물이 날 만큼 잘 아는 것처럼 말이다.

오귀스트 로댕의 발자크 동상.

탄광 기술자였던 아버지의 직업 때문에 여러 마을을 떠돌며 유년기와 청소년기를 보냈다. 마드리드대학에서 의학을 전공한 후 약 2년간 세스토나의 시골 동네에서 의사로 지냈다. 이후 다시 마드리드로 자리를 옮겨 기자로 활동하며 잡지 〈제르미날(Germinal)〉, 〈새로운 잡지(Revista Nueva)〉, 〈젊은 예술(Arte Joven)〉 등을 발행했다. 1899년부터 파리를 시작으로 이탈리아, 프랑스, 영국, 네덜란드, 스위스 등지로 여행을 다녔다.

바로하의 다양한 장르의 작품 중 대표작인 《한 행동가의 회상기》는 총 22권에 달하는 전기적 소설이다. 그는 피카레스크(악당, 건달)적인 소재를 주로 다루었으며, 특히 사회에서 소외당하는 인물들이 작품의 주인공으로 자주 등장했다. 헤밍웨이 등의 동시대 작가들에게 많은 영향을 준 것으로 알려졌다. 평생에 걸쳐 100여 편이 넘는 작품을 남겼으며, 1956년 10월 84세를 일기로 세상을 떠났다.

피오 바로하 Pio Baroja,
스페인 산 세바스티안 1872~마드리드 1956

주요 작품

탐험 La busca, 1904
모험가 살라카인 Zalacaín el aventurero, 1909
과학의 나무 El árbol de la ciencia, 1911
한 행동가의 회상기 Memorias de un hombre de acción, 1913-1935
길의 마지막 반환점부터 Desde la vuelta del camino, 1944-1948

문구 및 명언

만일 당신이 자신의 얼굴을 한참 동안 응시한다면, 무엇이 얼굴이고 무엇이 가면인지 헷갈리게 될 것이다.

불행은 계속해서 불행한 이유에 대해 답을 찾기 바쁘지만, 행복은 그러한 분석을 할 필요가 없다.

진실은 과장되어서는 안 된다. 참된 진실 안에는 원본이 여러 개 존재할 수 없는 법이다. 하지만 위조된 진실이나 거짓은 그것이 가능하다.

편견은 전혀 어렵지 않은 일을 어렵게 느끼도록 수없이 조장한다.

어떤 사상을 어제 받아들인 사람들과 내일 받아들일 사람들 사이에서 벌어지는 논쟁만큼 과격한 것은 없다.

군대는 국가의 어깨가 되어야지 머리가 되려고 해서는 안 된다.

스페인에서는 월급을 받기 위해 일이 아니라 복종을 해야 한다.

지역의 특성을 더 정확히 가늠하게 해주는 것은 사상보다는 그곳에 사는 사람들의 행실이다.

내 생각에 작가가 되기 위해서는 자신 혹은 남에 대해 글을 쓰는 것을 그만두어야 한다.

인간이란 절반이 천사인지 야수인지 알 수 없는 이상한 동물이다.

아이디어는 중요한 것이 아니다. 아이디어는 감정과 본능이 입는 화려한 제복일 뿐이다.

괜찮게 보인다는 것은 괜찮다는 것이다.

최소한 소설책을 읽으며 눈물을 쏟고, 멜로드라마를 보며 말할 수 없는 전율을 느끼며, 희극을 보면서 미친 듯이 웃음을 터뜨리던 이들이 살던 그 시절에 내가 없었단 사실이 유감스럽다.

과학의 나무 El árbol de la ciencia

인생에서 무엇을 해야 할지 모른다거나, 아무런 계획이 없고 길을 잃은 것처럼 느껴지는 사람이라면 누구든 초조하고 절망스러울 수밖에 없다.
안드레스는 쇼펜하우어의 비관론이 명백한 진리라는 쪽으로 생각을 굳혔다. 그에게 세상은 흡사 정신병원과 종합병원의 혼합체처럼 느껴졌다. 이성은 불행을 느끼게 했고 거기서 벗어나게 하는 건 무의식과 광기였으므로.

영화 〈모험가 살라카인〉 포스터.　《과학의 나무》의 원서.

Charles Baudelaire

보들레르가 태어났을 때 원로원의 고관이었던 아버지는 62세였고 어머니는 28세였다. 그가 6세 되던 해에 아버지가 돌아가시자 어머니는 권위적인 성격의 육군 소령과 재혼했다. 이후 양아버지와의 대립은 그의 유년기와 청소년기를 우울하고 고독하게 만들었다.

1841년에 보들레르는 평소 그의 방탕한 생활을 염려하던 가족들의 권고로 인도로 여행을 떠나지만 중간에 돌아온다. 여행에서 돌아온 뒤에는 에드거 앨런 포의 작품을 번역하거나 당대의 예술을 비평하면서 시간을 보냈다. 성년이 되어 친부가 남긴 유산을 상속받자 그는 방탕한 생활을 하며 재산을 탕진했다. 이에 가족들은 그에게 금치산 선고를 내렸고 결국 《악의 꽃》을 집필할 당시에는 빚을 지기 시작했다. 《악의 꽃》은 그 내용이 윤리의식에 유해하고 외설적이라는 이유로 프랑스 정부에 의해 기소되기도 했다.

궁핍한 생활을 이어오던 그는 평생 지병이었던 매독에 중풍까지 겹쳐 46세의 나이에 세상을 떠난다. 그의 시는 이후 랭보를 비롯한 상징파 시인들에게 큰 영향을 주었다.

샤를 보들레르 Charles Baudelaire, 프랑스 파리 1821~1867

주요 작품

악의 꽃 Les Fleurs du mal, 1857
인공낙원 Les Paradis Artificiels, 1860
파리의 우울 Le Spleen de Paris, 1869
폭죽 불꽃 Fusées, 1897
벌거벗은 내 마음 Mon Coeur Mis à Nu, 1897

문구 및 명언

우리는 날마다 지옥으로 한 계단씩 내려온다.

젊은 작가가 자신의 첫 번째 인쇄물을 교정하는 날은 처음으로 성병에 걸린 남학생의 자부심만큼이나 뿌듯한 일이다.

시인이 누리는 남다른 특권이란, 자신의 입맛에 따라서 자신 혹은 타인으로 살아갈 수 있다는 점이다.

미묘한 흠집조차 없는 것은 사실상 쓸모가 없다. 불규칙성, 의외성, 놀라움, 경이로움이 바로 아름다움의 본질과 특징을 형성하는 법이다.

인생은 침대를 바꾸고 싶은 마음이 간절한 병자들이 누워 있는 병원이다.

일에 대한 당위성은 그것이 차라리 노는 것보다는 덜 심심하다는 사실 하나만으로도 충분하다.

아름다운 것은 항상 이상하다.

인간의 권리에 관한 선언에 반론할 수 있는 권리를 포함시키는 것을 잊었다.

행복을 알기 위해서는 그것을 삼킬 수 있는 용기를 지녀야 한다.

숙명은 자유라고 불리는 유연성을 지니고 있다.

이국적 향기 Parfum Exotique

어느 뜨거운 가을의 해질녘, 두 눈을 감고
그대의 포근하고 정열적인 가슴의 내음을 맡으면
단조로운 태양의 빛이 반짝이는
행복한 바닷가가 그림처럼 눈앞에 떠오른다.

자연이 신기한 나무와 달콤한 과일을
선사하는 나른한 섬 하나.
날렵하고 강인한 몸집의 사내들과
감탄할만한 청징한 눈매의 아낙네들

그대의 향기를 따라 매혹적인 곳으로 이끌린 내게
아직도 바다의 파도에 지쳐 있는
돛대로 가득한 항구가 눈앞에 나타난다.

녹색의 타마린드 향기가
공기 속으로 스며들어 나의 콧속을 채우고
내 영혼 속에서 사공들의 노래와 뒤섞이는 동안.

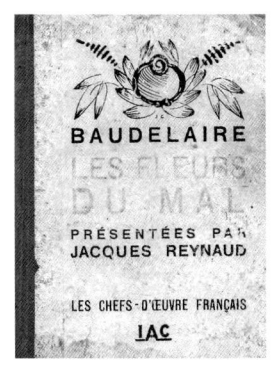

《악의 꽃》 원서 표지.

아일랜드 더블린에서 태어나 트리니티대학에서 프랑스어를 전공했다. 파리고등사범학교에서 영어 교사로 근무하던 시절, 망명한 아일랜드 작가 제임스 조이스를 만나 그의 비서이자 번역가로 일했다. 제2차 세계대전 중에는 레지스탕스 소속으로 활동했으며 나치의 비밀경찰은 그를 프랑스 남부로 강제 이송했다. 전쟁이 끝날 무렵 그는 파리로 돌아와 정착하고 프랑스어로 글을 쓰기 시작했다.

베케트는 부조리극의 대가 중 한 명으로, 특히 그의 작품은 독재가 판을 치는 세상과 인류의 존재를 향한 염세주의적 관점이 특징이다. 그는 의사소통이 결여된 인류의 모습을 반영하는 다소 기괴하게 뒤틀린 대화 형식의 문체를 주로 사용했다. 1952년에 발표된 《고도를 기다리며》로 세계적 명성을 얻었고, 1969년에 노벨문학상을 받았다.

파리 근교에서 사람들과의 접촉을 피하고 작품 활동에만 전념하던 그는 1989년에 사랑하던 부인이 사망하자 5개월 후 부인의 곁으로 떠났다.

사뮈엘 베케트 Samuel Beckett,
아일랜드 더블린 1906 ~ 프랑스 파리 1989

주요 작품

머피 Murphy, 1938
몰로이 Molloy, 1951
고도를 기다리며 En attendant Godot, 1952
이름 붙일 수 없는 것 L'innommable, 1953
게임의 종말 Fin de Partie, 1957
크라프의 마지막 테이프 Krrap's Last Tape, 1960
행복한 나날들 Oh les beaux jours, 1961

문구 및 명언

시도하고 실패하라. 괜찮으니 다시 시도하고 또 실패하라. 시도하지 않는 것보다 실패하는 것이 더 낫다.

그렇다, 왜인지 알게 되는 순간부터 모든 것이 쉬워진다. 마법 같은 일이다.

내 좋은 시절은 다 갔을지 모른다. 그렇지만 다시 오길 바라진 않는다. 그 불길이 지금의 나를 전부 소진시키길 원치 않는다.

태어난 것만큼 큰 죄는 없다.

습관은 좋은 방음벽이다.

누구나 악하게 태어난다. 그리고 어떤 이들은 그대로 살아간다.

우리가 지루함을 느낄 수 있는 유일한 종족이라는 것은, 우리네 삶이 그만큼 자극적이라는 사실을 의미한다.

무기력과 화려함을 부추기는 미덕은 악덕만큼이나 확실하게 인간을 죽음으로 내몬다.

나태한 열정만큼 강한 열정은 존재하지 않는다.

만일 내 몸이 하나의 도구라면, 창문 밖으로 던져버리리라.

타국에 있는 것은 자살과도 같소. 그러나 집에 있다는 건 무엇이오? 테일러 씨, 집에 있는 건 무엇이오? 바로 매우 천천히 녹아버리는 것이라오.

화가 나서 목덜미가 뻣뻣해졌다면 노래를 부르는 것이 상책이다.

두 도둑 중 한 명이 살았다. 그나마 다행이다.

도덕주의자들은 다른 이들의 간지러운 부분을 긁어준다.

당신이 날 사랑하지 않는다면 난 사랑받지 못할 거요. 그러나 만일 내가 당신을 사랑할 수 없다면 절대 사랑이란 걸 할 수 없을 거요.

고도를 기다리며 En attendant Godot

다들 괴로워하는 동안 난 잠을 잤단 말인가? 지금 이 순간에도 자고 있는 건 아닌가? 내일 잠에서 깨면 뭐라고 말해야 하지? 내 친구 에스트라공과 함께 밤새도록 고도를 기다렸다고 할 것인가? 포조가 놈의 짐꾼과 지나가며 우리와 이야기를 했다고? 그러겠지. 하지만 그 모든 것 중에 진실이 무엇이란 말인가.

《고도를 기다리며》의 영문판. 저자의 연극 중 한 장면.

Mario Benedetti

화학자였던 아버지가 운영하던 약국이 파산하면서 궁핍한 어린 시절을 보냈다. 청소년 시절부터 돈을 벌기 위해 다양한 직업 세계를 섭렵하며 하층 사회를 경험하고 정치화되었다.

1959년, 혁명이 한창이던 쿠바를 여행한 이후 좌익 성향으로 변모한 남미 좌파 작가들 중 대표적인 인물이다. 정치적 성향 때문에 1970년대에는 아르헨티나, 페루, 쿠바, 스페인 등지로 옮겨 다니며 망명 생활을 했다. 문학을 독재 정권에 대항하기 위한 무기로 사용한 정치적 소신이 있는 작가였다. 저널리즘 활동을 하며 호안 마누엘 세라와 같은 여러 가수와 함께 시와 음악이 어우러진 공연을 추진하는 일에 앞장서기도 했다.

1985년, 비로소 우루과이 군부독재가 막을 내리게 되자 고국으로 귀국할 수 있었고, 여생을 스페인의 마드리드와 우루과이의 몬테비데오를 오가며 생활했다. 우루과이 중산층을 심도 있게 들여다본 관찰자이자 왕성한 집필 활동을 보인 다재다능한 작가였다.

마리오 베네데티 Mario Benedetti,
우루과이 파소 데 로스 토로스 1920~몬테비데오 2009

주요 작품

사무실의 시 Poemas de oficina, 1956
휴전 La tregua, 1960
불에 대한 감사 Gracias por el fuego, 1965
페드로와 카피탄 Pedro y el capitán, 1979
황폐한 거리에 찾아온 봄 Primavera con una esquina rota, 1982
하이쿠 코너 Rincón de haikus, 1999

문구 및 명언

정의를 위해서는 그릇된 결과를 얻을지라도 차라리 투쟁하는 편이 더 낫다.

만일 서점 진열대가 세계적인 최신 베스트셀러들로만 채워지지 않는다면 독자들은 흔쾌히 서점으로 되돌아오게 될 것이다.

출판사는 상업적 회사이지 자선 사업장이 아니다. 문제는 몹쓸 문학만이 돈이 될 것으로 생각한다는 점이다.

망명은 이 시대의 키워드다.

이렇듯 걷잡을 수 없는 삶의 열망과 이토록 절망적인 죽음에 관한 생각을 어찌 동시에 감당할 수 있으리오?

독재 정권이 열려고 한 것은 문이 아니라 틈새였는데, 그 틈새가 어찌나 좁은지 고작 한 음절만이 겨우 들어갈 수 있을 정도였다. 그 빈틈을 확인한 사람들은 두 번 생각할 것도 없이 '노(No)'라는 한 음절을 끼워 넣었다.

그녀는 내 손을 잡았고 그것으로 충분했다. 내게 손을 내밀어 꼭 잡았다. 입맞춤이나 동침 그 외에 어떤 특별한 것도 없이 그저 내 손을 잡았을 뿐이지만 그것은 사랑이었다.

시는 문학에 있어서 신데렐라 같은 존재다. 그러나 장르가 가진 기복과는 상관없이, 땅 밑으로 유유히 물이 흐르듯 민중의 깊은 역사를 어떻게든 써 내려간다.

작가들은 다른 예술가들과 마찬가지로 집필 과정에서 형성된 자신의 비밀을 소통을 통해 밝히고 싶은 충동이 있다. 혼자 힘으로 발견한 이것을 글을 통해서라도 즉시 소통할 수 있기를 바란다. 상대가 몇 명인지, 또 누군지는 중요하지 않다. 그 순간만큼은 누군가가 자신의 소재를 훔치거나 베낄 수도 있을 거란 생각은 하지 않는다. 이렇듯 예술이란 관대하다.

살던 집들이 나를 버렸다.

시는 반박의 여지가 없는 최후의 진실한 장르다.

전술과 전략 Táctica y estrategia

나의 전술은
당신을 바라보는 것.
있는 그대로 당신을 알아가는 것이며
있는 그대로 당신을 사랑하는 것.

나의 전술은
당신에게 말하고
당신을 들으며
단어들을 이용해 결코 부술 수 없는 견고한 다리를 만드는 것.

나의 전술은
그대의 기억에 머무는 것.
어찌해야 할지, 어떤 핑계를 대야 할지도 모르면서
그저 그대의 곁에 머무는 것.

마리오 베네데티의 두 시집 합본.

William Blake

런던의 한 상인의 아들로 태어나 그림을 공부했으며 12세가 되던 해부터 시를 쓰기 시작했다.

14세 무렵, 한 판화가의 제자로 들어가 일을 배웠으며, 이후 판화 가게를 열어 시집을 편집하면서 자신이 직접 삽화를 그리기 시작했다. 판화가로서의 그의 면모는 《욥기(The Book of Job)》나 단테의 《신곡(La Divina Commedia)》 등의 삽화를 그린 데서 찾아볼 수 있다. 그는 또한 알브레히트 뒤러, 라파엘로 산치오, 미켈란젤로 부오나로티의 작품과 그리스 예술에 특별히 조예가 깊었다.

블레이크는 기본적으로 진실은 오로지 예지적 관점에서 생겨난다고 믿었고, 욕구에서 창조된 미덕을 새로운 윤리관으로 삼았다. 그는 상상력을 기반으로 작품을 창작하는 잠재력이 뛰어난 작가로 '몽상가' 혹은 '미치광이'로 불리기도 했다. 환상적이고 기상천외한 그의 그림과 시들은 당시엔 거의 이해받지 못하다가 20세기에 들어 평가받게 되었다.

윌리엄 블레이크 William Blake, 영국 런던 1757~1827

주요 작품

달 속의 섬 An Island in the Moon, 1784
순수의 노래 Songs of Innocence, 1789
천국과 지옥의 결혼 The Marriage of Heaven and Hell, 1790-1793
경험의 노래 Songs of Experience, 1794

문구 및 명언

까마귀의 가르침을 따르는 독수리는 결국 많은 시간을 허비하게 된다.

진실이라 할지라도 그것이 악한 의도로 밝혀졌다면, 이는 지어낼 수 있는 모든 종류의 거짓말과 다를 바 없다.

살아가는 모든 존재는 혼자 살지 않으며, 그들 자신을 위해 살지도 않는다.

욕구를 억누를 수 있었다면 그 욕구가 억눌릴 만큼 작았기 때문이리라.

적보다 친구를 용서하는 것이 더 어렵다.

통곡이 지나치면 웃음이 터지고, 웃음이 지나치면 울음이 터진다.

잔인함은 인간의 심장을, 질투는 인간의 얼굴을, 공포는 인간의 몸을, 그리고 비밀은 인간의 옷을 갖고 있다.

매사에 솔직하게 말하라. 그리고 비열한 자들과 어울리지 마라.

길을 걷고 또 걷다 보면 지혜의 성에 도달하게 된다.

모든 신은 인간의 가슴 속에 있다.

영원은 순간이 창조하는 것을 사랑한다.

인간이 산을 형성할 때 위대한 일이 이루어진다.

계속 전진하지 않는 것처럼 큰 잘못은 없다.

에너지의 매력은 무한하다.

인간이 없는 자연이란 그저 사막에 불과하다.

풍요는 아름답다.

순수의 전조 Auguries of Innocence

모래 한 알을 통해 세상을 보고
한 송이 들꽃을 통해 천국을 본다.
그대 손바닥 속에는 무한을,
단 한 시간 속에는 영원을 쥐라.

기쁨에 속박된 어떤 이는
삶의 흐름을 사라지게 하고
길을 건너며 보석에 입 맞추는 어떤 이는
영원함이 동틀 무렵에 산다.

1793년에 출판된 윌리엄 블레이크의 저서.

Jorge Luis Borges

영국계인 할머니의 영향으로 어려서부터 영어와 스페인어를 함께 익혔다. 천부적인 재능으로 10세 때 오스카 와일드의 《행복한 왕자》를 스페인어로 번역해서 신문에 실리기도 했다. 1914년, 아버지의 눈 치료를 위해 스위스 제네바로 이주해 학교에 다니며 프랑스어와 라틴어를 공부했다. 이후 스페인으로 돌아와 울트라이즘(아방가르드 문예운동)에 참여했고, 그곳에서 여러 작가들과 교류할 기회를 얻었다.

부에노스아이레스 시립도서관에서 근무하던 보르헤스는 1946년 페론이 군사 쿠데타를 통해 대통령으로 당선되자 독재 정권을 맹렬히 비난하여 탄압을 받았다. 1955년에 페론 정권이 무너지자 국립도서관 관장에 임명된 그는 이미 아버지와 같은 병으로 거의 시력을 잃은 상태였지만 국립도서관장으로서 책임을 다한다.

1961년, 사뮈엘 베케트와 공동으로 국제출판인협회 작가상인 포멘터상을 받았고, 1980년에는 세르반테스문학상을 받았다. 그의 문학은 환상적이고 추상적이며 주관적인 것이 특징이다.

호르헤 루이스 보르헤스 Jorge Luis Borges,
아르헨티나 부에노스아이레스 1899 ~ 스위스 제네바 1986

주요 작품

불한당들의 세계사 Historia universal de la infamia, 1935

픽션들 Ficciones, 1944

알레프 El Aleph, 1949

창조자 El Hacedor, 1960

브로디의 보고서 El informe de Brodie, 1970

모래의 책 El libro de arena, 1975

문구 및 명언

최후의 종착역은 '망각'이고, 난 이미 도착한 지 오래다.

적을 선택할 때는 신중해야 한다. 자칫하면 그를 닮아버리는 경우도 있기 때문이다.

훌륭한 작가들은 기교를 사용하지 않는다. 있다고 한들 그것은 비밀이다.

인간이 만들어낸 온갖 도구 중에 가장 경이로운 것은 책이다. 다른 도구들이 인간의 육체에서 비롯된 것이라면 책은 상상과 기억에서 발생한 유일한 것이기 때문이다.

책은 세기의 위대한 기억이다. 만일 책이 사라진다면 역사도 사라질 것이며 분명 인류도 그러할 것이다.

책을 쓰지 않더라도 읽는 것만으로도 인간은 훌륭해질 수 있다.

소설은 스토리를 위한 것이니 할 말이 있거나 전달하고 싶은 메시지가 있다면 편지를 써라.

작가들은 그들의 선구자를 창조해낸다.

글 한 페이지를 교정하는 것은 쉬운 일이지. 하지만 그것을 쓴다는 건 얼마나 어려운 일인지 모른다네.

아름다움은 심리학이나 수사학에서도 해독할 수 없는 근사한 미스터리다.

철학은 의심으로 형성된다.

상대가 이 세상에서 유일하다는 사실을 깨닫는 순간 사랑에 빠진다.

난 인간이 절대로 해서는 안 될 최악의 죄를 지었다. 행복하게 살지 않은 죄.

죽음은 이미 살아온 삶이고, 삶은 곧 다가올 죽음이다.

세상의 모든 것은 문장 하나 혹은 책 한 권으로 연결된다.

픽션들 Ficciones 중 기억의 천재 푸네스 Funes el memorioso

그는 1886년에 이르러 자신만의 독자적인 숫자 체계를 발명해냈으며, 얼마 되지 않아 곧 셈의 부호들이 2만 4천 개를 넘게 되었다고 말했다. 그는 한번 생각한 것은 절대 잊지 않았기 때문에 그것을 굳이 적어놓을 필요가 없었다. 그가 그러한 숫자 체계를 만들게 된 계기는 우루과이 독립투사 33인을 일컬을 때, 단어 하나나 숫자 하나를 사용하는 것이 아닌 숫자 두 개나 단어 여러 개로 표현하는 것이 불편하게 느껴졌기 때문이다. 그런 이유로 그는 그 황당한 원리를 다른 숫자들에도 적용하기 시작했다. (예를 들어) 7013 대신 막시모 페레스라고 했다. 7014 대신 철도라고 정했다. 다른 숫자들의 명칭을 열거해보자면, 루이스 멜리안, 올리마르, 유황, 고삐들, 고래, 가스, 주전자, 나폴레옹, 아구스틴 데 베디아 등이 있다. 그는 500 대신 아홉이라고 말했다.

보르헤스와 그의 부인 마리아 코다마.   1949년에 아르헨티나에서 출판된 《알레프》.

Bertolt Brecht

뮌헨대학 의학부에 재학 중 제1차 세계대전이 발발하자 육군병원에서 일했다. 제대한 후 글을 쓰기 시작하여 1922년에 〈밤의 북소리〉로 클라이스트상을 받았고, 1928년에는 연극 《서푼짜리 오페라》로 명성을 얻었다. 1920년대 후반부터 마르크스주의를 받아들여 좌파적 성향의 작품을 발표하기도 했다.

1933년, 나치스가 독일 정권을 장악하자 덴마크로 망명하여 반파시즘 활동을 했으며, 이후 1941년에 핀란드를 거쳐 미국으로 망명했다. 그러나 제2차 세계대전이 끝난 후 미국에서 매카시즘의 광풍이 일자 다시 스위스로 피신하여 작품 활동을 계속했다.

1948년에 동베를린으로 돌아가 '베를리너 앙상블(Berliner Ensemble)' 극단을 창립하고, 자신의 작품들을 연출하면서 후배 연극인을 양성하였다. 그는 체제를 풍자하고 현실의 폭력성을 날카롭게 비판하는 내용의 작품을 많이 남겼다.

베르톨트 브레히트 Bertolt Brecht,
　　　　독일 아우크스부르크 1898~베를린 1956

주요 작품

밤의 북소리 Trommeln in der Nacht, 1922
서푼짜리 오페라 Die Dreigroschenoper, 1928
억척어멈과 그 자식들 Mutter Courage und ihre Kinder, 1939
푼틸라 씨와 그의 하인 마티 Herr Puntila und sein Knecht Matti, 1941
살아남은 자의 슬픔 Ich der uberlebende, 1942
갈릴레이의 생애 Das Leben des Galileo Galilei, 1943

문구 및 명언

언제든 즐길 수 있는 예술이 최상의 예술이다.

죽은 군인의 어머니들만이 전쟁에 대한 판결을 내릴 자격이 있다.

나는 그를 믿을 수가 없다. 그래서 그를 친구로 두었다.

신이 되고자 하는 욕망처럼 끔찍한 것이 있으랴.

학문이 무한한 지식의 문을 열지는 못하지만, 무한한 착오에 대한 경계선을 그어줄 순 있다.

진실을 지켜낼 힘이 너무 약하다면 공격하는 쪽으로 태도를 바꾸어야 한다.

신념이 곧 희망이다.

무에서 나온 것은 없다. 새것은 옛것에서 나오지만 그렇다고 덜 새로운 것은 아니다.

대중의 취향을 바꾸는 것은 수준 높은 영화가 아니라 삶의 수준의 변화다.

인간은 반드시 나쁜 습관을 2개 이상 가져야 한다. 하나뿐이라면 그것에 더 집착하는 경향이 있기 때문이다.

예술이 어디에도 속해 있지 않다는 뜻은 지배 권력에 속해 있다는 의미다.

폭력은 폭력이 지배하는 곳에서만 도움이 된다.

은행을 터는 것과 은행을 설립하는 것의 차이는 뭘까?

판사들이란 대부분 성품이 얼마나 올곧은지 그들에게 공정함을 요구하는 일은 불가능하다.

도덕보다는 일단 음식이 먼저다.

만일 이것이 몽환적으로 느껴진다면 왜 그렇게 느끼는지 곰곰이 생각해주길 바라오.

즐거움을 주는 것들 Vergnugüngen

눈을 뜨자마자 창문을 통해 바라보는 첫 번째 시선, 다시 찾은 낡은 책, 열망이 가득한 얼굴들, 눈(雪), 계절의 변화, 신문, 개, 변증법, 샤워, 수영, 오래된 음악, 편한 신발, 이해하는 것, 새로운 음악, 글 쓰는 것, 나무를 심는 것, 여행하는 것, 상냥한 사람이 되는 것.

브레히트 작품 공연 페스티벌의 한 장면.

Charles Bukowski

독일 안더나흐에서 태어나 2세가 되던 해에 미국 로스앤젤레스로 이주했다. 대학을 중퇴하고 글을 쓰기 시작해 24세에 첫 단편을 발표했지만 좋은 반응을 얻지 못했다.

1944년경에는 술에 대한 의존도가 높아졌고 결국 알코올중독자가 되어 10년간 글을 쓰지 못했다. 하급 노동자로 전전하던 중 우체국에서 일하게 되었고, 이때의 경험을 바탕으로 데뷔작인 《우체국》을 집필했다. 이 작품 속 주인공 헨리 치나스키는 작가의 분신으로, 그의 독특한 자전적 소설의 시작점이 된다.

반체제적 성향과 섹스에 대한 집착, 세상에 대한 공격적인 문체 때문에 헨리 밀러의 후계자로 평가되며, 그의 작품은 여러 영화와 연극에 많은 영감을 주었다.

1994년에 백혈병으로 생을 마감했으며, 그의 묘비에는 '애쓰지 마라(Don't Try)'라고 새겨져 있다.

찰스 부코스키 Charles Bukowski,
독일 안더나흐 1920 ~ 미국 로스앤젤레스 1994

주요 작품

우체국 Post Office, 1971

일상의 광기에 대한 이야기
Erections, Ejaculations, Exhibitions and General Tales of Ordinary Madness, 1972

팩토텀 Factotum, 1975

사랑은 지옥에서 온 개 Love is Dog from Hell, 1977

여자들 Women, 1978

호밀 빵 위의 햄 Ham on Rye, 1982

문구 및 명언

나는 무엇을 하든 항상 엉망으로 만드는 그런 부류 중 하나였다. 이것이 바로 내가 세상의 행군에 휩쓸리지 않는 본질적인 이유일 것이다.

민주주의와 독재정권 사이에 차이점이 있다면, 민주주의는 명령에 복종하기 전에 투표를 할 수 있다는 것이다.

자신과 다른 이들에게 현실을 숨겨야 할 필요가 있는 자들은 검열을 그 도구로 사용한다.

흑사병은 우리보다 우월한 인자임이 틀림없다. 어디서 어떻게 하면 우릴 만날 수 있는지 미리 알고 화장실에 갈 때나 성관계를 맺을 때 혹은 자는 동안 찾아오니 말이다.

단 한 사람이라도 구할 수 있는 자가 세상을 구하는 법이다. 그 외에는 허풍쟁이 낭만주의자 혹은 정치가다.

아마도, 깊은 무언가를 쉬운 방법으로 말할 줄 아는 이가 천재가 아닐까.

난 항상 모든 면에서 이방인이 된 듯 느꼈고, 실제로도 그래 왔다. 이는 내가 타자기로 빚어내는 예술 안에만 국한된 이야기가 아니다.

소설가는 쓰레기로, 시인은 낟알로 자신의 명예로운 성전을 짓는다.

내가 써내려가는 단어들만이 광기의 나락으로 추락하려는 나를 구해줄 수 있다.

주변에 혼자 사는 남자 중에서 완벽하게 깨끗한 부엌을 가진 사람이 있다면 십중팔구 영혼이 빈약하기 때문이다.

만일 그대가 그대의 친구들에 대해서 잘 알고 싶다면 무기징역을 선고받아 보게나.

천재를 만났다 The Genius of the Crowd

오늘
열차에서 천재를 만났다.
여섯 살 난 여느 아이와 마찬가지로
내 곁에 앉았다. 그리고
열차가 해안을 따라 달렸고
우린 대서양에 도착했다.
아이는 날 보며 말했다.
바다는 참 시시하군요.

난 처음으로 그것을 깨달았다.

폴란드에서 출판된 《우체국》.

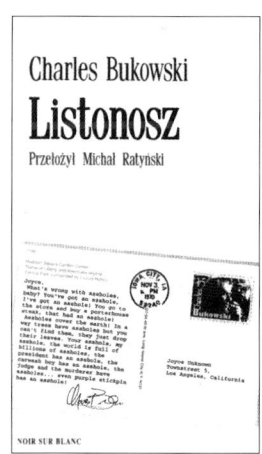

본명은 조지 고든 바이런이다. 귀족 가문에서 태어났으나 아버지가 자살로 세상을 뜨면서 곤궁하게 생활했다. 1798년에 숙부인 제5대 바이런 경이 사망하면서 그의 재산과 호칭을 상속받아 제6대 바이런 경이 되었다. 케임브리지대학에 들어가 역사와 문학을 전공하고, 18세가 되던 해에 첫 번째 시집을 출간했으나 혹평을 받았다.

1809년, 바이런은 귀족 상원에 의석을 차지하게 된다. 그러나 곧 영국 귀족 사회에 거부감을 느끼고 스페인, 포르투갈, 그리스 등지로 여행을 떠났고, 이 여행에서 돌아온 후 발표한 《차일드 해럴드의 순례》로 그는 찬사와 인기를 누리게 된다.

결혼 후 첫 딸이 태어났지만 그의 방탕한 성격으로 1년 만에 파경을 맞았다. 그 와중에 여동생과 근친 관계라는 소문이 돌자 그는 스위스, 이탈리아 등지로 떠난다. 1823년에 그리스로 이주하게 된 그는 그곳에서 오스만(터키)제국으로부터 독립하려는 그리스인들을 물심양면 지원하며 직접 전투에 참여하기도 했다. 하지만 그로부터 얼마 지나지 않아 메솔롱기온에서 열병에 걸려 36세의 나이로 사망했다.

바이런 경 Lord Byron, 영국 런던 1788~그리스 메솔롱기온 1824

주요 작품

차일드 해럴드의 순례 Childe Harold's Pilgrimage, 1812-1818
이단자 The Giaour, 1813
아비도스의 신부 The Bride of Abydos, 1813
해적 The Corsair, 1814
돈 후안 Don Juan, 1819-1824

문구 및 명언

인간은 미소와 통곡 사이에 매달린 추다.

───

행복했던 기억은 이미 행복이 아니지만, 고통의 기억은 여전히 고통이다.

───

어느 곳에든 속하지 않는다는 것은 모두를 언짢게 만드는 행위다.

───

과거는 미래에 대한 가장 좋은 예언이다.

───

직업을 가진 모든 이들이 알아둘 일은, 당신이 일을 시작하기에 앞서 당신을 비난할 이들이 이미 존재한다는 사실이다. 단 평론가라는 직업을 제외하고 말이다.

───

내가 언제나 변치 않고 간직하는 감정이 두 가지 있다. 하나는 자유에 대한 강한 애정이고, 또 하나는 위선에 대한 혐오이다.

───

피는 야망의 손을 닦는 데에만 쓸 수 있다.

───

결혼이란 와인 식초와 같다. 시간이 흐를수록 첫맛이 점점 사라지기 때문이다.

───

사랑은 남자들에게 삶의 일부이나 여자들에게는 존재 그 자체다.

───

남자에게서 달아난다고 해서 그들을 증오한다는 의미는 아니다.

───

여자들이 자신의 나이를 말할 때처럼 모호한 것은 없다.

───

돈은 알라딘의 램프다.

───

눈물은 그 애정이 순수하다는 증표다.

───

사랑의 시

그 시선을 바라본 지 한참이 지났네.
내게 행복과 슬픔을 주었지.
노력했지만 부질없었지
이제 다시는 생각하지 말아야 하네.
(중략)
하얀 거품을 거슬러 찾으려 하네.
낯선 집을
아름다운 거짓의 얼굴을 잊을 때까지
이제 다시는 쉴 곳을 찾지 못하리.
나 자신의 생각조차 어쩔 수 없으므로.
그러나 항상 사랑해. 그리고 사랑해. 단 한 사람만을.

바이런 경의 작품 초판본.

Italo Calvino

1923년에 쿠바에서 태어나 3세 때 부모의 고향인 이탈리아로 이주했다. 제2차 세계대전 중 나치에 저항하는 레지스탕스로 활동했으며, 그 경험을 바탕으로 쓴 《거미집으로 가는 오솔길》로 주목받기 시작했다.

이후 수많은 신문과 잡지의 발행에 참여했으며 편집 고문으로도 활동했다. 1960년대에는 전후(戰後) 상황에 대한 문화적 토론을 주최하는 등 여러 방법을 통해 정치적인 중재자 역할을 했다. 1964년부터 파리에 거주하며 집필한 《보이지 않는 도시들》로 펠트리넬리상을 받았고, 1981년에는 프랑스의 레지옹도뇌르 훈장을 받았다.

그의 작품은 환상적이고 공상과학적인 소재를 다루며 세계문학계에서 독보적인 위치를 차지했다. 1985년, 하버드대학으로부터 문학 강좌를 맡아달라는 요청을 받아 강의를 준비하던 중 뇌졸중으로 쓰러져 세상을 떠났다.

이탈로 칼비노 Italo Calvino,
　　쿠바 산티아고 데 라스 베가스 1923~이탈리아 시에나 1985

주요 작품

거미집으로 가는 오솔길 Il sentiero dei nidi di ragno, 1947

반쪼가리 자작 Il visconte dimezzato, 1952

나무 위의 남작 Il barone rampante, 1957

존재하지 않는 기사 Il cavaliere inesistente, 1959

보이지 않는 도시들 Le città invisibili, 1972

만약 어느 겨울밤에 한 여행자가 Se una notte d'inverno un viaggiatore, 1979

문구 및 명언

내가 이상적으로 생각하는 곳은, 이방인처럼 자연스럽게 살 수 있는 곳이다.

혁명가들은 보수주의자들보다 더 형식적이다.

광기가 선행이든 악행이든 무엇인가를 이루려는 본능적인 힘이라면, 미련함은 그저 본능적인 나약함이다.

역사란 우리가 어떻게든 무사히 살아남아 벗어나길 바라는 끝없는 재앙에 지나지 않는다.

언어의 영역에서 추방된, 형용할 수 없는 망망대해가 바로 무의식이다.

고전을 "다시 읽어 보려고……"란 이야기는 들어봤어도 "읽고 있어"란 말은 들어본 적이 없다.

고전은 하고 싶은 이야기를 결코 끝내지 못하는 책이다.

역사를 지휘하는 것은 목소리가 아니라 귀다.

타고난 재능이란 영감에 의해 길을 발견하는 능력을 일컫는 낭만적인 용어로서, 자신의 후각을 따라 걸어가며 지름길을 찾는 것을 의미한다.

작가는 글쓰기로 인생에서 이해했던 것의 일부를 꺼낼 수는 있지만, 페이지가 끝나고 나면 전에 알고 있던 것은 그저 미미한 것에 지나지 않았음을 깨닫게 된다.

작가는 자신이 집필하는 책의 작가가 아니다. 실제 작가를 대신할 수 있는 가공의 작가마저 만들어내기 때문이다.

주인의 말을 이해하지 못하는 개는 사실상 그것을 알아듣지 못하는 편이 더 유익하다는 것을 알지 못한다.

우울함이란 가벼운 슬픔을 말한다.

만약 어느 겨울밤에 한 여행자가 Se una notte d'inverno un viaggiatore

당신은 이제 막 이탈로 칼비노의 새로운 소설, 《만약 어느 겨울밤에 한 여행자가》를 읽을 준비를 하고 있군요. 책을 들고 편안하게 앉아 보세요. 다른 잡념은 떨쳐 버리세요. 주변을 둘러싸고 있는 세상이 희미하게 사라지도록 놔두세요. 문은 닫는 것이 좋겠군요. 건너편엔 텔레비전이 항상 켜져 있겠죠. 그러니 그들에게 이렇게 말하세요. "텔레비전 좀 꺼 주지 않겠어?" 만일 당신의 목소리를 듣지 못한다면 목소리를 높이세요. "독서 중이니 방해하지 마!" 아마도 당신이 하는 얘기를 듣지 못한 것 같으니 더욱더 우렁차게, 큰 소리로, 소리 지르세요. "이탈로 칼비노의 신간을 읽기 시작했단 말이야!" 그렇게 하기 싫다고 하지 마세요. 단지 당신이 어떤 것의 방해도 받지 않기를 바랄 뿐이에요.

《보이지 않는 도시들》의 영문판.

프랑스계 이민자로 알제리에서 태어났다. 아버지가 제1차 세계대전 중 사망하자 청각장애가 있는 어머니와 어렵게 생활하며 자랐다. 고학으로 알제리대학에서 철학을 공부했지만 결핵에 걸려 교수가 되는 것을 포기하고 신문기자로 일했다. 그는 한때 알제리 축구팀의 골키퍼로 활약하기도 했다.

1940년에 파리로 이주하여 레지스탕스 운동에 참여했으며, 1945년부터 비밀리에 발행된 〈콩바(Combat)〉지의 편집장으로 활약했다.

1942년에 《이방인》을 발표하여 작가로서 명성을 얻게 되었고, 1957년에 노벨문학상을 받았다. 그는 생전에 독일의 파시즘이나 다양한 형태의 전체주의에 반대하는 활동을 했으며, 사형제도를 반대했고 인권운동에 매진했다. 1952년, UN이 프랑코 치하의 스페인을 회원국으로 받아들이자 유네스코 임원직을 사임하기도 했다.

1960년 겨울, 프로방스에서 크리스마스 휴가를 보낸 후 파리로 돌아오던 중 자동차 사고로 사망했다.

알베르 카뮈 Albert Camus,
알제리 몬도비 1913~프랑스 빌블르뱅 1960

주요 작품

이방인 L'Étranger, 1942
시지프 신화 Le Mythe de Sisyphe, 1942
칼리굴라 Caligula, 1945
페스트 La Peste, 1947
반항하는 인간 L'Homme révolté, 1951
전락 La Chute, 1956

문구 및 명언

친구여, 커다란 비밀을 하나 알려 주겠네. 최후의 심판을 기다리지 말게나. 하루하루가 심판의 날들이라네.

―

인간의 도덕과 의무에 관해 내가 아는 모든 것은 축구를 통해 배웠다.

―

이미 소유하고 있는 것을 주는 것이 무슨 의미가 있으랴.

―

늙는다는 것은 열정에서 연민으로 건너가는 것을 말한다.

―

어떤 식으로든 정당화할 수 없는 방법들이 있다.

―

사랑만이 모든 괴로움과 쓸쓸함에 위안을 줄 수 있다.

―

항상 어리석은 자들이 우겨댄다.

―

우리가 우리보다 더 나은 부류의 사람들을 신뢰하는 경우는 드물다.

―

성공하기는 쉬우나 그 자격을 갖추기란 어렵다.

―

예술가들은 단어를 통해 생각하고 철학자들은 관념을 통해 생각한다.

―

사상이 없고 위대함과 거리가 먼 자들이 만드는 것이 정치다.

―

반역이란 무엇인가? "아니다"라고 말하는 것이다.

―

남자들에게 전쟁이란 대부분 고독의 끝이지만 내게는 무한한 고독이다.

―

재앙의 시작과 끝에는 항상 수사학적인 무언가를 하기 마련이다. 시작 단계에선 아직 습성의 끈을 놓지 않지만, 끝 단계에선 정신을 차리는 것이다. 이는 사람이 진실에 적응하면서 생기는 불행의 절대적인 순간이다.

―

내가 아는 의무는 단 하나다. 사랑의 의무.

―

모르던 것에 대해 이야기하다가 결국 그것을 배우게 된다.

―

대중소설에는 나름의 심리학이 존재한다. 그러나 이는 세부적인 부분을 간과하고 믿는 폭넓은 심리학이다. 고로 거짓인 셈이다.

―

이방인 L'Étranger

오늘 엄마가 죽었다. 어쩜 어제였는지도 모르겠다. 양로원으로부터 전보를 한 통 받았다. "모친 사망, 명일 장례, 삼가 조의를 표함" 이것은 별 의미가 없다. 어제였을지도 모른다.

터키어로 출판된 카뮈의 저서들.

Elias Canetti

1905년에 불가리아에서 태어났으며, 스페인계 유대인이었던 부모를 따라 영국 맨체스터로 이주했다. 1912년, 아버지가 갑자기 사망하자 어머니와 오스트리아 빈으로 거주지를 옮겼다. 이후 스위스의 취리히, 독일의 프랑크푸르트, 영국의 런던 등지를 전전하며 생활하였고, 자연스럽게 스페인어와 불가리아어, 영어와 독일어, 프랑스어를 배웠다.

빈대학에서 화학을 전공해 박사 학위를 받았으나 작가가 되고 싶었던 그는 문학과 철학에 심취했고, 1935년 소설 《현혹》을 발간하여 국제적으로 주목을 받았다.

1938년, 나치의 박해를 피해 런던으로 망명한 카네티는 20여 년간 자료 조사와 연구에 매진한다. 이를 바탕으로 집필한 《군중과 권력》은 1960년 발표와 동시에 세계적으로 찬사를 받았으며, 사회학의 고전으로 자리 잡게 된다. 그는 현대사회의 '군중의 광기'에 대해 깊이 있게 사색한 작가로 평가되고 있으며, 1981년에 노벨문학상을 받았다.

엘리아스 카네티 Elias Canetti,
불가리아 루스추크 1905~스위스 취리히 1994

주요 작품

현혹 Die Blendung, 1935
군중과 권력 Masse und Macht, 1960
모로코의 낙타와 성자 Die Stimmen von Marrakesch, 1968
구제된 혀 Die Gerettete Zunge, 1977
귓속의 횃불 Die Fackel im Ohr, 1980
눈의 유희 Das Augenspiel, 1985

문구 및 명언

어른들은 아이를 실망시키며 즐거워한다. 아이들이 실망을 느낄 필요가 있다고 생각하는 동시에 그것을 즐기기도 한다. 아이들은 재빠르게 이러한 기교를 배우고는 그들 스스로 실망을 연습한다.

새로운 생각이냐가 중요한 것이 아니라 그것을 새롭게 받아들이느냐가 중요하다.

나는 사람들을 분석하는 데 질렸다. 그들은 지나치게 단순하여 결국 별로 의미가 없기 때문이다.

진짜 겁쟁이란 자신의 기억을 두려워하는 자들이다.

3,000 혹은 4,000명의 사람들을 알고 있을지언정 정작 이야기에 언급되는 이는 6명 혹은 7명에 불과하다.

얼마나 조금 읽었든, 얼마나 조금 알든, 당신은 여태 읽어왔던 것을 바탕으로 우연히 만들어진 존재다.

세상에 보잘것없는 언어란 없다. 요즘 세상은 마치 사용하는 언어가 단 하나로 통일되고 있는 것처럼 느껴진다. 사라져가는 언어가 있다는 소리를 들을 때마다 나는 세상이 죽어가는 것 같은 고통을 느낀다.

종교는 대부분 좋은 사람들이 아닌 신중한 사람들에게 존재한다.

삶에 대한 자포자기로 선택하는 죽음은 결코 영광스러울 수 없다.

진정한 작가들은 그들이 창작을 끝낸 후에야 작품 속 인물들을 만날 수 있다.

편지를 단 한 장도 받아본 적 없는 이보다 더 고독한 사람은 없다.

사랑만큼이나 자비롭지 못한 것이 있을까. 만일 어떤 이가 전부를 원한다고 말한다면 말 그대로 '전부'라고 이해해야 한다. 아마 식인종만이 유일하게 여기에 해당할 것이다. 하지만 육체보다 영혼에 대한 식인습성이 훨씬 더 심각하다. 이는 서로 잡아먹으려고 동시에 덤비는 식인종 두 명의 문제라는 사실을 자각해야 하기 때문이다.

구제된 혀 Die Gerettete Zunge

나의 유년기에 대한 첫 번째 기억은 붉게 물들어 있다. 나는 한 소녀의 손을 거쳐 문을 건넜고 내 앞에는 온통 붉은색 바닥이 펼쳐졌다. 우리 바로 앞에, 한 남자가 우리와 비슷한 키의 문을 열고 웃으며 나타나더니 내게 다정히 다가왔다. 그는 내게 바짝 다가와 서서 말했다. "혀 좀 내밀어 봐." 난 혀를 내밀었고 그는 호주머니에서 작은 칼을 꺼내더니 칼날을 빼내었다. 그리고 그 칼날을 내 혀에 갖다 대고 말했다. "이제 혀를 잘라 버리자고."

영어로 출판된 《모로코의 낙타와 성자》.

Truman Capote

어린 시절 부모의 이혼으로 루이지애나와 앨라배마의 여러 친척 집을 옮겨 다니며 자랐다. 17세에 학교를 중퇴하고 단편소설을 쓰기 시작해《밀리엄》등의 작품으로 오헨리상을 세 번이나 받았다. 24세에 발표한 첫 번째 장편소설《다른 목소리, 다른 방들》은 출간 즉시 큰 화제를 불러일으켰는데, 이 소설은 퇴폐적인 남부지방을 배경으로 13세 소년의 방황과 동성애를 다루고 있다.

커포티는 젊은 작가로 이름을 날리면서 사교계에서 명성을 얻게 되었고, 다양한 연극과 영화, 뮤지컬 등의 대본을 집필했다. 그 중《티파니에서 아침을》은 오드리 헵번 주연의 동명 영화로 만들어져 큰 인기를 얻었다. 또한 캔자스 주에서 있었던 일가족 살인사건을 취재해 집필한 논픽션 소설《인 콜드 블러드》는 상업적으로 큰 성공을 거두었다.

그는 작품 속에서 유머와 공포를 적절히 섞어가며 미지의 세계부터 도시의 전형적인 풍경까지 폭넓게 전달해주는 능력이 탁월했다. 1984년에 알코올과 약물 중독의 합병증으로 사망했다.

트루먼 커포티 Truman Capote,
미국 뉴올리언스 1924~로스앤젤레스 1984

주요 작품

다른 목소리, 다른 방들 Other Voices, Other Rooms, 1948
밤의 나무 A Tree of Night, 1949
풀잎 하프 The Grass Harp, 1951
꽃이 만발한 집 House of Flowers, 1954
티파니에서 아침을 Breakfast at Tiffany's, 1958
인 콜드 블러드 In Cold Blood, 1965
카멜레온을 위한 음악 Music for Chameleons, 1980

문구 및 명언

상상하지 않는 자는 땀을 흘리지 않고 독을 축적하는 것과 같다.

책 한 권을 탈고하는 것은 마치 어린아이를 밖으로 내보내 총으로 쏴버리는 심정과 같다.

유명하건 아니건 모든 작가는 흥분한 주정뱅이들이다. 왜냐하면 그들의 하루는 완전히 하얀 백지상태에서 시작되기 때문이다.

삶은 제3막이 잘못 쓰인 꽤 훌륭한 연극 작품이다.

모든 문학은 일종의 수군거림이다.

글은 그림이나 음악처럼 개개인의 견해와 빛과 그림자를 지니고 있다. 만일 작가가 이를 태생적으로 갖고 태어난다면 더할 나위 없이 좋겠지만 그렇지 않다면 배워야 한다. 그리고 각자의 방식을 발견하고 재구성해야 한다.

좋은 배우일수록 머리는 우둔하다.

훈련은 성공에서 가장 중요한 부분이다.

머리를 저으며 부정하기 전에 머리가 제대로 붙어 있는지부터 확인하라.

글을 쓰는 동안 내가 믿는 것은 펜보다는 가위다.

나에 대한 잘못된 풍문 따위엔 신경 쓰지 않는다.

모든 실패는 성공에 맛을 주는 양념이다.

나는 일어났던 일을 있는 그대로 기억한다.

모든 사람은 창조적으로 일을 할 의지가 있지만 대부분 절대 겉으로 티가 나지 않는다는 것이 문제다.

캘리포니아에 살면 매년 지적 수준이 한 단계씩 하락한다는 것은 이미 입증된 사실이다.

다른 목소리, 다른 방들 Other Voices, Other Rooms

게다가 이곳은 슬픔이 깃든 장소다. 움푹 팬 늪지에 사람 머리 크기의 티그리디아가 피어났고 흙탕물 아래로 그것의 번쩍이는 녹색 줄기가 익사한 시체처럼 빛났다. 풍경 속에서 나타나는 유일한 움직임이라고는 우울감에 젖어 어떤 농장의 굴뚝에서 휘감기듯 피어오르는 겨울 연기, 혹은 날개를 굳게 펼치고 화살 같은 눈매로 솔숲의 삭막한 허공을 조용히 휘휘 날아다니는 새 한 마리가 전부였다.

영화 〈인 콜드 블러드〉의 한 장면. 영화 〈티파니에서 아침을〉의 최초 포스터.

본명은 찰스 루트위지 도지슨이며 루이스 캐럴은 필명이다. 옥스퍼드의 크라이스트처치칼리지를 졸업한 후 모교에서 수학 교수로 교편을 잡았다.

그는 소녀들과 어울리는 것을 즐겼고, 이들을 위해 놀이나 이야기를 만들어주었을 뿐만 아니라 부모의 동의하에 사진촬영을 하기도 했다. 당시는 엄격한 빅토리아 시대였음에도, 그는 때때로 몇몇 소녀들에게 누드모델을 제안했다고 한다.

캐럴은 크라이스트처치칼리지의 학장 조지 리델의 딸인 앨리스에게 들려준 이야기를 묶어 1865년에 《이상한 나라의 앨리스》라는 제목으로 출간한다. 이 책은 작품 속에 드러나는 특유의 언어유희로 인해 여러 언어로 번역되는 과정에서 다양한 방식으로 해석이 되며 많은 이들의 주목을 받았다. 또한 유머와 환상으로 가득한 아이들의 세계를 그려내는 동시에 그 속에서 어른들 세계의 부조리함을 분명하게 일깨우기도 했다.

엄격하게 규칙적인 일상을 고집했으며 이를 일기에 꼼꼼하게 기록하기도 했던 그는 평생 독신으로 살다가 1898년에 사망했다.

루이스 캐럴 Lewis Carroll, 영국 데어즈베리 1832~길퍼드 1898

주요 작품

이상한 나라의 앨리스 Alice's Adventures in Wonderland, 1865
거울 나라의 앨리스 Through the Looking-Glass and What Alice Found There, 1871
스나크 사냥 The Hunting of the Snark, 1876
실비와 브루노 Sylvie and Bruno, 1889-1893

문구 및 명언

첫걸음에서 시작하여 마지막을 향해 전진하되, 거기서 멈춰라.

만일 모든 사람이 자신에게 알맞은 자리를 차지한다면 세상은 더 빠르게 돌아가리라.

스스로에 대한 인내가 강한 자는 자신의 우둔함에는 절대 화내지 않는다.

기억이란 얼마나 가엾은지, 뒤로 가는 능력밖에 없다.

만일 그랬다면 그럴 수밖에 없었을 것이고, 만일 그럴 것이라면 그럴 수밖에 없을 것이다. 그러나 아닌 것은 아니다.

누구나 도덕심을 가지고 있다. 그것을 찾을 수 있느냐가 관건이다.

"내가 시간에 대해 아는 것처럼 너도 잘 안다면." 모자장수가 말했다. "물건을 쓰듯 그렇게 낭비할 수만은 없을 텐데 말이야. 시간은 사람이거든."

이 세상에서 나란 존재는 무엇인가? 상당히 골치 아픈 퍼즐 맞추기가 아닐 수 없다.

그대가 무슨 말을 할지 먼저 생각하는 것이 바로 예의다. 그렇게 함으로써 많은 시간을 절약할 수도 있다.

똑똑하고 활동적인 동물들만이 심심함을 느낄 수 있다. 창조의 일곱 번째 날 신이 느낀 심심함이 위대한 시인에게는 소재가 될지도 모른다.

그는 내 꿈의 일부였고 그것은 사실이었다. 그러나 난 그의 일부였다.

당신에게 같은 이야기를 세 번 한다는 것은 사실이라는 뜻이오.

때때로 나는 아침 식사를 하기 전, 믿을 수 없는 일들을 최대 6개까지 믿어보곤 했다.

이상한 나라의 앨리스 Alice's Adventures in Wonderland

"죄송하지만, 여기서 나가려면 어느 길로 가야 하는지 알려 주시겠어요?"
"그건 네가 어디로 가길 원하는가에 달렸지." 고양이가 대답했다.
"어디로 가야 할지는 그다지 중요하지 않아요." 앨리스가 말했다.
"그렇다면, 어느 길로 가든지 그다지 상관없겠는걸." 고양이가 대꾸했다.

《이상한 나라의 앨리스》 일러스트.

Camilo José Cela

어린 시절 결핵으로 요양하던 중 문학에 처음 관심을 갖게 되어 고전문학을 섭렵해 나갔다. 마드리드대학에서 의학, 법학, 철학을 전공하고 시인으로 활동하던 중 스페인내란이 발발하자 국민병으로 전쟁에 가담했다. 그러나 결국 프랑코가 정권을 잡아 집권했고, 그는 이후에도 독재 정권에 대한 저항을 이어나갔다.

1942년에 첫 소설인《파스쿠알 두아르테 가족》을 발표해 주목을 받았으나 정부로부터 발간 금지 처분을 받았다. 1951년에 발표한 그의 대표작《벌집》역시 스페인에서 검열을 통과하지 못해 아르헨티나의 부에노스아이레스에서 출간할 수밖에 없었다. 그런 와중에도 꾸준한 작품 활동으로 차츰 명성이 높아졌으며 1957년에 스페인왕립아카데미 회원이 되었다. 또한 1977년에는 상원의원에 임명되어 민주헌법 기초 작업에 참여하기도 했다. 1989년, 스페인 작가로는 최초로 노벨문학상을 받았으며, 6년 후 세르반테스문학상을 받았다. 1996년에는 스페인 국왕 카를로스 1세로부터 '이리아 플라비아 후작'의 작위를 받았다.

카밀로 호세 셀라 Camilo José Cela,
　　　스페인 엘 파드론 1916~마드리드 2002

주요 작품

파스쿠알 두아르테 가족 La familia de Pascual Duarte, 1942
알카리아로의 여행 Viaje a la Alcarria, 1948
벌집 La colmena, 1951
콜드웰 부인이 아들과 나누는 대화 Mrs. Caldwell habla con su hijo, 1953
두 망자를 위한 마주르카 Mazurca para dos muertos, 1983

문구 및 명언

글을 쓰는 것은 쉽고 어렵고의 문제가 아닌 가능한가 불가능한가의 문제다.

글을 쓰기 위해선 무언가 말하려는 것만 있으면 충분하다.

영감이란 시간의 근사한 한 조각을 작업하는 것이다.

모든 정부는 작가가 잠재적인 이단아라고 상상한다.

진실을 소유하고 있다고 믿는 자들의 문제점은, 그것을 단 하나도 논리적으로 증명해 보일 수 없다는 데 있다.

역사는 충분한 자료를 통해 우리에게 두 가지를 가르친다. 첫 번째는, 권력자들이 결코 훌륭한 인물들은 아니라는 사실이다. 두 번째는, 정치가들은 무기력한 삶을 자극하고 구제해줄 능력이 없다는 것이다.

우리는 수색과 검거에 사용될 명부를 지키기에만 급급한 관료주의의 독재정권 아래 살고 있다.

지성의 파업이란 물론 있을 수 없는 일이지만, 일어난다고 가정하면 분명 세상의 진보를 마비시키는 결과가 발생할 것이다.

순결에는 곰팡이가 낀다.

투우는 기이한 예술이다. 현란하고 우스꽝스러우며 섬광이 번쩍이는 친근한 세계이기에 하루쯤은 투우사가 되길 꿈꾼다.

여행을 할 때 가장 중요한 것은 사람이다. 사람과 대화를 함으로써 여행한 지역을 온전히 알 수 있기 때문이다.

죽음은 살아있는 것을 기억하는 씁쓸한 피루엣(한 다리를 축으로 하여 360도 회전하는 발레 동작)이다.

아들아, 은어(隱語)란 모두를 질시하고 경멸하는 척하는 그런 미친 사람과 닮은 것이란다.

파스쿠알 두아르테 가족 La familia de Pascual Duarte

선생님, 전요, 나쁜 사람이 아닙니다. 물론 그렇게 보일 여지가 있다는 것쯤은 알고 있지만요. 우리 인간들은 똑같은 가죽을 갖고 태어날진대 운명이란 놈은 우리가 성장하기 시작하면 마치 밀랍인형을 취급하듯 제멋대로 운명을 바꾸어버리고, 죽음이라는 동일한 결말을 두고도 전혀 다른 샛길 앞에 우리를 놓고는 그것을 즐긴답니다. 꽃길을 거닐며 살아가는 운명만 존재하는 것이 아니라 엉겅퀴와 선인장 가시가 깔린 길에 던져진 운명도 있는 겁니다. 그놈들이야 부드러운 시선을 즐기며 행복에 젖어 순수한 얼굴 가득 미소를 지을 테지만, 나 같은 이런 놈들은 그저 광야의 이글거리는 태양 때문에 괴로워하며 살기 위해 발버둥치는 산짐승처럼 얼굴을 잔뜩 찌푸립니다. 같은 가죽이라 해도 연지곤지를 찍고 향수를 뿌리는 것과 절대 지워지지 않는 문신을 새기는 것에는 엄청난 차이가 있지 않습니까.

마리오 카무스 감독에 의해 영화로 제작된 〈벌집〉.
카밀로 호세 셀라와 아내 마리나 카스타뇨.

가난한 출장 전문 외과 의사의 아들로 태어나 가족 전체가 여러 도시를 전전했으며, 제대로 된 정규교육은 거의 받지 못한 것으로 알려져 있다. 1569년에 결투 도중 상대에게 상처를 입히고 수배를 당하게 되자 이탈리아로 피신했으며, 그곳에 주둔 중이던 스페인군에 자원입대했다.

1571년, 레판토 해전에 참가하면서 부상을 당해 평생 왼손을 쓰지 못하게 된 그는 스페인으로 돌아오는 길에 해적에게 피랍되어 알제리에서 5년간 고된 노예생활을 하다 풀려났다.

결혼한 뒤 첫 소설 《라 갈라테아》를 발표했으나 성공을 거두지 못하고 세금징수원 등으로 일하며 어렵게 생계를 유지했다. 1605년, 마침내 《돈키호테》 제1부가 출판되어 큰 성공을 거두지만, 생활고로 출판업자에게 판권을 넘겨버린 까닭에 빈곤한 생활은 계속되었다.

말년에는 신앙생활에 전념하며 《모범소설집》, 《돈키호테》 제2부 등의 작품을 발표하였고, 1616년 4월 69세를 일기로 세상을 떠났다.

미겔 데 세르반테스 Miguel de Cervantes,
스페인 알칼라 데 에나레스 1547 ~ 마드리드 1616

주요 작품

라 갈라테아 La Galatea, 1585
돈키호테 El ingenioso hidalgo don Quijote de la Mancha, 1605-1615
모범 소설집 Novelas ejemplares, 1613
파르나소로의 여행 Viaje del Parnaso, 1614

문구 및 명언

항아리가 돌에 떨어지든, 돌이 항아리에 떨어지든 항아리가 손해다.

지루함이 피곤을 유발하기도 한다.

여우가 설교하면 닭들은 안심할 수 없다.

운명의 바퀴를 멈추게 할 만큼 강한 못은 존재하지 않는다.

붓은 영혼의 혀이니 영혼에서 생겨난 생각이 글이 된다.

많이 보는 것과 많이 읽는 것은 창의력을 풍부하게 해준다.

신사는 자신의 말이 행동보다 더 근사할 때 부끄러움을 느낀다.

한 언어를 다른 언어로 번역하는 것은 언어의 여왕이나 다름없는 그리스어나 라틴어가 아닌 이상 사실상 불가능하다고 봐야 한다. 번역한 작품을 읽는 것은 마치 뒤집힌 프랑드르 융단을 보는 것처럼, 색실로 가득 메워진 그림은 볼 수 있을지라도 본래의 모습이 아닌 일그러진 형태를 보는 것과 다름없다.

친애하는 산초여, 자유란 하늘이 인간에게 준 가장 귀한 선물이라네. 이것은 땅이 감추어버리고 바다가 덮어버리는 다른 보물들과는 견줄 수 없는 것이라네. 자유가 있어 삶을 모험할 수 있고 그렇게 해야만 하는 것이지.

역사와 책을 만들어가기 위해서는 운이 있고 없고를 떠나 훌륭한 판단력과 깊은 이해심이 필수다.

적게 먹고 저녁은 더 적게 먹으라. 전신의 건강은 바로 위장에서 만들어지는 것이므로.

묵묵부답에 대해선 처벌도, 대답도 있을 수 없다.

떠나는 이는 달아나지 않는다.

짧은 문장일지라도 위대한 경험에서 흘러나온다.

돈키호테 El ingenioso hidalgo don Quijote de la Mancha

"도망치지 마라, 미천하고 비겁한 자들이여. 너희에게 대적할 유일한 기사가 여기 있노라."

미풍이 불며 거대한 날개가 움직이기 시작하자 이를 본 돈키호테가 말했다.

"네놈들이 거인 브리아레오보다 더 많은 팔을 휘두른다 하더라도 대가를 치르게 될 것이다."

이렇게 외친 뒤 돈키호테는 깊이 연모하는 여인 둘시네아를 떠올리며 '이 위기에서 무사할 수 있도록 나를 도와주소서'라고 마음속으로 빌었다. 그리고 방패로 몸을 감싸고 창을 옆구리에 낀 채, 로시난테가 할 수 있는 온 힘을 네 굽에 실어 돌진하며 정면의 맨 처음 보이는 풍차에 창을 내리꽂았다.

돈키호테와 산초 판자의 동상.   그리스어로 출간된 《돈키호테》.

Anton Chekhov

상인의 아들로 태어났으나 아버지의 파산으로 경제적인 어려움을 겪으며 성장했다. 모스크바대학에서 의학을 전공하면서 가족의 생계를 위해 잡지에 수많은 유머 단편을 기고했다. 그의 글은 호평을 받아 대학을 졸업할 무렵엔 이미 명성을 얻기 시작했다.

23세부터 그를 괴롭히던 폐결핵이 악화되었음에도 체호프는 사할린을 돌아보며 그곳에 유배된 죄수들의 비참한 삶을 목격하고 돌아왔다. 이후 집필한 《사할린섬》은 큰 반향을 불러일으켰다. 1895년부터 레프 톨스토이와 깊은 우정을 나누었으며, 1900년에는 러시아 아카데미 명예회원으로 임명되지만 막심 고리키의 회원 자격이 박탈당하자 당국에 항의하는 의미로 자신 역시 회원 자격을 반납했다.

1901년에 모스크바 예술극장 여배우였던 올가 크 니페르와 결혼하였으나, 3년 후 악화된 결핵을 치유하기 위해 독일 바덴바일러의 온천 지역으로 떠났다가 그곳에서 숨을 거두었다. 그의 작품들은 무기력하게 움직이는 인간의 고독하고 일상적인 삶을 조명한 것이 특징이다.

안톤 체호프 Anton Chekhov,
러시아 타간로크 1860 ~ 독일 바덴바일러 1904

주요 작품

사할린섬 Ostrov Sakhalin, 1895
갈매기 Chaika, 1896
바냐 아저씨 Dyadya Vanya, 1897
귀여운 여인 Dushechka, 1899
세 자매 Tri Sestry, 1901
벚꽃 동산 Vishnyovyi Sad, 1904

문구 및 명언

항상 그랬듯이 무덤에서도 홀로 지내게 되리라. 본질적으로 혼자 사는 삶이다.

작가의 독창성은 그의 스타일보다는 생각의 방식에 의해 좌우되는 편이다.

간결함은 재능의 자매다.

자연에서는 혐오스러운 번데기가 찬란한 나비로 변신하지만 인간사는 이와 반대다. 찬란한 나비가 혐오스러운 유충으로 바뀌니 말이다.

어떤 한 가지 잘못에 있어서 해결책이 다양하게 나왔다면 그것은 해결할 방도가 없다는 의미다.

예술 작업은 두 가지로 분류된다. 내가 좋아하는 것, 내가 좋아하지 않는 것. 다른 기준에 대해선 아는 게 없다.

어떤 상대를 향한 증오심과는 대조적으로 사랑과 우정 그리고 존경은 좀처럼 사람들과 결합하지 않는다.

대학은 모든 능력을 빛으로 끌어낸다. 무능력까지도 말이다.

의사들은 변호사와 마찬가지다. 유일하게 다른 점이 있다면 변호사는 당신 돈을 도둑질하는 것에 그치지만 의사들은 도둑질하며 죽이기까지 한다.

고독을 감당할 수 없다면 결혼하지 마라.

지식은 실행을 하지 않으면 쓸모가 없다.

인간은 믿음을 갖는 존재다.

사람들은 행복할 때는 지금이 여름인지 겨울인지조차 깨닫지 못한다.

여자들이란 절대 잘못을 용서하지 않는다.

고백하건대, 나는 어떤 이들을 매장함으로써 희열을 느끼기도 한다.

개를 데리고 다니는 여인 Dama su sabachikoi

해변 부근에 새로운 인물이 출현했다는 소문이 자자했다. 사람들은 그녀를 '개를 데리고 다니는 여인'이라고 불렀다.

드미트리 드미트리치 구로프는 벌써 2주가량을 얄타에 머물면서 어느 정도 그곳 생활에 익숙해진 탓인지 새로운 얼굴들에 관심이 생기기 시작했다. 항상 그랬듯이 베르네 가옥에 앉아서 중간 정도 체구에 금발머리인, 베레모를 쓴 젊은 여인이 지나가는 것을 바라보았다. 그녀의 뒤로는 하얀색 스피츠가 따르고 있었다.

〈바냐 아저씨〉 공연의 한 장면.

미국인 사업가 아버지와 영국 귀족 출신 어머니 사이에서 비교적 풍족한 어린 시절을 보냈다. 성악가가 되기 위해 파리로 유학을 떠나기도 했으나 재능이 부족하다 판단해 꿈을 접었다. 10대 초반부터 시와 단편소설을 잡지에 투고하기 시작했다.

1914년, 영국 장교 아치볼드 크리스티와 결혼하였으나 어머니의 죽음과 남편의 외도로 심각한 스트레스에 시달리다 끝내 이혼했다. 2년 후인 1930년, 메소포타미아를 여행하던 중 젊은 고고학자 맥스 맬로원을 만나 재혼하고 이후 함께 시리아, 이라크, 이집트 등지를 여행하며 몇몇 작품에 대한 영감을 얻게 된다.

문학성보다는 탄탄한 내용으로 더욱 사랑받았던 그녀의 작품들은 세계적으로 널리 알려지며 다양한 언어로 번역되었다. 평생에 걸쳐 80여 편의 추리소설을 발표했으며 '추리소설의 여왕'으로 불린다. 1967년에 영국추리협회 회장이 되었고, 1971년에는 엘리자베스 여왕으로부터 '데임(Dame)' 작위를 받았다.

애거사 크리스티 Agatha Christie,
영국 토키 1890~윌링포드 1976

주요 작품

스타일스 저택의 괴사건 The Mysterious Affair at Styles, 1920
애크로이드 살인사건 The Murder of Roger Ackroyd, 1926
오리엔트 특급 살인 Murder on the Orient Express, 1934
나일 강의 죽음 Death on the Nile, 1937
그리고 아무도 없었다 And then there were none, 1939
쥐덫 The Mousetrap, 1952
커튼 The Curtain, 1975

문구 및 명언

고고학자와 결혼하라. 그대가 늙어갈수록 그대에게 더욱 매료될 것이다.

감추는 것이 있는 대화는 항상 위험하다.

오래된 죄는 긴 그림자를 가지고 있다.

거액의 돈 앞에서는 아무도 믿지 않는 것이 상책이다.

전쟁에서 이기는 것은 지는 것만큼이나 불행하다.

세상에나, 살인 하나에 이렇게 많은 설명이 필요할 줄 상상이나 했던가!

희생자의 오랜 친구가 살인자가 되기도 한다.

탐정소설을 흥미롭게 쓰는 비법이 있다면, 탐정은 결코 독자보다 더 많은 것을 알아서는 안 된다는 것이다.

여자들은 마음만 먹으면 자신을 사랑하는 남자를 얼마든지 속일 수 있다.

습관처럼 묘한 것이 또 있을까. 누구든 스스로 그것에 대한 인식을 못 한다.

사람은 오랜 시간이 지나서야 비로소 삶의 중요했던 순간들을 깨닫게 된다. 그러나 그땐 이미 너무 늦었다.

설거지를 할 때가 책을 구상하기에 가장 적합한 순간이다.

그대는 어느덧 오십 줄에 접어들 것이며 삶에서 마주치는 감정과 인간관계의 생명이 다했다고 느낄 것이다. 그러나 그즈음 나는 두 번째 개화를 충분히 즐겼다. 그러니 그대 역시 언제든 새로운 삶이 펼쳐질 것이며, 생각하고 공부하고 읽어야 할 것이 가득하리란 것을 믿어야 한다……. 이는 마치 생각과 사상에서 오는 새로운 활기가 그대의 가슴 속에서 솟아오르는 것과 같다.

뉴욕을 배경으로 탐정 이야기를 늘어놓는다는 것은 우스운 일이다.

그리고 아무도 없었다 And then there were none

그녀는 검사에게 자신의 의욕과 침착함에 대해 칭찬받았던 일을 기억했다. 검사로부터 심문을 받았던 이가 이렇듯 좋은 평가를 받은 일은 전무했던 까닭이었다. 해밀턴 부인 또한 그녀에게 친절했다. 단지 유고만이……. 그러나 더 이상 유고를 떠올리고 싶지 않았다.

기차 안이 푹푹 찌는 더위에도 베라는 불현듯 몸을 떨며 바다에 가기로 했던 것을 후회했다. 그때의 일이 눈앞에 선연히 맴돌았다. 시릴의 머리가 떴다 가라앉았다 하며 바위를 향해 헤엄쳐 가고 있었다. 떴다 가라앉았다…… 그녀는 사력을 다해 그를 향해 헤엄쳤으나 이미 늦었다는 것을 그 누구보다 더욱 절실히 느꼈다.

깊고 따뜻함이 스민 푸른 바다…… 모래 위에 함께 누워 있었던 그 아침……. 유고……. 유고……. 유고는 그녀를 사랑한다고 말했다.

영화로 제작된 〈나일 강의 죽음〉 포스터. 영화 〈오리엔트 특급 살인〉의 오리지널 포스터.

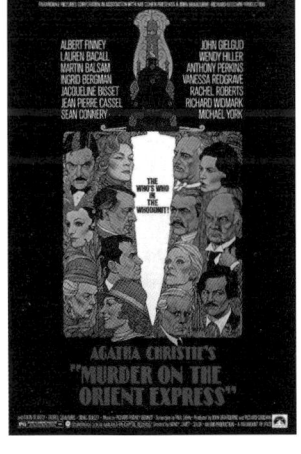

Arthur Conan Doyle

에든버러대학에서 의학을 전공하고 1882년부터 영국 포츠머스 사우스시 지역에서 진료를 시작했다. 의사가 된 후 8년 동안 환자들을 진료하며 틈틈이 글을 썼으나 결국 진료를 포기하고 집필에만 전념하여 작가로서 명성을 얻었다.

셜록 홈스 시리즈로 대단한 인기를 끌었지만 다른 분야의 작품을 써보고 싶었던 그는 《셜록 홈스의 회상》에 실린 단편 〈마지막 사건〉을 끝으로 홈스와 결별한다. 그러나 홈스의 부활을 간절히 원했던 독자들과 거액의 원고료를 제시한 잡지사의 권유로 홈스는 다시 독자들과 만나게 된다.

40여 년에 걸쳐 60여 편의 작품으로 독자들과 만난 셜록 홈스는 명탐정의 대명사로 불리게 되었고 '셜로키언(Sherlockian)'이라 불리는 애호가 그룹이 생겨나기도 했다.

코넌 도일은 탐정소설 외에도 역사소설과 모험담, 과학소설 등에서도 좋은 평가를 받았다. 1902년에는 영국 정부로부터 기사 작위를 받았으며, 1930년 71세의 나이로 세상을 떠났다.

아서 코넌 도일 Arthur Conan Doyle,
영국 에든버러 1859 ~ 크로우버러 1930

주요 작품

주홍색 연구 A Study in Scarlet, 1887
셜록 홈스의 모험 The Adventures of Sherlock Holmes, 1892
셜록 홈스의 회상 The Memoirs of Sherlock Holmes, 1894
셜록 홈스의 귀환 The Return of Sherlock Holmes, 1905
바스커빌 가문의 개 The Hound of the Baskervilles, 1901

문구 및 명언

평범한 사람은 그 이상을 알지 못하나 재능 있는 사람은 천재를 즉시 알아본다.

불가능한 것을 없애면 남는 것은 사실이 아닐 법한 사실뿐이다.

일로 인해 지쳤던 기억은 없다. 오히려 체력을 완전히 고갈시키는 것은 나의 나태함이다.

사람들은 보기만 하고 관찰하지 않는다.

누군가 발명하는 그것을 어떤 사람은 발견을 통해 얻어낼 수 있다.

상상력이 없는 곳에는 공포가 없다.

명확하게 알기도 전에 판단을 흐리게 하는 이론을 세우는 것은 큰 잘못이다.

우리는 어디서 오는지도 알 수 없는 바람에 휘둘리며 괴로워하는 의미 없고 속절없는 피조물이다.

결국 우린 천사가 되길 갈망하나 야수의 본능을 갖고 있다.

누구나 인간의 권리와 정의를 지켜야 하는 때가 있다. 그렇지 않으면 절대 다시는 자신을 정정당당하게 느낄 수 없으리라.

붕괴된 모든 것 중에서 귀족의 정신만큼 한심한 것은 없다.

내게 고객이란 골칫거리에 불과한 하나의 수단일 뿐이다.

인간은 항시 사용 가능한 가구들을 넣어둘 만한 작은 다락방을 머릿속에 만들어야 한다. 그리고 나머지 물건들은 필요할 때 언제든 찾아 쓸 수 있게 서재의 구석에 놓으면 된다.

논리학자는 물 한 방울로 한 번도 본 적이 없는 대서양이나 나이아가라 폭포의 존재를 가늠할 수 있다.

작은 것들이야말로 무한하게 중요하다는 것이 나의 철칙이다.

바스커빌 가문의 개 The Hound of the Baskervilles

짙게 깔린 안개 속에서 무언가 나아가며 움직이는 듯 바스락거리는 소리가 규칙적인 간격으로 들려왔다. 우리가 뒤쫓기 위해 서 있는 지점에서 목표지점까지는 거리상으로 약 50야드(약 45미터) 정도로 보였다. 우리 셋은 그곳에서 무슨 일이 벌어질지 모른다는 공포에 사로잡혀 그쪽을 바라보았다. 나는 홈스의 옆에 서서 순간적으로 그의 얼굴을 응시했다. 그의 얼굴은 창백했고 긴장감이 느껴졌으며 달빛을 받은 두 눈은 빛을 발하고 있었다. 불현듯 무언가를 주시하던 그의 두 눈이 일순 고정되는가 싶더니 놀란 나머지 그는 입을 벌리고 말았다.

셜록 홈스와 왓슨 박사가 그려진 당시의 일러스트.
영화로 제작된 〈바스커빌 가문의 개〉의 프랑스어 버전 포스터.

Joseph Conrad

본명은 테오도르 유제프 콘라드 코르제니오브스키이며 러시아의 지배를 받고 있던 폴란드에서 태어났다. 아버지는 독립투사이자 문필가였으며, 독립운동에 참여한 전력으로 그의 부모는 유배생활을 하게 된다. 12세에 어머니와 아버지를 차례로 잃고 홀로 남겨진 그는 삼촌에게 의탁하여 성장했다.

16세에 프랑스 마르세유로 이주하여 수습선원 생활을 시작했다. 이후 영국 상선으로 자리를 옮겨 1886년에 영국 국적을 취득했으며, 같은 해 선장 자격시험에 합격했다. 줄곧 항해를 하며 여러 나라를 여행했는데 이러한 경험은 이후 작품을 집필하는 데 중요한 소재가 되었다.

1894년부터는 선원 생활을 정리하고 37세라는 늦은 나이로 본격적인 작가의 길에 들어섰다. 그는 조지프 콘래드라는 영어식 이름으로 개명하고, 작품 대부분을 영어로 집필하여 영국 문학을 대표하는 작가로 인정받았다. 그의 작품은 주로 개인이 느끼는 고독함에 대한 주제를 다루고 있으며 이를 종종 바다와 연관 지어 이야기를 풀어나갔다.

조지프 콘래드 Joseph Conrad,
우크라이나 베르디체프 1857~영국 비숍스버른 1924

주요 작품

나르시서스 호의 흑노 The Nigger of the Narcissus, 1897

어둠의 심연 Heart of Darkness, 1899

로드 짐 Lord Jim, 1900

노스트로모 Nostromo, 1904

비밀요원 The Secret Agent, 1907

섀도 라인 The Shadow Line, 1917

문구 및 명언

다른 사람들도 그렇겠지만, 난 일을 싫어한다. 그럼에도 일의 좋은 점이 있다면, 일을 함으로써 나 자신을 발견하게 되는 기회를 가질 수 있다는 것이다.

작가는 책의 절반만을 쓸 뿐이다. 나머지 절반은 독자가 만들어 가는 것이다.

내게 글을 쓴다는 것은 단지 나의 에너지와 문장 간의 대화일 뿐이다.

다시는 돌아오지 않을 젊은 시절의 내 모습과 당시의 감정을 기억한다. 내가 모든 것을 초월하여 살 수 있을 것 같던 그때, 바다와 땅과 모든 사람 이상으로 살아남을 것 같았던 기분을.

여자로 살아간다는 것은 끔찍한 숙명과도 같다. 일단 기본적으로 남자를 취해야 하기 때문이다.

맞서라. 항상 맞서라. 그것이 당당하게 나아가는 방법이니 무조건 맞서라.

각국이 가진 결점들을 보면 그 나라에 대해 알 수 있다.

우리는 꿈을 꾸듯이 산다, 혼자서.

실수하지 않는 사람이란 아무것도 하지 않는 사람이다.

테러리스트와 경찰은 한 바구니에서 나왔다.

사실상 현실은 픽션에게 내줄 자리가 없다.

예술의 카테고리에 있는 모든 작품은 글귀마다 정당성을 지니고 있어야 한다.

완벽하게 속일 수 있는 여자는 없다.

행동은 그저 하나의 위안이다. 생각의 적이며 아부하는 환상의 친구다.

나르시서스 호의 흑노 The Nigger of the Narcissus

예술가는 쾌락과 동경을 위해 우리의 삶을 둘러싸고 있는 불가사의한 직감과 경건함, 아름다움과 고통, 우정의 숨어있는 감정, 수많은 가슴이 느끼는 고독을 서로 이어주는 연대 안에서 존재하는, 가냘프지만 무너뜨릴 수 없는 신앙에 호소하며 인류 전체를 매듭지어 강하게 묶는다.

《어둠의 심연》을 원작으로 베트남 전쟁을 그린 프란시스 포드 코폴라 감독의 〈지옥의 묵시록〉의 한 장면.

Julio Cortázar

벨기에의 브뤼셀에서 태어나 4세 때 고향인 아르헨티나로 돌아왔다. 사범학교를 나와 고등학교 교사생활을 하면서 습작 활동에 전념했다. 1951년에 환상문학 단편집 《동물우의담》을 발표한 후 프랑스 정부의 장학금을 받아 파리로 이주한다. 유네스코에서 통역사로 활동하며 에드거 앨런 포와 마르게리트 유르스나르와 같은 작가들의 작품을 프랑스어로 번역하기도 했다.

쿠바 혁명이 성공을 거두자 피델 카스트로의 초청을 받아 쿠바의 수도인 아바나로 거주지를 옮기고 쿠바 사상의 주요 대변인으로 변모하여 혁명에 관한 수많은 에세이와 논설을 집필했다.

1974년에 메디치상을 받았으며, 1981년에는 미테랑 정부로부터 프랑스 시민권을 얻게 된다. 코르타사르는 소설 분야에서 명성이 두드러지긴 했으나, 훌리오 데니스라는 필명으로 시를 쓰기도 했다. 그의 소설은 매우 복합적이며 프랑스의 초현실주의의 영향을 받은 것이 특징이다. 70세가 되던 1984년에 백혈병으로 파리에서 숨을 거두었다.

훌리오 코르타사르 Julio Cortázar,
벨기에 브뤼셀 1914~프랑스 파리 1984

주요 작품

동물우의담 Bestiario, 1951
시간의 신과 명성에 관한 이야기 Historias de cronopios y de famas, 1962
팔방놀이 Rayuela, 1963
하루에 돌아본 80나라 La vuelta al día en ochenta mundos, 1967
추적자와 그 밖의 이야기 El perseguidor y otros relatos, 1973
우주 도로의 자동차 승무원들 Los autonautas de la cosmopista, 1983

문구 및 명언

나는 글쓰기를 좋아하기 때문에 글쓰기가 끝날 때는 마치 즐거움 끝에 무언가가 빠져나가는 것처럼 느껴진다. 하지만 그날 나는 다시 꿈을 꾸고 다음날이면 어김없이 또 다른 이야기들이 나타나 창문을 두드리는 것을 알게 된다. 글을 쓰는 것은 그런 것이다. 그들에게 쪽문을 열어주고 들어오게 하는 것…….

―――

예나 지금이나 나는 독자로서 책을 만날 때 굉장히 수줍어진다. 우스꽝스럽고 바보처럼 보일지는 모르겠지만 나는 초콜릿 상자를 열 듯, 영화관에 들어가듯, 사랑하는 여인과 처음으로 잠자리에 들 듯 책장을 연다. 이를테면 모든 것이 다 아름답고 근사할 것이라는 행복한 설렘과 기대의 감정을 품는 것이다.

―――

왜 우린 지금 여기에 있으며 그것이 왜 그렇게 될 수밖에 없었는지 우리는 이해하지 못한다. 사물 자체가 부조리한 것이 아니라 그것이 그곳에 있다는 사실이 부조리한 것이다.

―――

모든 것을 잃었다고 선언할 용기가 있다면 아무것도 잃은 것이 아니다. 다시 시작하면 된다.

―――

나는 문학보다 음악에 훨씬 많은 시간을 할애한다. 직업작가라면 절대 하지 않을 일이다.

―――

내게 문학이란 삶의 한 부분이지 절대적인 중심이 아니다. 이는 책을 14권이나 쓴 누군가로서는 당혹스러운 이야기가 될 수도 있을 것이다.

―――

결국 우리에게 유일하게 남은 것이란, 계속 점잖게 살아야 한다는 씁쓸한 숙제. 우리가 잊어버린 것들이 우리를 완전히 잊지 않으리란 헛된 기대를 안고 계속 살아가야 하는 것.

―――

소설가들은 소설의 밭에서만 살고, 시인들은 시의 밭에서만 사는 것 같다. 아마도 대단한 소설가나 대단한 시인은 아닐 것이다. 서로 더 폭넓은 개방이 필요하다고 느낀다.

―――

나는 커다란 컵 안의 물 한 방울이다.

―――

이야기는 사진이고 소설이며 영화다.

―――

시간의 신과 명성에 관한 이야기 Historias de cronopios y de famas

작은 크로노피오는 스탠드용 탁자 위에서 거리로 나가는 문의 열쇠를 찾았다. 탁자는 침실에 있었고 침실은 집 안에 있었으며 집은 거리에 있었다. 이곳에 갇힌 크로노피오는 거리로 나가기 위해 열쇠를 찾아야만 했다.

중남미 문학으로서 크게 성공한 코르타사르의 대표작 《팔방놀이》.

이탈리아 피렌체의 몰락한 귀족 가문에서 태어났다. 스승 브루네토 라티니에게 문법, 논리학, 수사학을 배웠으며 볼로냐대학에서 수사학, 철학, 법률학, 천문학 등을 연구했다.

단테가 10세 때 첫눈에 반한 여인 베아트리체는 그의 전 생애에 걸쳐 큰 영향을 미친다. 그러나 그녀에 대한 사랑은 영원한 짝사랑이었고 두 사람은 각자 부모가 정한 상대와 결혼한다. 이후 베아트리체가 젊은 나이에 세상을 떠나자 슬픔에 빠진 단테는 그녀를 그리며 쓴 시와 산문을 모아 《새로운 인생》을 발표했다.

1295년에 정계에 입문한 그는 곧 두각을 나타낸다. 그러나 그가 잠시 로마교황청에 사자로 가게 된 사이 반대파가 그가 소속된 당을 모두 추방해 버렸고, 단테 역시 기소되어 유죄선고를 받았다. 이때부터 그는 죽을 때까지 고향에 돌아오지 못하고 타향을 전전하는 신세가 되었고, 이 시기에 불후의 명작《신곡》이 탄생했다. 당시에 머물고 있던 라벤나의 외교 사절로 베네치아에 다녀오던 중 말라리아에 걸린 그는 1321년 56세를 일기로 세상을 떠났다.

알리기에리 단테 Alighieri Dante,
이탈리아 피렌체 1265~라벤나 1321

주요 작품

새로운 인생 Vita Nuova, 1295
속어론 De Vuigari eloquentia, 1303-1305
향연 Convivio, 1304-1307
신곡 La Divina Commedia, 1306-1321

문구 및 명언

비참한 현실에서 행복했던 순간들을 기억하는 것만큼 고통스러운 일은 없다.

사랑의 좋은 점은 모든 비열한 것들을 멀리할 수 있게 된다는 것이며, 사랑의 나쁜 점은 믿음이 크면 클수록 치명적인 고통을 받게 된다는 것이다.

지옥의 가장 어두운 곳은 위기의 순간에도 중립을 지킨 이들을 위해 예약되어 있다.

애정 어린 다정한 눈빛이 여심을 얻는다.

만일 여태껏 그녀에 대해 내가 한 이야기를 한마디의 찬사로 정리한다면 그녀의 성에 차지 않을 것이다.

아무도 이 세상에서 해방되지 못하며, 여인의 아름다움과 그것을 보는 눈이 존재하는 한 사랑에서 해방되는 일도 절대 없을 것이다.

커다란 화염을 부르는 것은 작은 불씨다.

너의 자만을 절제하지 않으면 그것이 너를 크게 벌할 것이다.

교회에는 성령이, 싸구려 식당에는 식충이들이.

세찬 바람에도 흔들리지 않는 석탑처럼 꿋꿋하고 의연한 자세를 지녀라.

오늘 밤을 기억하라…… 영원의 시초가 되니.

작은 계획들은 커다란 계획보다 더 많은 도움을 필요로 한다.

일을 성공하기 위한 비결은 행동하는 것이다.

시간은 흐르지만 아무도 눈치채지 못한다.

나의 여인의 두 눈에서 아름다운 빛이 발하고, 그녀가 밝히는 곳에는 말로 형용할 수 없는 것들이 보인다.

사랑은 태양으로 가고 나머지는 별로 간다.

신곡 La Divina Commedia

여기 들어오는 너희는 온갖 희망을 버릴지어다.
검은 글자들이 문 위쪽에 쓰여 있는 것을 보았다.
나는 말했다. 스승이여, 저 뜻이 제겐 두렵습니다.

〈신곡〉의 원어 출간본.

Rubén Darío

본명은 펠릭스 루벤 가르시아 사르미엔토이다. 아버지의 술과 방탕한 생활로 인해 부모님이 이혼하고 어렵게 살던 그를 이모와 이모부가 양자로 삼아 보살폈다. 레온에서 학창시절을 보냈으며, 11세에 이미 시 몇 편을 잡지에 발표해 어린 시인으로서 명성을 얻었다.

니카라과의 수도 마나과의 국립도서관에서 일하며 자유분방한 시들을 발표했다. 이후 세계 여러 나라에서 기자와 외교관으로 근무하며 많은 문인들과 교류했고, 프랑스 상징주의와 고답파의 영향을 받았다. '모데르니스모(Modernismo)' 운동을 이끌었던 그는 스페인어권 문학사에서 독보적인 위치를 차지하고 있으며, 98세대 작가들에게까지 영향을 주었다.

니카라과 대통령이 〈중미 연맹(La Unión Centroamericana)〉지의 경영권을 맡기자 고국에 잠시 귀국하기도 했으며, 1890년에는 〈석간소식(El correo de la tarde)〉지를 창간했다.

1904년에 파리주재 니카라과 영사로 임명되어 파리와 마드리드에서 생활했으며, 퇴임한 후에는 스페인 마요르카의 한 수도원에서 머물다 49세의 나이에 알코올중독으로 사망했다.

루벤 다리오 Rubén Darío, 니카라과 메타파 1867~1916

주요 작품

청(靑) Azul, 1888
불온한 글 Prosas profanas, 1896
순례 Peregrinaciones, 1901
대상 행렬 La caravana pasa, 1903
삶과 희망의 노래 Cantos de vida y esperanza, 1905

문구 및 명언

규칙 안에서 그대의 리듬과 운율을 사랑하라. 그대는 무수한 우주 안의 하나의 우주이며, 그대의 영혼은 노래의 샘이니.

―

귀한 보석과도 같은 젊음이여, 한 번 가면 다신 돌아오지 않으리니! 울고 싶을 때는 울지 않지만 가끔은 나도 모르는 사이 운다.

―

삶은 우리에게 힘과 열정을 준다. 사랑의 길을 따라 죽음의 왕국으로 가자!

―

한 줄기 빛으로 빛나는 계단을 타고 태양으로 가다.

―

열망의 끈을 놓지 마라. 미덕이란 필요할 뿐 아니라 가치 있는 것. 일하라. 숨을 들이마시라. 항상 높이 기지개를 켜라.

―

여자가 없다면 삶은 무미건조한 것.

―

여자들이 우리를 위한 헌신과 보살핌을 가치 있게 생각하는 것은 칭찬받을만하다.

―

선은 아름답기에 이루어야 한다.

―

숲에서는 매미가 노래하고 하늘에선 별들이 바라본다.

―

존재하나 존재하지 않는 것, 뚜렷한 방향 없이 존재하는 것, 그리고 두려웠던 것과 두려운 미래…… 내일 죽음을 맞이할지도 모르는 공포, 그리고 삶과 그림자, 우리가 알지 못하는 것을 의심하는 괴로움.

―

숙명 Lo fatal

감정이 거의 없는 나무는 행복하며
느낄 줄 모르는 단단한 바위는 더욱 그러하다.
삶이 있어 존재하는 고통만큼 더한 슬픔이 있으랴.
의식적인 삶만큼이나 더한 무거움이 있으랴.

앎이 없는 삶, 어디로 향하는지 모르는 채 존재함과
존재함에 대한 근심과 훗날에 대한 두려움…
내일 죽음을 맞이할지도 모른다는 공포!
삶과 그늘과 고작 의심밖에 할 수 없는 무지에서

싱싱한 열매들로 유혹하는 육신에서
고인의 꽃다발과 함께 기다리는 무덤에서
어디로 가는지, 어디서 오는지조차 모르기에
비롯되는 슬픔.

루벤 다리오의 대표 저서.

상인의 아들로 태어났으며 23세부터 메리야스 도매상을 비롯하여 각종 운송 및 수출입 무역업에 종사했다. 1700년부터는 런던에 정착하여 정치에 참여했는데, 처음에는 휘그당에서 활동하다가 이후 토리당으로 옮겼다. 그는 경찰에 구속되는 일이 많았고 이는 주로 정치적 문제나 채무 때문이었다.

1704년부터 1713년까지 주간지인 〈리뷰(The Review)〉를 창간하여 발행했다. 이는 오늘날의 신문과 같은 선구적인 형태의 간행물로 정치, 경제, 종교에 대한 논설을 꾸준히 발표했다.

60세가 되면서부터는 정치 활동을 비롯한 공적인 업무를 멀리하며 오로지 집필에만 전념했고, 1719년 《로빈슨 크루소》를 출간했다. 이 작품은 출간되자마자 큰 성공을 거두었다.

사실적인 묘사와 재치 있는 문체로 당대의 가장 인기 있는 언론인으로서 명성을 누린 그는 현대적 저널리즘의 창시자 중 한 명으로 불린다. 그가 집필한 소설은 민주적 가치와 같은 삶을 통한 인간의 투쟁이 주된 주제로 등장한다.

대니얼 디포 Daniel Defoe, 영국 런던 1660~1731

주요 작품

로빈슨 크루소 Robinson Crusoe, 1719
선장 싱글턴 Captain Singleton, 1720
기사의 회상록 Memoirs of a Cavalier, 1720
몰 플랜더스 Moll Flanders, 1722
록사나 Roxana, 1724

문구 및 명언

사탄은 신이 세운 교회가 있는 곳이라면 어디든 상관하지 않고 예배당에 들어와 누가 가장 신을 성실히 바라보는지 혹은 이번에는 얼마나 많은 이들이 예배에 참석했는지를 확인하려 든다.

전쟁은 인간상을 가장 잘 이해할 수 있는 완벽한 예술이다.

자신을 파괴하는 것은 가장 극단적인 비겁함이다.

정직한 상인은 나라에서 가장 훌륭한 신사다.

인류가 비방했던 모든 재앙 중에 성직자들의 횡포가 가장 나쁘다.

정의는 언제나 이를 받아들이는 이에게 폭력적으로 느껴진다. 각 개인이 자신의 눈으로 자신을 봤을 땐 항상 무고하다고 생각하기 때문이다.

위험에 대한 두려움은 위험 자체보다 만 배나 더 공포감을 준다. 이와 마찬가지로 불안의 무게를 잰다면, 정작 악행 그 자체보다 그것이 우리에게 주는 불안감이 훨씬 무겁다.

필요는 정직한 남자를 간사하게 만든다.

내가 훔쳤던 권력을 다시는 내게 주지 마시오.

사업에서 기쁨이란 도둑과 같다.

욕망은 애정의 문이 아닌 필요의 문을 두드리러 찾아온다.

여인의 마음을 빼앗기 위해 감언이설을 하는 행위는 사랑에 있어선 잔인한 고통이다.

좋은 것을 원하고 나쁜 것을 두려워하며 올 것을 취하라.

거대기업은 시시한 남자들의 가치를 실추시키고 우스꽝스럽게 만든다.

로빈슨 크루소 Robinson Crusoe

노를 저어 가던 중, 아니 더 정확하게 표현하면 1.5레구아 정도의 공간을 정처 없이 떠다니던 중 성난 파도가 우리 보트 뒷부분을 산더미처럼 덮쳤다. 치명적인 타격을 입은 것이 분명했다. 좀 더 구체적으로 설명하면, 보트가 순식간에 부서져 사람들은 배에서 튀어나와 서로 흩어졌으며 할 수 있는 거라곤 고작 "세상에!"라고 소리 지르는 일뿐이었다. 파도는 한순간에 우리 모두를 삼켜버렸던 것이다.

〈로빈슨 크루소〉를 각색한 톰 행크스 주연의 영화 〈캐스트 어웨이〉.
출간 당시의 《로빈슨 크루소》 일러스트

Miguel Delibes

대학에서 무역과 법률을 전공했다. 1944년부터 바야돌리드의 상업학교 상법과 교수직을 맡아 학생들을 가르쳤다. 삽화가로 시작해 다양한 잡지사와 신문사에서 활동하다가 〈엘 노르테 데 카스티야(El norte de Castilla)〉지의 편집장을 역임했다.

1947년에 나달문학상을 받았고, 1973년에는 스페인왕립언어아카데미 회원으로 선정되었다. 1993년에 세르반테스상을 받았으며, 2005년에는 아들 미겔과 공동 집필한 《상처받은 나라》를 발간했다.

델리베스는 자연과 농촌의 환경을 능숙하게 표현했으며 그의 작품에는 낚시, 사냥, 축구와 아이들에 대한 애정 등 실제 그가 삶에서 소중하게 생각했던 부분이 자주 등장한다.

그의 소설 가운데 《죄 없는 성자들》은 마리오 카무스 감독에 의해 영화로 제작되기도 했다.

미겔 델리베스 Miguel Delibes,
스페인 바야돌리드 1920~2010

주요 작품

사이프러스 나무의 그림자가 드리워져 있다 La sombra del ciprés es alargada, 1947
길 El camino, 1950
붉은 잎 La hoja roja, 1959
마리오와 보낸 다섯 시간 Cinco horas con Mario, 1966
수의 La mortaja, 1970
죄 없는 성자들 Los santos inocentes, 1982
상처받은 나라 La tierra herida, 2005

문구 및 명언

시간과 투쟁하기보다는 그것이 우리를 찾아올 수 있게 하라.

―

팔에 근육이 부족한 사람들은 혀에는 그 근육이 남아돈다.

―

내 유년시절이 곧 나의 고향이다.

―

비록 우리가 사는 세상이 상당 부분 파괴되었다 해도 우리는 행복한 미래를 생각하며 나아가야 한다.

―

스페인 사람들이 가장 많이 하는 말은 돈이다.

―

아무것도 가지지 않은 자들에게 정치란 군침 도는 유혹이다. 왜냐하면 정치야말로 충분히 쉽게 세상을 살아갈 만한 방법이기 때문이다.

―

소설이란 인간의 마음을 탐험하는 시도다. 한 가지 생각에서 시작하되, 서로 다른 환경을 배경 삼아 거의 비슷한 이야기가 전개된다.

―

좋은 책을 쓰기 위해서 반드시 파리를 여행해야 한다거나 《돈키호테》를 읽어야 한다고 생각하지 않는다.

―

누군가 창작해 낸 인물들은 절대 사라지지 않고 세상 곳곳에서 계속 살아있다.

―

쓴 것 같다. 완성한 것 같다. 여기까지 도달했다.

―

죽음의 언저리를 더듬는 순간 당신의 내면으로 눈을 돌리면 공허함 외에는 느껴지지 않을 것이다. 살아있는 존재는 죽은 존재와 비교했을 때 오히려 지나치게 평범하여 진부하기까지 하기 때문이다.

―

수의 La mortaja

침묵으로 일관하는 트리노의 존재를 확인하자마자 하얗게 질렸다. 섬뜩함에 몸이 돌처럼 굳어졌고, 이제 그에게는 새로운 날이 도래하지 않을 것이란 사실을 실감했다. 그리고 순식간에 얼굴에서 미소를 지우며 말했다.

"내려가서 알리고 오겠어요."

콘라도는 수긍하며 아이가 앉아있던 걸상을 침대 근처로 바짝 끌어다 앉았다. 담배 케이스와 담배쌈지를 꺼내 담배를 말기 시작했다. 그의 손은 미세하게 떨리고 있었다.

"늦지 말라고." 그가 말했다.

마리오 카무스 감독에 의해 제작된 영화 〈죄 없는 성자들〉. 연극 《마리오와 보낸 다섯 시간》의 한 장면.

금전감각이 희박했던 아버지가 빚을 갚지 못해 투옥되자 12세부터 최저 임금을 받으며 공장에서 일했다. 이후 변호사 사무실 사환이나 법원 속기사로 일하며 생계를 유지했고, 주경야독을 통해 20세부터 신문사 기자로 활동했다. 이때부터 틈틈이 작품을 쓰기 시작했다.

1839년에 《올리버 트위스트》를 출간하면서 엄청난 인기를 얻게 된 그는 26세에 이미 작가로서의 명성을 공고히 하게 된다. 이후 당대 최고의 작가로 인정받으며 많은 작품을 남겼을 뿐만 아니라 공개 강연, 연극 활동, 잡지사 경영, 자선사업 등 다양한 분야에서 왕성하게 활동했다.

1870년에 뇌졸중으로 쓰러져 사망했으며, 문인 최고의 영예인 웨스트민스터 사원에 안장되었다. 그의 작품들은 참혹한 빈곤과 비인도적인 노동의 어두운 이면을 지녔던 19세기 영국 대도시의 밑바닥 생활상을 생생히 묘사하는 동시에, 유머와 다채로운 인물 창조를 통해 당시의 사회 문제를 신랄하게 비판하고 있다.

찰스 디킨스 Charles Dickens,
영국 포츠머스 1812~갯즈 힐 플레이스 1870

주요 작품

올리버 트위스트 Oliver Twist, 1839
크리스마스 캐럴 A Christmas Carol, 1843
데이비드 코퍼필드 David Copperfield, 1850
어려운 시절 Hard Times, 1854
두 도시 이야기 A Tale of Two Cities, 1859
위대한 유산 Great Expectations, 1861

문구 및 명언

우리가 살면서 가장 원하는 것은 행복해지는 것과 그렇게 만들 수 있는 능력을 갖추는 것이다.

―

시도해보기 전까지는 그 정도 능력이 있는지 알 수 없다.

―

품위 있는 사람이 되고 싶다고 해서 꼭 부자여야만 하는 것은 아니다.

―

실패는 인간이 꼭 배워야 하는 것을 깨닫게 한다.

―

위대한 인물들 곁에는 항상 가난한 가족들이 있다는 우울한 법칙이 있다.

―

우리는 우리가 경멸하는 자들로 인해 약해지고 비열해지는 우를 범한다.

―

인간은 습관적 동물이다.

―

우리는 간혹 갑작스러운 태도의 변화로 큰 잘못을 저지르기도 한다.

―

지나친 소망이 욕망이 되는 경우도 많다.

―

예리함이 필요하지 않은 곳에서는 무뎌진 도구를 사용하는 것이 더 성공적일 수도 있다.

―

여기 사업의 법칙이 있다. 그들을 속여라, 반대로 그들이 당신을 속일 것이다.

―

악인이 없는 곳엔 좋은 변호사도 없다.

―

재회의 기쁨에 비하면 이별의 슬픔은 아무것도 아니다.

―

인간의 심장에는 흔들려서 좋을 것이 없는 가는 줄이 있다.

―

사명감을 갖지 마라.

―

자비는 우리 집에서, 정의는 그다음 문에서 시작된다.

―

단 한 가지 필요한 것 The One Thing Needful

제가 추구하는 것은 사실입니다. 이 아이들에게 사실만을, 더도 덜도 말고 사실만을 가르치세요. 인생에서 단 한 가지 필요한 것은 사실뿐입니다. 그 외의 것은 심어서도 안 되며 뿌리를 뽑아내셔야 합니다. 오직 사실만이 이성적인 동물의 정신을 풍족하게 할 수 있습니다. 다른 것은 전혀 필요 없습니다. 이것이 제가 제 아이들에게, 그리고 다른 모든 아이들에게 가르치려 하는 교육의 근본입니다. 선생님, 사실만을 상기하세요.

영화 〈데이비드 코퍼필드〉의 한 장면. 영화 〈올리버 트위스트〉의 포스터.

Fyodor Dostoevskii

빈민구제병원 의사의 둘째 아들로 태어났다. 몹시 권위적이었던 아버지의 뜻에 따라 상트페테르부르크의 육군중앙공병학교에 입학한다. 그러나 문학의 뜻을 포기하지 못하고 1846년에 첫 소설《가난한 사람들》을 발표하여 비평가들로부터 극찬을 받았다.

1849년, 전제정권에 대항하는 지식인 모임에 가담했다는 이유로 구속되어 사형 선고를 받았으나 사형 직전에 감형되어 시베리아에서 유형생활을 하게 된다. 10년 만에 돌아온 후 형과 함께 잡지〈시대(Vremya)〉를 발간하지만 반체제적이라는 이유로 폐간되었고, 다시 잡지〈에포하(Epoja)〉를 발행하지만 실패하여 파산한 뒤 채권자들을 피해 외국으로 도주한다. 이 어려운 시기에《죄와 벌》,《백치》등을 비롯한 여러 작품을 집필했다.

도피생활에서 돌아온 후《미성년》을 발표하여 큰돈을 벌었고 빈곤한 생활에서 벗어날 수 있었다. 1880년, 최후의 걸작《카라마조프가의 형제들》을 탈고하고 몇 달 후 60세의 나이로 사망했다. 그는 톨스토이와 함께 19세기 러시아 문학을 대표하는 세계적인 작가로 평가되고 있다.

표도르 도스토옙스키 Fyodor Dostoevskii,
러시아 모스크바 1821 ~ 상트페테르부르크 1881

주요 작품

가난한 사람들 Bednye Lyudi, 1846
백야 Belye Nochi, 1848
죄와 벌 Prestuplenie i nakazanie, 1866
노름꾼 Igrok, 1866
백치 Idiot, 1868
악령 Besi, 1873
미성년 Podrostok, 1875
카라마조프가의 형제들 Brat'ya Karamazovy, 1880

문구 및 명언

세상을 바보처럼 행동하며 살기는 쉽다. 그 사실을 이전에 알았다면 어릴 적부터 바보인 양 굴어서 아마 지금쯤은 더 현명한 사람이 되었을 것이다. 그러나 그때는 단지 명석한 사람이 되기에 급급했기에 지금 얼간이가 되고 말았다.

진실은 항상 믿기지 않는 법이다. 진실에 사실성을 부여하려면 약간의 거짓을 보태야 한다.

사랑에 빠진다고 해서 사랑하는 것은 아니다. 누군가는 사랑에 빠지는 동시에 상대를 미워하기도 하기 때문이다.

행운을 좇지 마라. 그대는 이미 이 땅이 주는 위대한 선물을 가지고 있다. 진정으로 기쁨을 느낄 수 있는 영적인 행복을 말이다.

아무리 성실한 사람이라 해도 변화를 약속하면 본의 아니게 거짓말이 될 수가 있다.

괴롭고 눈물이 쏟아진다는 것은 그대가 살아있다는 뜻이다.

약한 마음을 지닌 사람에게는 고난이 없다. 고난은 오직 강한 마음을 지닌 사람에게만 존재한다.

우리가 사는 세상에서는 고통을 받으며 괴로워해야만 사랑을 할 수 있다. 우린 다른 방식으로 사랑하는 법을 모르며 다른 종류의 사랑을 알 수도 없다.

악마만이 여자를 이해할 수 있다. 고로 난 정말 여자를 모르겠다.

수많은 인종과 군중이 많은 시간을 거스르며 함께 살고 있는 듯해도, 사실 그 무리 중 오직 단 한 사람만이 세상에 빛과 독립을 주기 위해 존재한다.

인류는 단지 살기 위해서만 존재하지는 않는다. 무엇을 위해 살아야 하는지를 알기 위함도 인류가 존재하는 이유다.

재능이 없는 자들의 문학적인 오만은 독사와 같아서, 그들에게 물리면 깊고도 치유할 수 없는 상처가 생길 수 있다.

백치 Idiot

밤중에 숲 속 같은 데서 강도에게 찔려 죽는 사람도 최후의 순간까지 누군가가 자신을 구원해줄지도 모른다는 희망을 절대로 놓지 않는 법이거든. 예를 들어, 목이 이미 잘렸어도 여전히 희망을 갖고 도망을 치거나 살려달라고 도움을 청하게 되겠지. 이런 최후의 희망이 있으면 열 배는 더 편하게 죽을 수 있는데, 사형선고는 이런 희망을 확실히 앗아버린단 말이지. 일단 사형이 선고되면 달아날 길은 절대로 없으니 바로 이 점에서 정말 끔찍한 고통이 생기는 거야. 이보다 더한 고통은 세상 어디에도 없을 걸세. 전쟁터에서 병사를 끌어다가 대포 앞에 세워 놓고 쏜다 하더라도, 그는 여전히 희망의 끈을 놓지 않을 게 분명하지. 그런데 만약 이 병사에게 확실하게 사형선고를 낭독해주면 그는 아마 미쳐버리든가 울음을 터뜨리든가 하겠지. 이런 상황에서 인간의 본성이 이성을 잃지 않고 견딜 수 있다고 말한 사람이 도대체 누구란 말인가?

율 브리너가 출연한 영화 〈카라마조프가의 형제들〉의 포스터.

ALEXANDRE DUMAS

Dumas, Vol. One

아이티에서 포병으로 근무했던 할아버지가 아프리카계 혼혈인과 결혼하여 뒤마의 아버지를 낳았다. 당시엔 흔치 않았던 혼혈인이라는 정체성이 뒤마의 삶에 큰 영향을 미치게 된다. 아버지가 일찍 세상을 떠나 제대로 된 교육을 거의 받지 못했지만 책을 좋아해 수많은 문학작품을 탐독했으며, 1823년부터 잡지에 극본을 기고하기 시작했다. 1829년에 첫 희곡《앙리 3세와 그의 궁정》을 발표하여 큰 성공을 거두었고, 이후 많은 작품을 발표하면서 부와 명성을 얻었다. 그러나 그는 해외여행을 즐기고, 파리에 땅을 매입하거나 예술작품을 사들이고, 여러 명의 애인을 두는 등 다소 사치스럽게 생활했으며, 설상가상으로 그가 운영하던 회사들이 파산하면서 큰 손실을 보게 된다. 이 때문에 그는 빚을 갚기 위해 더 많은 작품을 써내야만 했다.

뒤마는 그 규모가 가히 기업적이라 할 만큼의 많은 작품을 남겼다. 그의 소설은 역동적이고 모험이 가득한 이야기가 주를 이루었으며, 오락적인 장르의 한 획을 그었다.

알렉상드르 뒤마 Alexandre Dumas,
프랑스 빌레코트레 1802~푸이즈(디에프 근교) 1870

주요 작품

앙리 3세와 그의 궁정 Henri III et sa cour, 1829
삼총사 Les Trois Mousquetaires, 1844
몬테크리스토 백작 Le Comte de Monte-Cristo, 1845
20년 후 Vingt ans après, 1845
왕비의 목걸이 Le Collier de la Reine, 1846
철가면 Le vicomte de bragelonne ou dix ans plus tard, 1847
검은 튤립 La Tulipe noire, 1850

문구 및 명언

자신이 저지른 잘못에 관해 이야기하는 것은 일종의 자기 위안이다.

신은 사람이 유일하게 속일 수 없는 것이 눈이길 바랐다.

어린아이들은 그리도 현명한데 인간이 대부분 어리석은 이유는 무엇인가? 교육의 결과이리라.

사랑은 물리요 결혼은 화학이다.

결혼은 무거운 쇠사슬과 같아서 앞으로 끌고 가려면 적어도 2명, 아니면 3명은 있어야 한다.

세상에 존재하는 모든 나쁜 것에는 시간과 침묵이라는 단 두 가지의 해결책만이 존재한다.

여자는 맛있는 커피 한 잔과 같다. 처음으로 마신 날에는 밤새 잠을 이루지 못한다.

어머니는 모든 것을 용서한다. 그러기 위해 이 세상에 온 것이 분명하다.

사업에는 친구가 없으며 오직 고객만 있을 뿐이다.

자신에게 필요한 것이 무엇인지도 알지 못한다면 얻을 수 있는 것은 아무것도 없다. 스스로 부자라고 생각해야 부자가 될 수 있다.

제대로 된 안경을 끼고 본다면, 삶은 매력적이다.

최악의 범죄는 자살이다. 다른 범죄와는 달리 자살은 일말의 후회조차 없는 유일한 죄이기 때문이다.

모든 것은 단순하게 설명된다. 작은 것은 어린아이이며 이는 인간의 축소판이고, 좁은 것은 뇌이며 이는 생각을 보호한다. 눈은 작은 점에 지나지 않지만 약 10리를 볼 수 있다.

검은 튤립 La Tulipe noire

혼잡한 무리 사이로 길을 열어주는 네 호위병의 안내에 따라 판 바에를르는 검은 튤립 앞으로 다가갔다. 그리고 몸을 기울이고는 두 눈을 바짝 들이대 집어삼킬 듯 응시했다. 마침내 보게 된 그것은, 열기와 냉기, 어느 날 나타나서 영원히 사라져버릴 것 같은 빛과 그림자가 오묘하게 조합된 유일한 꽃이었다. 그는 여섯 단계에 걸쳐 그것을 관찰했다. 그것의 완벽함과 매혹적인 모습을 음미했으며, 마치 의장병처럼 그 고귀하고 순수한 여왕을 감싸고 둘러싼 여인들을 뒤로 하여 보기도 했다. 그런데 그는 육안으로 꽃의 완벽함을 확인할수록 심장이 더욱 갈기갈기 찢기는 기분이 들었다. 질문 하나를 하기 위해 주변을 훑어보았다. 질문 단 하나만이라도, 그러나……주변에는 온통 낯선 사람들뿐이었고 그들 모두는 하나같이 이제 막 자리에 앉은 총독의 옥좌를 향해 시선을 고정했다.

영화 〈몬테크리스토 백작〉의 한 장면. 다양한 버전으로 제작된 영화 〈삼총사〉.

Marguerite Duras

프랑스령 인도차이나에서 수학 교사인 아버지와 프랑스어 교사인 어머니 사이에서 태어났다. 아버지가 일찍 세상을 떠나자 어머니와 함께 인도차이나 곳곳을 옮겨 다니며 생활했다. 18세에 파리로 이주하여 대학에서 법학과 정치학을 전공했다. 1939년에 레지스탕스 운동가 로베르 앙텔므와 결혼하고 제2차 세계대전 중에는 레지스탕스로 활동했다.

1943년에 첫 작품인 《철면피들》을 출간하며 작가로서 이름을 알리게 되었다. 그녀가 시나리오를 쓴 영화 〈히로시마 내 사랑〉의 성공을 계기로 영화 〈인디언 송(Indian Song)〉과 〈베라 박스터(Vera Baxter)〉 등 다수의 영화 제작과 연출에 직접 참여하기도 했다.

1984년, 알코올중독과 간경화의 고통을 극복하고 발표한 《연인》으로 콩쿠르상을 받았으며, 이 작품은 장 자크 아노 감독에 의해 동명의 영화로 제작되어 세계적인 흥행을 거두었다. 그녀의 소설 대부분에는 자전적인 요소들이 많이 포함되어 있다.

마르그리트 뒤라스 Marguerite Duras,
베트남 사이공 1914~프랑스 파리 1996

주요 작품

철면피들 Les Impudents, 1943
태평양의 방파제 Un Barrage contre le Pacifique, 1950
모데라토 칸타빌레 Moderato Cantabile, 1958
히로시마 내 사랑 Hiroshima, mon Amour, 1959
연인 L'Amant, 1984

문구 및 명언

술은 위안을 주지 않는다. 공허한 심리를 채워주지도 않는다. 그러나 신의 빈자리를 메운다. 인간의 마음을 치유하는 것이 아니라 오히려 광기를 뒤흔들어 각자가 지닌 운명에서 가장 훌륭한 장소라고 할 수 있는 최상의 영역으로 이끌어주는 것이다.

사랑에는 휴가 혹은 그 비슷한 것도 없어서 그저 온전하게 그 지루함을 감당하며 사는 수밖에는 없다.

나는 내가 더 열렬히 사랑했던 남자들에게 더 깊은 상처를 주었다.

무력과 권력으로 무장된 도덕성을 지닌 자는 그 도덕성이 약할수록 힘을 남용하기 쉽다.

나는 소비에트 정권이 공산주의가 아님을 깨닫기 전까지 공산주의자였다.

남자들은 글 쓰는 여자들을 좋아하기는 하지만 그것을 직접 이야기하지는 않는다. 그들에게 있어 작가는 미지의 나라와 같은 존재다.

독서를 대신할 수 있는 것은 없으며 그 어떤 즐거운 놀이라도 책의 내용을 떠올리는 것과는 비교가 되지 않는다.

남자들이 쓴 글들은 결코 시적이지 않다. 소설이건 시건 그것은 별 의미 없이 잘 편집된 한 권의 책일 뿐이다.

글을 쓰는 행위는 모든 것을, 심지어 절망마저도 보상한다.

사랑을 대신할 수 있는 사랑은 없다.

기자들은 단어의 노동자나 마찬가지다.

인생은 이제 곧 너무 늦어지리라.

연인 L'Amant

어느 날, 한 관공서 입구에 서 있는 초로의 나에게 어떤 남자가 다가왔다. 그는 자신을 소개한 후 내게 말했다. "저는 이전부터 당신을 알고 있었습니다. 다들 젊었을 적의 당신이 무척 아름다웠다고 하더군요. 하지만 저는 지금의 당신이 젊었을 적 모습보다 더 아름답다고 생각해 이를 말씀 드리러 왔습니다. 처녀 적 당신의 얼굴보다 주름이 가득한 지금의 얼굴이 훨씬 더 제 마음을 사로잡는다는 사실을요."

영화 〈연인〉의 한 장면. 마르그리트 뒤라스가 감독한 영화 〈나탈리 그랑제〉의 포스터.

Lawrence Durrell

인도 다르질링에서 태어나 유년기를 보냈으며 이후 영국으로 돌아와 학업을 마쳤다. 영국 켄터베리의 세인트에드몬드스쿨을 졸업한 뒤 통신원으로 세계 각지에서 일했다.

1938년, 파리에서 그의 친구였던 헨리 밀러의 영향을 받아 성적 자유를 지향하는 자전적 성격의 첫 소설을 집필했다. 1957년부터 그의 대표 작품인 《알렉산드리아 4중주》를 집필하기 시작했다. 또한 시인으로 활동하며 여행 에세이 시리즈를 출간하기도 했다.

그는 외교관으로 활동했던 이집트를 비롯해 키프로스, 그리스의 농장, 그 외의 여러 여행지에서 겪은 경험을 바탕으로 작품을 썼으며, 시와 소설은 물론 비평서, 여행기, 희곡, 번역문 등 다양한 분야에서 매우 폭넓게 활동했다.

로렌스 더럴 Lawrence Durrell,
　　　　인도 다르질링 1912~프랑스 소미에르 1990

주요 작품

알렉산드리아 4중주 Alexandria Quartet :
- 저스틴 Justine, 1957
- 발타자르 Balthazar, 1958
- 마운트올리브 Mountolive, 1958
- 클레어 Clea, 1960

전시집(全詩集) Collected Poems, 1931-1974

문구 및 명언

우리는 공허함을 채우기 위해 누군가를 찾는다. 그리고 어느 짧은 한순간 우리가 마치 완전해진 듯한 환상을 즐긴다. 그러나 이것은 그저 착각일 뿐, 사실 사랑은 왔다가 가는 것이다.

소설을 쓰려면 노이로제에 걸릴 만큼 많은 에너지가 필요하다. 현명한 사람이라면 다른 일을 하리라.

만일 인간에게서 나는 냄새를 단 한 줄로 표현할 줄 아는 사람이 있다면 그는 아마 천재일 것이다.

열망이 기교를 만날 때 시가 된다.

마음에 도착한 생각이 입술에 닿으려면 시간이 필요하다.

남자를 속일 작정으로 쓰는 여인의 편지보다 더 훌륭한 러브레터가 있을까.

우리가 사는 곳에서 죽음이나 실종만큼 쉽게 마주치는 일도 없다.

난 올바르게 죽기 위해 애쓰고 있다네. 하지만 그대들도 알다시피, 매우 어려운 일이지.

만일 우리가 마을에 사는 사람 중 단 한 사람만이라도 사랑하게 된다면 마을은 하나의 세계가 된다.

중부유럽인들은 동파이프처럼 묵직한 성격을 지니고 있다. 이를테면 폴란드인들처럼 말이다. 그들은 생기가 없고 자기연민이 강하며 고대 슬라브인들의 성격과 비슷하다. 기쁨과 감수성이 풍부한 지중해인들과는 많이 다르다.

여행가란 예술가들과 마찬가지로 태어나서 하는 일이 없다. 수천 가지의 각기 다른 상황들이 그들에게 흘러들어 가며, 무슨 말을 해야 하는지에 대한 제재를 받는 일도 거의 없다.

여행은 자기 성찰을 하기에 가장 훌륭한 방법이다.

저스틴 Justin

오늘 바다는 따뜻한 공기로 유쾌하게 들썩이며 다시 움직이기 시작했다. 아직은 한겨울이지만 봄이 오려는 조짐을 이미 느낄 수 있었다. 순수한 자개 빛을 발하며 정오까지 활활 타는 하늘, 제집에 숨어 지내는 귀뚜라미들, 그리고 이제 바람은 옷을 훌훌 벗어 던지고 바나나 나무들 사이를 날며 모험을 시작한다.

나는 책 몇 권과 아이와 함께 이 섬으로 피난을 오게 되었다. 왜 '피난'이라는 단어를 사용하는지는 잘 모르겠다. 이곳 주민들이 농담 삼아 하는 얘기로는, 병든 사람만이 요양차 이렇게 외진 동네를 찾는다고 한다. 그래, 그렇다면 난 이곳에 나를 치유하기 위해 온 것으로 해두자.

1962년의 헨리 밀러와 로렌스 더럴.
《알렉산드리아 4중주》의 제1부 〈저스틴〉의 초판본 표지.

Friedrich Dürrenmatt

목사의 아들로 태어나 취리히대학과 베른대학에서 문헌학과 철학, 자연과학 등을 공부하였으나 중간에 학위를 포기하고 희곡과 소설을 집필했다.

그는 자신이 쓴 희곡에 유머와 풍자를 적절히 사용하며 시대를 비판했다. 그의 작품 속 등장인물들이나 그들이 놓인 상황은 다소 그로테스크한 면을 지니고 있다. 그가 집필한 소설들 역시 많은 호응을 얻었는데, 그는 특히 대중 사회 앞에 놓인 인간의 존엄성에 무게를 두고 이야기를 풀어나가는 것을 즐겼다.

《노부인의 방문》은 그의 희곡 중 가장 잘 알려진 작품으로, 오페라로 공연되었을 뿐만 아니라 이후 번하드 위키 감독의 연출로 영화로도 제작되었다. 이 영화에는 잉그리드 버그먼과 앤서니 퀸이 출연했다. 그 외에도 텔레비전, 라디오, 영화 등의 대본과 형사물, 연극 에세이 등 다양한 작품들을 집필했다.

프리드리히 뒤렌마트 Friedrich Dürrenmatt,
스위스 코놀핑엔 1921 ~ 뇌샤텔 1990

주요 작품

재판하는 사람, 집행하는 사람 Der Richter und sein Henker, 1950
혐의 Der Verdacht, 1953
노부인의 방문 Der Besuch der alten Dame, 1956
약속 Das Versprechen, 1958
물리학자들 Die Physiker, 1962
혜성 Der Meteor, 1966

문구 및 명언

어떤 이들은 감기에 노출되듯 비평에 심하게 노출되어 있다.

나는 몇몇 평론가들이 오직 태양처럼 제대로 형성된 행성들만 인정하는 천문학자처럼 느껴질 때가 있다. 이들은 초신성에 대해서는 부정한다. 왜냐하면 그것이 가능할 수도 있으리란 사실을 이해하지 못하기 때문이다.

나태함만큼 심각한 문제가 또 있을까. 자신조차 그것을 견딜 수 있을지가 의문스럽기 때문이다.

정치가 아닌 기술이 세상을 변화시킨다.

앞으로 어떻게 행동할지를 미리 계획해서 움직이는 사람일수록 무언가에 우연히 노출될 확률이 더 잦다.

모든 문화는 사실보다는 편견 위에 세워진다.

우리는 자신이 일궈놓은 시간에 합당한 가치를 지녀야 한다.

현대인들은 야만적으로 전락했다. 자신의 터전을 지키며 밭을 일구던 선조들처럼 야생의 세계에 살고 있는 것이다. 그 터전이 사무실이나 공장에 있다는 것이 유일한 차이점일 뿐이다.

컴퓨터는 인간의 뇌에 부착한 인공장기다.

사상이란 권력에 편승하거나 혹은 그것에 묻혀가기 위한 변명에 불과하다.

우리는 인류 역사의 첫 3백만 년보다 우주 역사의 첫 3분을 더 잘 알고 있다.

훌륭한 정치가일수록 반론에 적극적인 법이다.

변화란, 불가능.

물리학자들 Die Physiker

아인슈타인 : 그것을 인정하지. 우리의 임무는 개척자로서 과제를 수행하는 것이라네. 이 의견의 주체가 바로 나지. 그런 이유에서라도 우리의 책임을 회피할 수는 없다네. 우리는 인류에게 매우 강력한 힘을 지니는 방법을 제시할 것이고, 이는 곧 우리가 스스로 엄격한 정책을 적용해야 한다는 뜻이라네. 우리가 물리학자이기 때문이지. 우리는 과학에 어떤 것을 적용할지를 결정해야 하며, 난 이미 한 가지 결심을 끝냈네.

뒤렌마트의 희곡을 바탕으로 한 연극의 한 장면.

Umberto Eco

이탈리아의 세계적인 기호학자이자 철학자, 역사학자, 미학자이며 작가로 활동하고 있다. 그는 토마스 아퀴나스의 철학에서부터 디지털 미디어에 이르기까지 다방면에 걸친 해박한 지식을 자랑하며, 모국어인 이탈리아어는 물론 영어, 프랑스어, 독일어, 스페인어, 라틴어, 그리스어, 러시아어까지 통달한 언어의 천재이다. 현재 볼로냐대학에서 건축학, 기호학, 미학 등을 강의하고 있으며 세계 명문대의 객원교수로도 활동하고 있다. 그의 기호학 이론은 학계에서 가장 주목받는 문학 이론으로 평가받고 있다.

1981년에 발표한 소설《장미의 이름》은 출간되자마자 세계적인 베스트셀러가 되었으며, 이어 발표된《푸코의 진자》,《전날의 섬》도 연이어 세계적인 인기를 얻었다.《장미의 이름》은 이후 장 자크 아노 감독이 연출하고 숀 코네리가 주연을 맡아 동명의 영화로도 제작되었다. 그는 소설 이외에도 해박한 지식을 바탕으로 한 여러 이론서와 에세이, 동화 등 다양한 분야의 작품을 발표하고 있다.

움베르토 에코 Umberto Eco, 이탈리아 알렉산드리아 1932~

주요 작품

열린 작품 Opera apertas, 1962
기호학이론 Trattato di semiotica generale, 1976
장미의 이름 Il nome della rosa, 1981
푸코의 진자 Il pendolo di Foucault, 1988
세상의 바보들에게 웃으면서 화내는 방법 Il secondo diario minimo, 1994
전날의 섬 L'isola del giornoprima, 1995

문구 및 명언

독서는 인류가 가진 원천적인 욕구이기에, 컴퓨터 혹은 기술 때문에 사라지는 일은 없을 것이다.

훌륭한 요약은 200페이지나 되는 소설보다 많은 것을 내포하기도 한다.

예술은 대중매체의 노예가 아닌 사람들에게만 대안을 제시하는 법이다.

꿈은 글이요, 많은 글들은 한낱 꿈에 지나지 않는다.

책을 읽는 장소로 해먹(hamaca, 그물침대)만큼 편한 곳이 없다.

이 세상은 '아무도 거들떠보지 않는' 수많은 책으로 가득 차 있다.

읽으려는 목적이 아니라 다른 이들을 가르치기 위해 책을 사는 이들은 멍청하다. 그러나 만약 멍청이 1만 명이 책 한 권씩을 산다면 책값은 내려갈 것이고, 멍청하지 않은 자들은 좀 더 저렴한 가격에 책을 읽을 수 있으리라.

작가는 반드시 편집자의 허점을 찾아내야 한다.

창작에서 광적인 영감만큼이나 해로운 것은 없다.

진짜 영웅은 사실 실수로 생긴 것이다. 그는 단지 다른 이들처럼 정직하고 소심한 사람이길 바랐을 뿐이다.

텔레비전은 핵에너지와 비슷한 점이 있는데, 오로지 문화적이고 윤리적인 결정만을 분명하게 지향해야 한다는 것이다.

시는 이야기가 끝없이 이어지는 책 한 권의 위력을 지니고 있다.

예언가들과 진실을 위해서 죽을 준비가 되어 있는 자들을 조심하라. 당신은 그들보다 먼저 죽거나 그들 대신 죽게 될 수도 있다.

인류를 사랑하는 자들의 궁극적인 목적은 '사람들이 진심으로 웃을 수 있게 되는 것'이다.

책의 좋은 점을 말하자면, 읽을 수 있다는 것이다.

장미의 이름 Il nome della rosa

악마는 물질의 제왕이 아니야. 악마는 영혼의 교만이고, 미소를 지을 줄 모르는 신앙이며, 한 치의 의심도 없는 진실을 말하지. 악마는 스스로 어디로 가야 할지를 알고 있고 항상 본래의 자리로 가는 법을 알기 때문에 간사하다고. 당신은 악마야. 다른 악마들과 마찬가지로 당신도 암흑 속에서 살고 있지. 날 이기고 싶었던 거라면 성공했군. 당신은 정말 끔찍해, 호르헤. 당신을 끌어내어 발가벗긴 후 거리로 내몰아버릴 수 있다면 좋으련만!

영화 〈장미의 이름〉의 한 장면.

본명은 메리 앤 에번스다. 아버지는 그녀가 종교적이고 엄격한 교육을 받기를 바랐지만 그녀는 가사를 돌보며 독학하는 길을 택했다. 1844년부터 1846년까지 독일의 프로테스탄트 신학자이자 철학자인 다비드 슈트라우스의 《예수의 생애(Das Leben Jesu)》를 번역했다.

1854년에 철학자이며 비평가인 유부남 조지 헨리 루이스와 동거를 시작하면서 런던 사회에 큰 물의를 일으킨다. 루이스는 그녀의 훌륭한 조언자로 그녀가 소설을 쓰게 된 계기도 그의 권유 때문이었다. 루이스는 그녀가 집필을 시작한 후부터 그녀의 작품과 관련한 세간의 모든 혹평을 일부러 감추곤 했다. 그의 격려 속에서 지속된 엘리엇의 작품 활동은 1878년 그의 사망과 함께 끝난다.

당시는 남성의 이름을 사용하는 것이 출판하는 데 유리했기 때문에 오랜 시간 조지 엘리엇이라는 필명으로 활동했다. 이후 시인 에밀리 디킨슨과 소설가 버지니아 울프와 같은 후세 여류 작가들이 그녀에게서 큰 영향을 받았다.

조지 엘리엇 George Eliot, 영국 워릭셔 1819~런던 1880

주요 작품

애덤 비드 Adam Bede, 1859
플로스 강의 물방앗간 The Mill on the Floss, 1860
사일러스 마너 Silas Marner, 1861
로몰라 Romola, 1863
급진주의자 펠릭스 홀트 Felix Holt, the Radical, 1866
미들마치 Middlemarch, 1872
다니엘 데론다 Daniel Deronda, 1876

문구 및 명언

의무를 이행함으로써 주어지는 보상은 다른 의무를 수행하게 될 가능성뿐이다.

행복한 여자들이란 역사를 갖고 있지 않은 행복한 나라와 다를 바 없다.

우리 자신이 우리의 행동을 만드는 것처럼, 우리의 행동이 우리를 만든다.

자연의 선택이라고 해서 항상 최상은 아니다. 자연 또한 바보 같은 동물들이 저지르는 수많은 변덕에 좌우되기도 하기 때문이다.

만일 우리가 좀 더 '위대한' 인간들이었다면 우리에게 닥칠 환경 또한 더욱 고되게 주어질 것이란 사실은 분명하다.

가장 먼저 타오르는 불이 가장 좋은 것은 아니다.

풍요를 알기 위해서는 가난해져야 한다.

그대들이 추측하여 시험해보고 확인하라. 거짓을 말하는 것조차 어느 정도 논리를 갖추고 있지 않으면 정확하고 사실적으로 이야기하기가 굉장히 어렵다는 것을.

불행해지는 습관을 만드는 사람들이 있다.

결혼은 호감 혹은 정복의 관계로만 존재한다.

당신이 원하는 것이 되기에 늦은 때란 없다.

거짓은 쉬우나 진실은 매우 어렵다.

위가 텅 빈 사람치고 현명한 자는 없다.

모험은 인간의 외부가 아닌 내부에 있다.

나는 단 한 번도 여자들이 바보 같다는 생각을 해본 적이 없다.

아담 비드 Adam Bede

그의 마음은 신비의 영역에서는 겸허할 것을, 그리고 지식의 영역에서는 매우 적극적이고 냉정하며 이성적일 것을 종용했다.

죽음이라는 위대한 복귀의 순간이 도래하면 우리는 결코 다정함이 아닌 엄격함에 대해 후회하게 되리라.

포켓북으로 제작된 《사일러스 마너》.

William Faulkner

미국 남부의 명문가 출신으로 1915년부터 조부를 돕기 위해 은행에서 일하기 시작했다. 제1차 세계대전이 발발하자 캐나다의 영국 공군에 입대했고, 제대 후 미시시피대학에 입학하지만 문학에 전념하기 위해 중도에 학업을 포기했다.

한동안 유럽 곳곳을 여행하며 시간을 보냈고, 1929년에는 어릴 적부터 연정을 품어왔던 에스텔 올드햄을 부인으로 맞이하여 옥스퍼드에 거처를 정했다. 1946년, 시인이자 평론가인 맬컴 카울리가 《포터블 포크너(The Portable Faulkner)》를 출간하면서 재평가되었고 순식간에 유명세를 타기 시작했다.

포크너는 미시시피 주와 옥스퍼드 주변을 모델로 하는 '요크나파토파'라는 가상의 지역을 설정하고, 그곳에서 살아가는 소수의 남부 귀족, 농민, 흑인, 가난한 백인 등의 삶을 통해 부도덕한 남부 상류사회와 사회상을 고발했다. 1949년에 노벨문학상을 받았고, 퓰리처상을 두 차례 받았다.

윌리엄 포크너 William Faulkner,
　　　　　　미국 뉴 앨버니 1897~옥스퍼드 1962

주요 작품

음향과 분노 The Sound and the Fury, 1929
임종의 자리에 누워서 As I Lay Dying, 1930
8월의 햇빛 Light in August, 1932
압살롬, 압살롬! Absalom, Absalom!, 1936
야생 종려나무 The Wild Palms, 1939
우화 A Fable, 1954

문구 및 명언

최고의 지혜는 커다란 꿈을 갖고 그것을 좇는 동안 시선을 떼지 않는 것이다.

위대함은 99퍼센트의 재능과 99퍼센트의 훈련, 그리고 99퍼센트의 작업으로 이루어진다.

나는 실패한 시인이다. 아마 모든 소설가는 먼저 시인이 되길 꿈꿨으리라.

풍경을 정복하는 것은 자동차 바퀴가 아닌 운동화 밑창이다.

운명 앞에서 장님으로 생각된다면 이는 사실 자신의 근시안 때문이다.

악인에 대해 신뢰할만한 것이 있다면, 그들은 절대 변하지 않는다는 사실이다.

나는 인류가 그저 생존하는 것에만 그치지 않고 영원히 존속하게 되리라고 생각한다. 이는 인간이 단지 지치지 않는 목소리를 가진 유일한 피조물이기 때문이 아니다. 동정과 희생 그리고 저항을 할 수 있는 강한 정신력과 영혼을 지니고 있기 때문이다.

환경을 받아들일 수 있는 능력이 바로 지혜다.

성공이란 여자와 같아서 만일 그대가 그 뒤에 서려 한다면 그대를 피하려고 할 것이다.

가장 슬픈 사실은 매일 여덟 시간씩 해야 하는 것이 일밖에 없다는 것이다.

작가는 진실을 이야기하는 것에 천부적으로 무능하기 때문에 픽션을 쓸 수밖에 없다.

내가 쓴 것을 읽기 전까지는 내가 무슨 생각을 하는지 절대 알 수가 없다.

소설가들은 남들에게 보이는 것처럼 절대 완전한 사람들이 아니다.

여자들이란 그저 대학에서 남자들의 등골을 뽑아 먹는 법만 배운 단순한 생식기관에 지나지 않는가.

야생 종려나무 The Wild Palms

살 수 있느냐는 것이 아니라 살길 원한다는 것이다. 내가 원한다. 육신은 결국 늙기 마련이지만 비록 그렇다 해도 말이다. 육신의 바깥에 기억이 존재한다면 그건 더 이상 기억이 아닌 셈이다. 무엇을 기억하는지조차 알 수 없기 때문이다. 이렇듯 그녀가 더 이상 존재하지 않게 되었을 때, 기억의 절반이 더 이상 존재할 수 없었다. 만일 내가 존재하지 않게 된다면 모든 기억이 존재할 수 없으리라. 그렇다고 그는 생각했다. 슬픔과 무(無) 사이에서 고르라면 나는 슬픔을 택할 것이다.

소설 《압살롬, 압살롬!》의 표지.

프랑스 북부 루앙에서 의사의 아들로 태어나 파리대학에서 법률을 공부했다. 그러나 간질과 유사한 신경계 질환을 앓게 되면서 학업을 중단하고 글을 쓰기 시작했다.

1849년부터 그리스와 근동 지역을 여행하면서 작품에 대한 영감을 얻은 그는 여행에서 돌아온 후 좀 더 여유로운 삶을 위해 어머니와 조카를 데리고 교외의 농장으로 이주하여 정착했다. 그의 집에는 작가들을 포함한 수많은 방문객이 드나들었으며, 친구 누이동생의 아들이었던 모파상은 그가 가장 사랑한 제자였다.

1857년에 출간된 첫 소설 《보바리 부인》이 다소 외설적이라는 이유로 편집자와 함께 기소되었지만 곧 무죄 판결을 받았으며, 작품이 발표되자 대중의 큰 사랑을 받았다. 그는 유독 간결성이 빛나는 문체를 사용했는데 '정확한 단어'만을 고집하는 그의 집념을 확인할 수 있다.

1880년 5월, 그는 미완의 작품 《부바르와 페퀴셰》의 원고를 책상에 남긴 채 뇌출혈로 사망했다.

귀스타브 플로베르 Gustave Flaubert,
프랑스 루앙 1821 ~ 크루와세 1880

주요 작품

보바리 부인 Madame Bovary, 1857
살람보 Salammbó, 1862
감정교육 L'Éducation sentimentale, 1869
성 앙투안의 유혹 La Tentation de Sanit Antoine, 1874
세 개의 짧은 이야기 Trois Contes, 1877
부바르와 페퀴셰 Bouvard et Pécuchet, 1881

문구 및 명언

우리의 고독이 기억들로 형성되는 것은 아니지만, 기억은 고독을 깊어지게 만든다.

미래는 우리를 고문하며 과거는 우리를 가둔다. 난 여기 있는데 현재는 왜 내게서 달아나려 하는가.

나는 돈을 벌거나 출판하려는 목적이 아니라 오직 글 쓰는 즐거움 때문에 글을 쓴다. 가엾은 내 인생은 지극히 평범하고 무미하기 때문에 한 구절 한 구절이 내겐 모험이다. 그러므로 나는 메타포가 아닌 다른 꽃은 담아내고 싶지 않다.

작가들은 날마다 다시 읽어야 하는 책을 대여섯 권 갖추어 놓아야 한다. 그 밖의 다른 책들은 알아두는 것으로도 충분하다

슬픔을 경계하라. 그것은 악습이다.

문학 안에서 정신을 놓는 것이야말로 인생을 견딜 수 있는 유일한 방법이다.

재능은 길고 긴 인내를 의미한다.

개인적인 삶은 착실하고 안정적이어야 한다. 이는 창작의 삶에서 더 열정적이고 창조적이기 위함이다.

모든 거짓 중에서 예술은 그나마 덜 속인다.

일은 삶을 슬쩍하는 재주가 좋다.

충분한 시간을 두고 지켜본다면 흥미롭지 않은 것은 없다.

사실이 있는 것이 아니라 단지 자각이 있을 뿐이다.

여자는 남자들에 의해 지나치게 아름답게 부풀려진 평범한 동물이다.

난 이제 죽어가지만, 저 천박한 보바리 부인은 영원히 죽지 않을 테지.

보바리 부인 Madame Bovary

다음날은 엠마에게 음울한 하루였다. 그녀는 모든 것이 사물의 표면 위로 어수선하게 떠있는 그늘진 대기권에 침전된 것만 같았고, 슬픔은 마치 버려진 성에 겨울바람이 불어대듯 부드럽게 탄식하면서 그녀의 영혼 속으로 밀려왔다. 그것은 다시는 돌아오지 않는 것에 대한 몽상, 우리를 어김없이 점령하려는 권태, 결국은 일상적인 것이 돌연 중단되거나 계속될 것 같던 진동이 갑자기 정지되면서 느껴지는 그런 종류의 고통이었다.

영화 〈마담 보바리〉의 한 장면.

Federico García Lorca

그라나다대학에서 철학과 법률을 공부했지만 변호사가 되지는 않았다. 어릴 적부터 남달리 음악과 문학에 관심을 기울였던 그는 1919년 마드리드대학으로 떠나 기숙사 생활을 했다. 이때, 초현실주의 화가 살바도르 달리, 영화감독 루이 브뉘엘, 시인 라파엘 알베르티와 같은 당대의 예술가들과 교제를 하게 된다. 1925년부터는 한동안 카다케스에 위치한 살바도르 달리의 자택에서 생활했다.

1927년에 자신이 직접 그린 그림을 바르셀로나에서 전시했으며, 2년 후 미국 뉴욕으로 여행을 떠나 그곳에서 큰 인상을 받고 스페인으로 귀국했다. 1933년에 남아메리카로 이주하여 지내다 다시 스페인으로 돌아온 후, 극단 '라 바라카(La Barraca)'를 창단해 스페인 연극을 혁신시켰다.

스페인 내전이 시작될 무렵, 극우 민족주의 단체에 의해 체포되어 3일 후 처형되었다. 그가 집필한 시와 소설 등은 현대 문학에서 매우 중요한 작품들 가운데 하나로 꼽힌다.

페데리코 가르시아 로르카 Federico García Lorca,
스페인 그라나다 근방의 푸엔테 바케로스 1898~비스나르 1936

주요 작품

집시 민요집 Romancero gitano, 1928
피의 혼례 Bodas de Sangre, 1933
예르마 Yerma, 1934
이그나시오 산체스 메히아스의 죽음을 통곡하며
Llanto por la muerte de Ignacio Sánchez Mejías, 1935
뉴욕의 시인 Poeta en Nueva York, 1936
베르나르다 알바의 집 La Casa de Bernarda Alba, 1936

문구 및 명언

태어나는 것에 대해 걱정해 본 적이 없으니, 죽는 것에 대해서도 걱정하지 않으리라.

가장 끔찍한 감정은 이미 잃어버린 희망을 다시 품으려는 것이다.

모든 사물은 고유의 비밀을 품고 있다. 그리고 시는 모든 사물을 품고 있는 비밀이다.

시는 전혀 어울릴 법하지 않은 두 단어가 합쳐져 신비로움을 만들어낸다.

시의 창조는 인간의 미스터리한 탄생처럼 풀어낼 수 없는 불가사의다. 목소리는 들리지만 그것이 어디서 들려오는지 모르며 그것을 의아해할 필요도 없다.

시는 제자가 아닌 애인을 원한다.

번역은 언어의 영혼을 부숴 조각내버린다.

유명인들이란 남들이 자신에게 비추는 불빛을 감내하는 냉정한 가슴을 지닌 씁쓸한 부류다.

벽에는 무언가가 갇혀있으며 만일 그것들이 갑자기 거리로 나온다면 소리를 지르며 세상을 가득 채우게 되리라.

미 대륙에 가본 적이 없는 스페인 사람은 스페인에 대해 알 수 없다.

시간의 오른쪽과 왼쪽을 바라보며 그대의 심장이 평온해지는 법을 배우게 하라.

나는 자유의 깃발에 내 인생에서 가장 큰 사랑을 수놓았다.

시는 거리를 돌아다니는 무언가다.

베르나르다 알바의 집 La Casa de Bernarda Alba

남자란 존재와는 되도록 마주치지 않는 게 낫겠어. 난 어릴 적부터 그들이 두려웠지. 그들이 외양간에서 수소에 멍에를 씌우거나 밀이 담긴 자루를 들고 가면서 내는 목소리와 발걸음 때문에 그들의 존재를 알 수 있었어. 언젠가 그들의 품에 안길 수도 있다고 생각하니 너무 끔찍해서 나이를 먹는 게 두려웠어. 신은 나를 허약하고 추하게 만드셔서 결과적으로는 나를 그들과 떼어놓으신 거야.

브라바 해변의 로르카와 달리. 로르카의 자택.

Gabriel García Márquez

콜롬비아의 작은 도시에서 태어나 8세까지 외조부모와 살았다. 대학에서 법률과 저널리즘을 전공하고 여러 언론사에서 일했으며, 통신원으로 쿠바와 미국에서 활동하기도 했다.

1954년 당시 유럽 특파원으로 로마에 머무르는 동안 콜롬비아 정권의 부패와 억압, 장기 집권 등에 대해 날카롭게 비판하는 칼럼을 발표했다. 이 때문에 그는 신변의 위협을 느껴 귀국할 수 없었으며, 유럽과 멕시코 등지에서 망명 생활을 해야만 했지만 비판의 목소리를 멈추지 않았다.

그의 대표작《백 년 동안의 고독》은 콜롬비아, 프랑스, 멕시코의 잡지에 부분적으로 연재된 것을 모아 1967년에 정식으로 출간한 것으로, 중남미의 정치적·사회적 현실에 대한 풍자를 신화적인 수법으로 담아내고 있다.

남미를 대표하는 작가 중 한 명인 그는 전 세계적인 베스트셀러 작가이기도 하다. 그가 쓴 많은 소설은 다양한 언어로 번역되었고, 일부는 영화로도 제작되었다. 1982년에 노벨문학상을 받았다.

가브리엘 가르시아 마르케스 Gabriel García Márquez, 콜롬비아 아라카타카 1928~

주요 작품

백 년 동안의 고독 Cien años de soledad, 1967
족장의 가을 El otoño del patriarca, 1975
예고된 죽음의 연대기 Crónica de una muerte anunciada, 1981
콜레라 시대의 사랑 El amor en los tiempos del cólera, 1985
이방의 순례자들 Doce cuentos peregrines, 1992
내 슬픈 창녀들의 추억 Memoria de mis putas tristes, 2004

문구 및 명언

내가 40년 만에야 터득한 중요한 사실은, 아닐 땐 아니라고 말해야 한다는 것이다.

―

지혜는 우리가 그것을 더 이상 필요로 하지 않을 때에야 비로소 생긴다.

―

존재하지 않는 신을 존재한다고 생각하게 되면 머릿속이 복잡해진다.

―

사랑은 음식만큼 중요하다. 그러나 영양가는 없다.

―

한 사람의 인생이란 그 사람이 기억하는 모든 것이며, 그가 기억되는 모든 것이다.

―

독서를 습관화하는 것이 어려워지는 이유는, 책에 대해 잘 알고 이를 능숙하게 설명해주던 마지막 서점 주인들이 이미 죽었기 때문이다. 그리고 서점은 이제 오후 모임의 장소로서 설 자리를 점점 잃어가고 있다.

―

검열이 골치 아픈 것은 누구나 안다. 하지만 훌륭한 작가라면 검열자조차 설득할 수 있어야 한다.

―

글을 쓰려는 사람은 자신이 세르반테스보다 더 훌륭하다고 스스로 생각해야만 한다. 그렇지 않다면 기대치보다 더 형편없는 것을 쓰게 될지도 모른다.

―

소설은 시작되는 첫 단락 안에서 모든 것을 정의할 수 있어야 한다. 구조, 문체, 리듬감, 길이, 그리고 가끔은 어떤 인물의 성격마저 말이다.

―

이야기하는 것을 사람의 자세에 비유하면 공중부양에 가장 가까울 것이다.

―

지적 창작이란, 인간의 그 어떤 일 중에서도 가장 신비하고 고독한 것이다.

―

삶이란 생존을 위한 기회들이 지속적으로 반복되는 것일 뿐이다.

―

기억이 없는 사람은 흡사 흉내를 내는 사람과 같다.

―

백 년 동안의 고독 Cien años de soledad

오랜 세월이 흐른 뒤, 총살대를 마주 보며 아우렐리아노 부엔디아 대령은 아버지를 따라 처음으로 얼음을 구경하러 갔던 아련한 어느 날 오후를 떠올렸다. 당시 마콘도는 선사 시대 알처럼 희고 거대하며 반질거리는 돌이 바닥에 즐비하고, 그 위로 맑은 강물이 세차게 흘러가는 시냇가 언저리에 야생 갈대와 진흙으로 만들어진 집이 스무 채쯤 있는 마을이었다. 이제 막 세워진 세계였기 때문에 아직 이름도 붙여지지 않은 것들이 많이 있어, 그것들을 언급할 필요가 있을 때면 일일이 손가락으로 가리켜야만 했다.

스페인에서 출간된 《백 년 동안의 고독》.

Khalil Gibran

레바논 북부의 작은 마을에서 태어나 12세 때 아버지만 남고 가족 모두 미국 보스턴으로 이주했다. 그림에 재능이 있어 조각가 오귀스트 로댕 밑에서 3년간 미술을 공부하기도 했다. 미국에 함께 이민 온 가족들이 일찍 사망하자 누나와 단둘만 남게 된 그는 생계를 위해 북디자이너로 활동했다. 또 기자와 편집장으로 여러 신문사에서 근무하며 서양 고전 희곡을 아랍어로 틈틈이 번역하기도 했다.

초기 작품들은 대부분 아랍어로 발표된 산문시들과 희곡작품이었으며, 1918년 이후에는 영어로 작품을 쓰기 시작했다. 자신의 글에 신비함이 느껴지는 삽화를 직접 그려 넣기도 했는데, 이는 곧 미국인들의 큰 호응을 얻었다. 1923년 출간된 《예언자》는 20세기에 영어로 출간된 책 중 성경 다음으로 많이 팔린 책으로 기록되었으며 '20세기의 성서'라고 불린다. 그는 시인, 철학자, 화가 등 다방면으로 활동했으며, 그의 그림은 수많은 전시회를 통해 세계 여러 곳에서 소개되었다. 독신으로 지내며 예술 활동에만 전념하던 그는 알코올로 인한 간경화와 폐결핵으로 48세의 나이에 세상을 떠났다.

칼릴 지브란 Khalil Gibran, 레바논 베차리 1883~미국 뉴욕 1931

주요 작품

부러진 날개 The Broken Wings, 1912
선구자 The Forerunner, 1920
예언자 The Prophet, 1923
모래, 물거품 Sand and Foam, 1926
사람의 아들, 예수 Jesus, Son of Man, 1928

문구 및 명언

눈물을 모르는 지혜와, 웃음을 외면하는 철학 그리고 아이들에게 마음을 기울이지 않는 위대함에서 저를 구하소서.

질투의 침묵 속에는 온갖 소음이 가득 차 있다.

누군가는 귀로 듣고, 누군가는 위로 듣고, 누군가는 주머니로 듣고, 누군가는 아무것도 듣지 않는다.

사랑한다면 '하나님은 제 마음속에 계십니다.'라고 말하는 대신 '저는 하나님의 마음속에 있습니다.'라고 말하라.

멀리 있는 친구가 가끔은 주변의 다른 이보다 더 가깝게 느껴질 수 있다. 산에 사는 사람보다 골짜기에서 사는 사람이 저 멀리 산을 바라볼 때 더 감동적이고 뚜렷하게 보이지 않겠는가.

일반적으로 사람들은 자신들의 비위를 맞춰줄 만한 이들에게 조언을 구하게 된다.

바람에게 말한 비밀을 나무가 알고 있다고 해서 바람을 탓하지 마라.

어두운 밤, 샛길로 걸어가지 않고서는 동틀 때까지 도착할 수 없으리.

믿음은 가슴 속에 있는 오아시스라서 생각의 행군으로는 절대 도달할 수 없다.

사람은 당황스러운 상황을 통해 배우기 시작한다.

아름다움은 생명이다. 그것이 우리에게 최상의 얼굴을 보여줄 때 말이다.

꿈을 믿어라. 그곳에 영원의 문이 숨겨져 있으니.

무언가를 잃은 이에게 도움을 준다는 것은 좋은 일이나, 필요로 하기 전에 먼저 이해하고 도움을 주는 것이 더 훌륭한 일이다.

영광은 빛에 놓인 열정의 그림자다.

슬픔은 두 정원 사이에 놓인 벽이다.

예언자 The Prophet

그대들 둘은 함께 태어났으니 언제까지나 함께 할 것이라네. 아무리 죽음의 하얀 날개가 그대들의 날들에 흩날려도 그대들은 함께 할 것이네. 신의 고요한 추억 속에서 그대들은 함께 할 것이네. 그러나 둘 사이에 자유로운 공간들이 자라날 수 있게 그대로 두며, 하늘의 바람이 그대들 사이에서 춤을 출 수 있도록 그대로 두게나. 하나가 다른 하나를 사랑하되 사랑이 감옥이 되지 않게 하며, 차라리 그대들 두 영혼의 해변에서 서로 부딪히며 섞이는 바다가 될 수 있게 하게. 술잔을 서로 가득 채우되 같은 잔으로 함께 마시지는 말게나. 빵을 함께 나누되, 같은 빵을 함께 먹지는 말게나.

함께 노래하고, 함께 춤추고, 함께 기뻐하되 가끔은 홀로 떨어져 고독을 품도록 하게나.

작가가 태어난 레바논의 마을.

GOETHE (1828)

공직자의 아들로 태어나 라이프치히대학에서 법률을 전공했으나 문학과 음악, 미술 등에 더 관심을 보였다. 1772년에 친구의 약혼녀를 사랑하게 된 경험을 바탕으로 쓴《젊은 베르테르의 슬픔》을 발표하여 폭발적인 인기를 얻었다.

바이마르를 다스리던 카를 아우구스트의 제안으로 1775년부터 공직에 올라 국정에 참여하던 괴테는 10년 넘는 공직 생활에 지쳐 2년간 이탈리아를 여행한다. 이 기간 동안 내면적으로 큰 변화를 겪게 된 괴테는 여행에서 돌아온 후 그를 이해하지 못하는 옛 지인들과 결별하고 정무에서 떠나 고독한 삶으로 들어간다. 이 무렵 그는 평민 출신의 꽃집 여인 크리스티아네 불피우스와 동거를 시작하고, 이후 괴테의 예술생활에 든든한 지원군이 되어줄 시인 프리드리히 실러와 만나며 문학적 교제를 하게 된다. 1805년부터 그의 생애 마지막 날까지 작품을 집필하며 문학적인 전성기를 누렸던 괴테는 1832년 83세를 일기로 세상을 떠나 평생의 지기였던 실러 곁에 묻혔다.

요한 볼프강 폰 괴테 Johann Wolfgang von Goethe,
독일 프랑크푸르트 1749~바이마르 1832

주요 작품

젊은 베르테르의 슬픔 Die Leiden des jungen Werther, 1774
타우리스 섬의 이피게니에 Iphigenie auf Tauris, 1787
친화력 Die Wahlverwandtschaften, 1809
파우스트 Faust, 1808-1832
이탈리아 기행 Italienische Reise, 1829

문구 및 명언

절대 길을 잃지 않는 자는 길을 가지 않는 사람뿐이다.

이 세상을 살아가는 데 그대가 어디에 있는지는 중요하지 않다. 어디로 향하는지가 중요할 뿐이다.

나의 잘못을 참아주는 이가 진정 나의 주인이다. 설사 그가 나의 하인일지라도.

인간은 빛이 되기 위해 만들어진 것이 아니라 그저 빛이 비치는 것을 보기 위해 태어났다.

백 가지 일을 어중간하게 하는 것보다는 한 가지 일을 제대로 하는 것이 더 가치 있다.

그대가 진정 즐겁게 살길 바란다면, 지나간 일에는 신경 쓰지 말게나.

예지하는 자는 자신의 일상의 주인이다.

스스로 자유롭다고 생각하는 인간보다 더한 노예는 없다.

대중은 늙지도 않고 지혜를 얻지도 못한다. 항상 어린 아이에 머물러 있을 뿐이다.

모든 편집자는 악마의 아들이다. 그들을 위한 특별 지옥이 준비되어 있어야 한다.

백만 명의 독자도 꿈꾸지 않는 작가는 단 한 줄의 글도 쓰지 말아야 한다.

신들조차도 어리석음에 대항하여 헛되이 싸운다.

대중은 작은 부분에서는 틀릴지언정 전체를 틀리지는 않는다.

생각하는 것은 깨달음보다 더 흥미로우나 보는 것보다는 덜 하다.

공기가 없는 곳에 독수리가 존재하랴.

다음 생애를 기대하지 않는 이들은 이미 이 삶에서 죽은 것과 다름없다.

파우스트 Faust

내 속의 두 영혼이여, 아아! 내 가슴을 지배하는 두 영혼의 하나가 다른 하나와 분리되려고 하네. 하나는 강철 갈퀴로 땅을 잡을 듯 결코 지칠 줄 모르는 열정적인 사랑을, 다른 하나는 신의 영역과 더 높은 경지를 찾으려 속세의 혼란을 초월하길 원하는구나.

경솔하고 충동적이었던 나를 되돌려주시오, 깊은 곳에 갇힌 이 아픔을, 증오의 힘을, 그리고 사랑의 능력을. 나의 젊음을 다시 돌려달란 말이오!

바이마르에 있는 괴테와 실러의 동상.

영국 버크햄스테드에서 교장의 아들로 태어났으나 아버지가 교장이라는 이유로 동급생들에게 괴롭힘을 당해 자살을 시도하기도 했다. 옥스퍼드대학에서 역사를 전공한 후 〈타임스(The Times)〉에서 근무했다. 1940년에는 영화 잡지인 〈스펙테이터(The spectator)〉의 편집장을 역임했으며, 제2차 세계대전 중 영국 외교부 소속으로 공직을 수행했다.

그의 소설 중 상당히 많은 작품이 영화로 제작되었는데, 그중에서 오손 웰즈 주연의 〈제3의 사나이〉, 〈하바나의 사나이〉와 마이클 케인 주연의 〈콰이어트 아메리칸(The Quiet American)〉이 대표적이다.

스릴러의 대가인 그린의 소설은 보통 기묘한 장소가 공간적 배경으로 묘사되는 경우가 많으며 특히 액션에 대한 구성력이 뛰어났다. 또한 독실한 가톨릭 신자였던 그는 인간의 실존과 신의 관계를 깊이 고찰한 작가이기도 했다.

그레이엄 그린 Graham Greene,
영국 버크햄스테드 1904~스위스 브베 1991

주요 작품

영국이 나를 낳았다 England Made Me, 1935
제3의 사나이 The Third Man, 1949
하바나의 사나이 Our Man in Havana, 1958
명예 영사 The Honorary Consul, 1973
휴먼 팩터 The Human Factor, 1978

문구 및 명언

카드를 뒤집자고 하는 자는 이미 승리를 손에 쥐고 있다는 뜻이다.

신의 존재와 마찬가지로 정치란 우리가 숨을 쉬는 공기 중에 있다.

검은 고양이가 행운을 가져다준다는 것을 쥐에게는 결코 설득할 수 없으리.

우리의 삶은 우리가 아는 사람들보다는 우리가 읽는 책으로 만들어지는 법이다.

흔히 생각하는 것과는 반대로, 진실은 항상 즐거운 편이다. 단지 사람들이 조작하는 것들이 비극일 뿐이다.

유년시절의 기억을 공유하는 사람들끼리는 서로가 성장했단 사실을 느끼지 못한다.

우리 자신의 마음속에서 우린 항상 같은 나이를 갖고 있다.

나이를 먹는 일은 피곤하고 삶은 지나치게 길다.

역사 속 인물들은 미래를 꿈꾸던 과거의 사람들이다.

나의 사상이 상처받을 위험이 있다 하더라도 나는 진실을 이해할 생각이다.

언젠가 우리는 물처럼 와서 바람처럼 떠날 것이다.

누구든 어린 시절에는 문을 열어 놓은 채 미래를 맞이하던 순간이 있었다.

우리는 왜 과거의 한 조각을 쥐고 있는 것일까? 이러한 이유로 나는 소설가가 되었다. 어떤 식으로든 경험에서 오는 혼란과 채워지지 않는 호기심을 줄이고 싶은 마음이었다.

감상주의란 우리가 공유하지 않는 감정들을 부르는 이름이다.

사람들은 대부분 타인의 허물을 말하기를 좋아한다.

영국이 나를 낳았다 England Made Me

30년간 있었던 많은 일이 떠올랐다. 보고 들은 것, 거짓된 것, 애정을 갖거나 존경했던 것, 다시 원하기 시작했던 것, 밀려가듯 버려진 것들, 아무도 없이 텅 빈 밤, 멈추지 않고 기차가 지나가는 어떤 지하철역의 불빛을 멀리서부터 간직하는 것.

영화 〈제3의 사나이〉의 한 장면. 일본어로 출간된 〈휴먼 팩터〉.

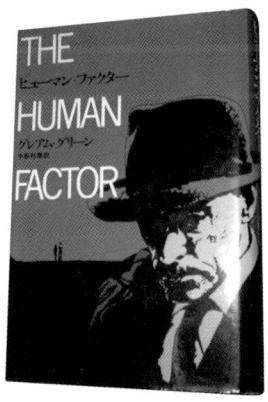

Maksim Gor'kii

본명은 알렉세이 막시모비치 페슈코프이다. 양친이 사망한 후 조부모와 함께 살았으며 가난 때문에 교육을 거의 받지 못했다. 어려서부터 생업에 뛰어들어 러시아 전역을 순례하면서 품팔이, 어부, 기선의 접시닦이, 철도원 등으로 일했다.

1895년부터 잡지에 단편소설을 발표하며 작가의 길에 들어선 그는 프롤레타리아 문학의 선구자로 자리를 잡아갔다. 페테르스부르크 과학아카데미 문학부의 명예회원으로 선출되었으나 1905년 군대의 민중 학살 사건에 항의하다 회원 명부에서 제명되고 체포되었다. 그러나 세계 지식인들의 석방 요청과 대중의 끈질긴 요구로 정부는 그를 사면할 수밖에 없었다. 이후 그는 해외로 망명하여 이탈리아의 카프리로 이주했다.

1913년에 고국으로 돌아온 고리키는 소련작가동맹 제1회 대회 의장에 취임하여 후진 작가의 육성과 노동자·지식인들을 위해 힘썼다. 1936년에 폐렴으로 사망한 것으로 알려졌으나, 일설에는 정적에게 독살되었다고도 한다.

막심 고리키 Maksim Gor'kii,
러시아 니주니노브고로드 1868~모스크바 1936

주요 작품

마카르 추드라 Makar Chudra, 1892
밤주막 Na dne, 1902
어머니 Mat', 1907
유년시대 Detstvo, 1913
사람들 속에서 V lyudyakh, 1916

문구 및 명언

내가 지닌 능력이나 장점은 모두 책 덕택이다.

일이 즐겁다면 인생은 아름답다. 그러나 인생에 길들어 버린다면 그것은 노예로 사는 것과 다름없다.

작가는 오로지 자신의 작품을 통해 존재를 알릴 수 있다.

피곤할 때는 심장의 무게만큼 무거운 것이 없다.

평론가들이란 대지를 가로질러 달리는 말을 방해하는 벌레와 다를 것이 없다.

만일 우리가 삶에서 추구하는 것을 성실히 수행해왔는데 정반대의 결과가 나왔다고 해도 그것이 우리의 잘못은 아니다.

삶의 투쟁에서 승리하려면 인간은 훌륭한 지식이나 돌의 심장을 갖고 있어야 한다.

거짓은 군주와 신하의 종교이며, 진실은 인간의 신성함이다.

배고픈 인간의 영혼은 포식한 자보다 항상 더 정결한 방식으로 최상의 양식을 얻을 수 있다.

지나치게 생각하면 사는 것이 지겨워진다.

두려움은 육체를 목욕하는 것처럼 영혼을 건강하게 한다.

인생의 지혜는 항상 인간의 지혜보다 더 깊고 광활하다.

그대는 신을 믿는가? 그대가 믿으면 신은 존재하고 그대가 믿지 않으면 존재하지 않는다.

사랑이란 지성과는 어우러지지 않는다.

사는 동안만큼은 사랑하라. 그보다 더 좋은 것을 본 적이 없다.

땅 위에 인간이 존재한다니 이 얼마나 아름다운 일인가!

유년시대 Detstvo

그렇게 농밀하고 현란하며 형언할 수 없이 기이한 삶이 시작되었고, 그것은 끔찍하게 빠른 속도로 지나갔다. 나는 그 존재를, 선량함으로 매우 잘 포장되었으나 음침한 진실을 담은 한편의 잔인한 단편소설처럼 기억한다. 지금 다시 과거로 돌아가서 보면, 가끔은 모든 일이 꼭 그런 식으로 일어났어야 했는지 믿기가 어렵다. 논쟁을 펼치거나 반박하고 싶은 일들이 너무도 많은데 그 이유는 그 어리석은 종족의 일원들이 지닌 그늘진 삶의 잔인함이 지나쳤기 때문이다.

포켓북으로 제작된 작가의 인기 작품.

가난한 유대인 상인의 집안에서 태어났다. 본대학에서 법률을 전공하고 이후 괴팅겐대학에서 공부하며 헤겔의 철학을 접하게 되었다. 1825년에 변호사 자격을 취득하고 사회적 제약에서 벗어나기 위해 유대인이었음에도 기독교로 개종했다. 하지만 결국 변호사 일을 하지 않고 문학에 전념하여 1827년에 《노래의 책》을 발간했다. 이 시집은 이후 슈베르트와 슈만 등에 의해 가곡으로 재탄생 되었다.

1830년 프랑스 7월 혁명이 성공을 거두자 하이네는 이에 자극을 받아 문학으로 정치 참여를 시도하며 반낭만주의, 반군주제, 반성직자주의를 지향했던 '청년독일파(Das junges Deutschland)'의 일원으로 참여했다. 그러나 이 때문에 독일에서 발표한 작품들이 탄압을 받게 되자 1831년에 파리로 이주해 남은 인생을 그곳에서 보냈다.

오랜 기간 빅토르 위고, 오노레 드 발자크, 칼 마르크스 등과 가깝게 지내며 문학과 사상을 교류했다. 1848년부터 척수결핵으로 몸져눕게 되지만 병상에서도 활발한 창작 활동을 멈추지 않다가 1856년에 세상을 떠났다.

하인리히 하이네 Heinrich Heine,
독일 뒤셀도르프 1797~프랑스 파리 1856

주요 작품

시집 Gedichte, 1822
여행그림 Reisebilder, 1826-1831
하르츠 여행 Die Harzreise, 1826
노래의 책 Buch der Lieder, 1827
아타 트롤 Atta Troll, 1843
독일, 어느 겨울동화 Deutschland, ein wintermarchen, 1844

문구 및 명언

거저 얻었고 잠시 스쳐 갈 뿐인 젊음을 가졌다고 왜 우쭐대는가.

우리와 같은 생각을 하지 않는 이를 박해하는 것, 그것이 다른 곳에서는 종교인들의 특권이었다.

신은 나를 용서하리라. 그것이 그의 임무이므로.

나는 아주 가끔 다른 이들을 이해했고, 그들도 아주 가끔 나를 이해했다. 그러나 우리가 진창에서 만났을 때 우린 서로를 곧바로 이해할 수 있었다.

세상에 복수할 방법을 찾다가 지쳐서 차라리 미쳐버리는 해결책을 선택한 그 지혜야말로 진정한 광기가 아닐까.

만일 로마인들이 라틴어를 먼저 공부해야 했다면 절대 세계를 정복할 시간이 없었으리라.

인간은 어디서 와서 어디로 가는지 더 이상 생각하지 않을 때까지 다른 문명의 의식을 받아들이지 않았다.

지적인 자는 모든 것을 알아채고, 우둔한 자는 주로 관찰을 한다.

장전된 포만큼 조용한 것은 없다.

사회적 물의를 일으키지 않는 범죄란 존재하지 않는다.

누구든 장렬한 통곡을 한 후에는 코를 훌쩍거리기 마련이다.

그대가 만일 별에 가고 싶다면 동반자를 찾지 마라.

책을 불태우는 그곳에서 결국 인간들이 불타며 끝나게 되리라.

편집자의 눈에 천재적인 작가란 있을 수 없다.

신은 우리가 친구들에게는 다정한 말을, 적에게는 엄한 진실을 말할 수 있도록 우리에게 혀를 주셨다.

여행그림 Reisebilder

삶과 세상은 신들의 향연에서 조용히 빠져나온 술 취한 신의 꿈으로, 신은 자신이 고독한 별에서 잠을 청하며 꿈을 꾸는 동안 무엇이 창조되든 아랑곳하지 않았다……. 그리고 그 꿈에 나타나는 형상들은 유별나게 현란하거나 조화롭거나 혹은 논리적인 모습으로 현 세상에 등장하게 된다……. 일리아드, 플라톤, 마라톤 전투, 스트라스부르그의 뮌스테르, 프랑스 혁명, 헤겔, 증기선 등은 그의 긴 꿈에서 흘러나온 생각들이다. 그러나 언젠가 신은 졸린 눈을 비비며 일어나 미소를 지을 것이며 우리의 세상은 다시는 존재하지 않을 무의 나락으로 침몰할 것이다.

하이네의 독일어 시문집.

Ernest Hemingway

비교적 유복한 어린 시절을 보내고 고등학교 졸업 후 기자로 일했다. 1921년에 파리 특파원으로 파견되어 그곳에서 거트루드 스타인, 에즈라 파운드, 스콧 피츠제럴드 등의 영향에 힘입어 집필에 힘을 쏟기 시작했다. 1928년에 다시 미국으로 돌아온 뒤《무기여 잘 있거라》를 비롯한 대표작들을 집필했다. 1937년에는 특파원 신분으로 스페인 내전을 목격했으며, 1944년 노르망디 상륙작전이 성공하자 종군 특파원으로도 활동했다.

《누구를 위하여 좋은 울리나》이후 10년 만에 나온 장편소설이 평론가와 독자들 모두에게 혹평을 받자 절망하여 술과 낚시로 허송세월하던 그는 1952년에 그의 필생의 작품《노인과 바다》를 발표한다. 이 작품은 그동안 그에게 쏟아지던 세상의 비난을 한 번에 잠재우며 작품성과 대중성 모두에서 인정받았다. 이 작품으로 1953년에 퓰리처상을 받았고, 1954년에는 노벨문학상을 받았다. 그러나 이러한 성공에도 불구하고 우울증과 폭음, 과대망상 등으로 고통스러워하던 그는 1961년 7월, 엽총으로 자살하여 생을 마감했다.

어니스트 헤밍웨이 Ernest Hemingway,
미국 오크파크 1899~케첨 1961

주요 작품

해는 또다시 떠오른다 The Sun also Rises, 1926
무기여 잘 있거라 A Farewell to Arms, 1929
킬리만자로의 눈 The Snow of Kilimanjaro, 1936
누구를 위하여 좋은 울리나 For Whom the Bell Tolls, 1940
노인과 바다 The Old Man and the Sea, 1952

문구 및 명언

진정 행복했던 적이 언제였나? 파리에서, 매우 가난하여 친구들의 과자 냄새를 맡으며 살았을 때가 그랬지.

―

말하는 것을 배우는 데는 2년이 걸렸고, 입을 다무는 법을 배우는 데는 60년이 걸렸다.

―

나는 사냥한다. 죽이거나 죽는 것을 보는 동안에는 적어도 나를 죽이지는 않을 것이기 때문이다.

―

진정한 작가에게 각각의 책은 저 멀리 도달하려고 무언가를 시도하는 새로운 시작이어야 한다.

―

작가는 괴로워하며, 즐기며, 증오하며, 좋아하며, 신 아니면 미친 작자나 할 법한 일에 매진하는 자들이다.

―

나는 아무런 대가 없이 글쓰길 원한다. 그렇지만 만일 아무도 나에게 돈을 지불하지 않는다면 굶어 죽게 될 것이다.

―

좋은 것이나 나쁜 것이나 모든 것은 중단될 때 공허함을 남긴다. 만일 악한 것을 취하게 되면 공허함은 홀로 차오른다. 그러나 선한 것이 주는 공허함은 다른 선한 것을 발견하며 채울 수 있다.

―

고전문학이란 모두가 존경하지만 아무도 읽지 않는 책을 말한다.

―

완성된 책들은 마치 죽은 사자와 같다.

―

부자는 그렇지 않은 자들과 다른 점이 하나 있다. 돈을 더 가졌다는 것.

―

내 타자기가 바로 내 담당 정신분석 의사다.

―

작가들의 작업실에 제일 먼저 놓아야 할 집기는 바로 쓰레기통이다.

파리는 날마다 축제 A Moveable Feast

파리에는 결코 엔딩이 없다. 그리고 그곳에서 살았던 사람들의 기억은 다른 곳과는 특별한 것이 있다. 우린 항상, 우리가 누구든, 어떻게 변했든, 쉽든 어렵든 간에 그 도시로 돌아왔다. 파리로 향하는 여정이 다사다난하여 간신히 도착하는 경우라도 그곳은 언제나 그럴만한 가치가 있었고 고단함을 보상해주는 곳이었다. 그렇듯 파리에 처음으로 가서 지냈던 날들, 우리는 가난했지만 행복했다.

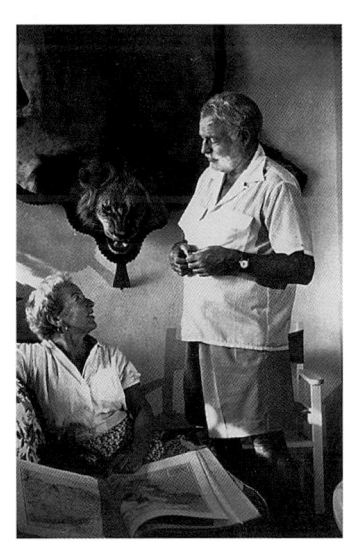

쿠바에 거주하던 시절의 헤밍웨이의 모습.

목사의 아들로 태어나 독일 튀링겐의 신학교에 입학하지만 속박된 생활을 견디지 못하고 신학교를 뛰쳐나온다. 이후 자살을 시도하고 일반학교에서도 퇴학당하는 등 방황하는 청소년기를 보냈다. 1904년, 9살 연상의 피아니스트와 결혼하여 스위스에 정착한 그는 안정된 생활 속에서 작품 활동에 전념하여 여러 편의 작품이 성공을 거둔다. 그러나 1, 2차 세계대전을 겪으며 전쟁을 반대했던 그는 조국의 배신자, 매국노라는 비난에 시달렸을 뿐만 아니라 그의 모든 저서가 출판금지와 판매금지 처분을 받게 된다. 거기에 아버지의 죽음, 아내의 정신병, 막내아들의 건강 문제 등이 겹쳐 심각한 내적 괴로움을 감당하기 힘든 지경에 이른다. 그 시기에 칼 융을 알게 되면서 그를 통해 몇 번에 걸친 정신 분석 치료를 받으며 정신적 위기에서 벗어났고 작품의 영감을 얻기도 했다. 스위스에서 여생을 보냈으며 토마스 만, 베르톨트 브레히트 등 망명한 많은 지식인이 그를 방문했다. 1943년에 헤세의 철학적 깊이를 보여주는 대표작 《유리알 유희》가 발표되었고, 1946년에 노벨문학상을 받았다.

헤르만 헤세 Hermann Hesse,
독일 칼프 1877~스위스 몬타놀라 1962

주요 작품

수레바퀴 아래서 Unterm Rad, 1906
데미안 Demian, 1919
싯다르타 Siddhartha, 1922
나르치스와 골드문트 Narziss und Goldmund, 1930
유리알 유희 Das Glasperlenspiel, 1943

문구 및 명언

인간의 삶이란 자신을 향해 걸어가는 길이요, 길을 위한 연습이며, 좁은 길의 스케치다.

두려움은 자신을 온전히 이해하지 못하는 자에게 존재하는 법이다.

한순간 자신을 낮출 수 있는 것, 여인의 미소에 몇 년을 희생할 수 있는 것, 이것이 행복이다.

사랑할 줄 아는 자만이 행복하다.

내일의 것을 요구하지 않고 오늘의 것을 감사히 받아들이는 것만이 행복으로 향하는 길이다. 마법 같은 시간은 언제나 오는 법이므로.

모든 악은 충분한 사랑이 없는 곳에서 시작된다.

전쟁의 유일한 효용은 바로 사랑은 증오보다, 이해는 분노보다, 평화는 전쟁보다 훨씬 더 고귀하다는 사실을 우리에게 일깨워 주는 것뿐이다.

왜 책을 읽으며 즐길 수 없는 걸까? 사람들만큼이나 현명하고 재미있으며 덜 무례한 것이 책인데 말이다.

섬세함이 필요한 사람만이 섬세하게 행동할 수 있다.

어떤 경우에든 미미하거나 하찮다고 느끼지 마라. 우리는 애처롭고 아름다우며 근사한 감정들 속에 살아가지만, 우리가 저지르는 부정한 행위가 오히려 그 별빛을 꺼버린다.

나는 항상 억압받는 자의 편이요 억압하는 자의 적이며, 피의자의 편이고 재판관의 적이다. 또한 배고픈 자들의 편이며 배부른 자들의 적이다.

오로지 우리만이 천국을 알 수 있었다. 그곳에서 쫓겨났던 때처럼 말이다.

각색과 비판에 대한 저항이 젊은 편집자의 종합적 업무다.

데미안 Demian

내 꿈속 세계에 존재하는 새는 내 친구를 찾는 방법을 알아냈고, 신기하게도 답장이 왔다.

어느 날, 나는 쉬는 시간이 끝난 후 교실의 내 자리에 앉자마자 교과서 사이에 우리가 수업시간 중간에 친구들끼리 몰래 쪽지를 돌리는 방식처럼 접힌 종이 하나가 끼워져 있는 것을 발견했다…….

바짝 긴장한 채 그것을 읽는 동안, 내 심장은 갑작스러운 냉기가 덮친 듯 운명 앞에서 오그라들었다.

"새는 알을 깨뜨린다. 알은 세계다. 태어나려는 자는 한 세계를 파괴해야만 한다. 새는 신에게로 날아간다. 그 신의 이름은 아브락사스다."

고타마 싯다르타 불상.

Patricia Highsmith

미국 텍사스 주에서 태어나 바너드대학에서 영문학과 라틴어, 그리스어를 공부했다. 실력 있는 화가이자 조각가였지만 그보다는 문학에 주로 전념했다. 추리소설을 발표해 유럽에서 인기를 얻기 전에는 코미디 극본을 쓰기도 했다.

1950년에 첫 소설인《열차 안의 낯선 승객》을 발표함과 동시에 문학적 성공을 거두었고, 이 작품은 곧 앨프리드 히치콕에 의해 영화로 제작되었다. 또한《재능 있는 리플리 씨》는 알랭 들롱 주연의〈태양은 가득히〉를 비롯해 여러 차례 영화로 만들어졌다. 이 작품의 주인공 리플리는 자신의 현실을 부정하고 열등감과 피해의식에 사로잡혀 거짓된 말과 행동을 반복하며 이를 스스로 믿어버리는 인격장애를 보이는데, 이는 훗날 '리플리 증후군'이라는 심리학 용어를 낳기도 했다.

'20세기의 에드거 앨런 포'로 평가되는 그녀는 세상 사람들과 유대감이 별로 없는 편이었으며, 스위스의 자택에서 주로 홀로 시간을 보내다가 1995년 겨울에 생을 마감했다.

퍼트리샤 하이스미스 Patricia Highsmith,
미국 포트워스 1921 ~ 스위스 로카르노 1995

주요 작품

열차 안의 낯선 승객들 Strangers on a Train, 1950
재능 있는 리플리씨 The Talented Mr. Ripley, 1955
리플리 언더그라운드 Ripley Under Ground, 1970
리플리스 게임 Ripley's Game, 1974
완벽주의자 Little Tales of Misogyny, 1974

문구 및 명언

지속적인 좌절이야말로 작가라는 직업에 활력과 열정을 전해준다.

서스펜스소설 작가라면 단순히 잔인함을 묘사한다거나 피가 흐르는 것 외의 다른 것을 추구해야 한다. 이 세상의 정의와 그것의 부재에 관심을 기울이며, 선과 악, 인간의 비겁함과 용감함에 대해 알아야 한다. 비록 그것들을 온전히 이해하지 못한다고 해도 이러한 힘이 이야기의 방향과 줄거리를 움직이는 법이다.

서스펜스는 폭력과 위험의 협박이며, 가끔은 실제로 일어나기도 한다.

무언가를 구상하면서 내가 즐겨 생각하는 것은, "만일……라면 어떨까?" "만일……한다면 어떨까?"이다.

자질구레한 역경들을 시간으로 환산해본다면 뼈저린 손실이 될 수도 있겠지만, 작가는 이를 스파르타인들처럼 의연하게 받아들여야 한다.

모든 책은 어떤 방식으로 쓰였건 간에 나 자신과 벌이는 논쟁이며, 출판이 되느냐 마느냐와 상관없이 오로지 나의 의지만으로 쓰는 것이다.

책을 출판하려면, 일단 당신 자신의 마음에 들어야 한다.

나는 상상이란 녀석을 풀어놓고, 잊혀져가는 노래 혹은 강도가 든 아파트를 갖고 놀게 하면서 그 상황 속에서 무슨 일이 벌어지는지 관찰하는 것을 즐긴다.

내가 다른 작가들을 만나려 하지 않는 이유는, 작가들은 모두가 혼자 있길 원하는 존재들이기 때문이다.

아무런 아이디어 없이 지낸다는 것은 불가능하다. 왜냐하면 이들은 도처에서 발견되기 때문이다. 이 세상은 싹을 품고 있는 아이디어로 가득하다.

설교가 없는 한, 도덕은 마음에 든다.

열차 안의 낯선 승객들 Strangers on a Train

"제가 당신 아내를 죽일 수 있는 완벽한 계획을 준비해볼까요? 언젠가 필요해질지도 모르니 말이죠."

브루노는 훑어보는 듯한 가이의 눈초리를 의식하며 몸을 비틀었다.

가이는 일어섰다. "좀 걸어야겠소."

브루노는 두 손을 모아 '짝' 하고 손뼉을 쳤다. "이봐요, 이건 흔히 떠오르는 아이디어가 아니라고요. 교환 살인이 되는 거죠. 이해해요? 아무도 우리가 서로 알고 있다는 것을 모른다고요. 아무도! 완벽한 알리바이가 되는 셈이지요! 안 그래요?"

앨프리드 히치콕 감독이 제작한 영화 〈열차 안의 낯선 승객들〉 포스터.
맷 데이먼은 미스터 리플리로 분한 배우 중 한 명이었다.

Johann Christian Friedrich Hölderlin

튀빙겐대학 신학과에 입학했으나 종교에 흥미를 잃으며 신학은 포기하고 그 대신 고전 그리스어, 철학 등을 전공했다. 그가 초기에 쓴 시들은 시인 프리드리히 실러에 의해 여러 신문에 발표되었다.
1796년에 곤타르트 가의 가정교사로 들어간 그는 그곳에서 고용주의 아내 주제테와 사랑에 빠진다. 그녀는 '디오티마'라는 이름으로 그의 소설 《히페리온》 및 그 밖의 많은 시에 등장한다. 하지만 이들의 사랑은 결국 발각되었고 그는 함부르크로 거처를 옮긴다.
1802년, 사랑하던 주제테가 사망했다는 비보를 전해 듣게 된 횔덜린은 정신분열증에 시달리게 된다. 이후 점점 증세가 악화되어 1806년부터는 네카어 강변에 살던 한 목수의 보호 아래서 36년간 피아노를 치거나 스카르다넬리란 필명으로 시를 쓰며 여생을 보냈다.
당대에는 거의 주목받거나 이해받지 못했던 그의 작품들은 20세기 들어와 재조명 되어 현대 서정시의 선구자로 평가되고 있으며, 릴케를 비롯한 위대한 시인들에게 영감을 주었다.

프리드리히 횔덜린 Johann Christian Friedrich Hölderlin,
독일 라우펜 1770 ~ 튀빙겐 1843

주요 작품

히페리온 Hyperion, 1797-1799
엠페도클레스의 죽음 Der tod des Empedokles, 1798-1799

문구 및 명언

고통이 있는 곳에 구원의 손길도 있다.

인간처럼 성장하고 소멸해버리는 것이 또 있으랴.

인간이 하늘이 되고자 할 때만큼 이 땅이 지옥 같은 순간이 있을까.

불행을 견디는 것은 힘들지만 행복을 견디는 것은 더 어렵다.

온 우주를 품고 사는 이가 있다면 그는 천국에서 사는 것이다.

누구든 나이만큼 매일 반복되는 일상이 충분히 좋거나 옳다고 생각하지 않는다. 모든 이들에게는 그만의 시련이나 부족함이 있기 때문이다. 하지만 그것 모두를 하나의 전체로 바라본다면 인생이 주는 위대한 자산과 기쁨을 볼 수 있을 것이다.

스스로 생각하거나 책에서 방법을 구하는 것도 괜찮지만, 인간과 주변의 상황에 대해 잘 아는 진정한 친구의 말이 더 유용하며 당신을 덜 혼란케 할 것이다.

존재하고자 하는 이들이 단지 우리만 있는 것은 아니다. 모두가 그러하다.

언어는 인간에게 부여된 가장 가치 있는 것인 동시에 가장 위험한 것이다.

만일 그대가 이성과 심장을 갖고 있다면 둘 중 하나만이라도 보여주오.

모두가 우리 안에 있다.

히페리온 Hyperion

살아있는 모든 것과 함께 존재하고 스스로 행복한 망각 속으로 되돌아가는 것, 자연의 모든 곳으로 말일세. 때때로 나는 그 정점에 도달한다네. 그러나 그곳에서 벗어나는 데는 어느 한순간의 회상만으로도 충분하지. 마음을 가다듬고 다시 전으로 되돌리면 느낄 수 있는 것은 단지, 가혹한 통제에서 오는 내 모든 슬픔과 내 심장의 피난처. 세상은 온전히 하나지만 그렇게 사라져가고, 자연은 그저 팔짱을 낀 채 지켜보기만 할 뿐이고, 나는 마치 낯선 이의 앞에 있듯 그 앞에 놓인 자신을 발견하며 그것을 이해하지 못한다네. 너희가 학교란 곳에 한 번도 가지 않았더라면 더 좋았을 텐데, 그곳 때문에 나란 사람은 매우 이성적이 되었으며 나를 둘러싸는 것에서 기본적인 방식으로 나를 구별하는 법을 배우게 됐다네. 지금 나는 세상의 아름다움 사이에 갇혀있으며, 내가 자라왔고 번영했던 자연의 정원에서 쫓겨나 뜨거운 정오의 태양에 몸이 타들어 가는 것을 느낀다네. 오, 그렇군! 인간이란 꿈을 꿀 때만큼은 신이지만 회상할 때는 걸인과 다름없구나.

원어인 독일어로 출간된 휠덜린의 대표적인 작품.

나폴레옹 휘하 장군이었던 아버지에게 엄격한 교육을 받으며 성장했다. 15세 때 문학 콩쿠르에 참가해 상을 받자 본격적으로 문학의 길로 들어섰다. 21세에 첫 소설 《아이슬란드의 한》을 발간하고 이어서 고전주의를 비판하며 집필한 낭만주의적 희곡 《크롬웰》로 커다란 화제를 불러일으켰다.

문학적으로 왕성한 활동을 하던 중 1843년에 딸과 사위가 익사하는 아픔을 겪은 후 그는 작품 집필을 포기하고 정치의 길로 들어섰다. 1851년, 나폴레옹 3세가 반동 정치를 시작하자 위고는 이에 반대하였고, 반정부 인사로 낙인찍힌 그는 벨기에를 거쳐 건지 섬으로 피신해 총 19년간 망명 생활을 하게 된다. 1870년에 제2제정이 몰락하자 프랑스로 돌아왔고, 국회의원과 상원의원에 선출됐다.

평생에 걸쳐 위대한 문학작품을 써낸 작가이자 정치가였으며 휴머니스트였던 위고만큼 살아생전 영예와 영향력을 누린 작가는 많지 않다. 그는 프랑스 국민들의 존경 속에서 말년을 보냈으며, 그가 세상을 떠나자 작가로서는 최초로 국장으로 장례가 치러졌다.

빅토르 위고 Victor Hugo, 프랑스 브장송 1802~파리 1885

주요 작품

아이슬란드의 한 Han d'Islande, 1823
크롬웰 Cromwell, 1827
파리의 노트르담 Notre-dame de Paris, 1831
레미제라블 Les misérables, 1862
웃는 남자 L'Homme qui rit, 1869

문구 및 명언

자선가란 더 주는 것이 아닌 좋은 것을 주는 사람이다.

우울감이란 슬플 수 있는 행복을 말한다.

그림자 덕에 빛의 소중함을 알며, 악 때문에 선을 경외한다.

사랑은 괄호를 열고, 결혼은 그것을 닫는다.

제시간에 제대로 떠오른 생각만큼 막강한 힘은 없다.

미래는 많은 이름을 갖고 있지만 나약한 자들은 그곳에 도달할 힘이 없다.

소화불량은 위장의 도덕심을 나무라는 관리자다.

자연이 하는 이야기를 인간이란 종족은 귀담아듣지 않는다고 생각하니 한없는 슬픔이 밀려온다.

세상을 움직이고 이끄는 것은 기계가 아니라 생각이다.

선한 자가 되기는 쉬우나 의로운 자가 되기는 어렵다.

만일 그대가 자기 자신에게 사랑을 받는다면 이는 인생 최고의 행복이다.

모든 인간은 선하지만, 모든 일에 다 그런 것은 아니다.

감정은 항상 새롭지만 말이란 이전부터 쓰던 것이므로 감정을 온전히 표현하기는 불가능하다.

영혼에는 새의 날개 같은 환상이 있다.

걸작은 기적의 한 종류다.

언론사의 모략은 아름다운 목장에서 홀로 자라나는 잡초와 같다.

파리의 노트르담 Notre-dame de Paris

요란스럽게 울려 퍼지는 종소리에 파리 시민들이 잠을 깬 지도 오늘로 벌써 348년 6개월하고도 19일이 지났다……

그럼에도, 1482년 1월 6일이었던 그날은 역사적으로 기억할 만한 하루는 아니었다. 아침부터 파리의 부르주아들과 종들을 혼란케 할 만한 그 어떤 일도 확인되지 않았다. 그것은 피카르디나 부르고뉴 사람들이 침략해오는 것도 아니었고, 어떤 행렬이 지나가는 것도 아니었으며, 라스의 포도 농장에서 학생들이 시위를 일으킨 것도, '우리가 한없이 경외해 마지않는 왕'의 행차도, 파리 재판소에서 도둑 연놈들이 교수형에 처해지는 것도 아니었다.

리암 니슨과 우마 서먼이 출연한 영화 〈레미제라블〉.

Aldous Huxley

친가는 영국의 저명한 과학자 가문이며, 외가는 문학가 가문이다. 그의 할아버지 토머스 헉슬리는 다윈의 진화론을 발전시킨 동물학자였으며, 형 줄리안 헉슬리는 생물학자로 초대 유네스코 사무총장을 역임했다. 또한 동생 앤드류 헉슬리는 신경세포막 연구로 1963년에 노벨생리의학상을 받았다.

이튼학교를 졸업하고 옥스퍼드 의대에 진학했으나 거의 실명에 이를 뻔한 안질 때문에 시력이 나빠져 영문학으로 진로를 바꿨다. 졸업 후에는 여러 신문사에서 근무하며 문예비평을 담당했다.

1916년에 첫 시집을 출간하고 이어서 1921년에 그의 첫 번째 소설 《크롬 옐로(Crome Yellow)》가 빛을 보게 되었다. 이후 이탈리아와 프랑스를 오가면서 집필 활동을 했고, 1932년에 《멋진 신세계》를 발표하면서 더욱 유명세를 타게 되었다. 1937년에는 가족들과 함께 미국으로 이주했다.

그는 평생에 걸쳐 소설뿐만 아니라 에세이와 철학·사회·과학에 대한 비평집 또는 신비하거나 초심리학적인 글들도 많이 남겼다.

올더스 헉슬리 Aldous Huxley,
영국 고달밍 1894~미국 할리우드 1963

주요 작품

연애대위법 Point Counter Point, 1928
멋진 신세계 Brave New World, 1932
가자에서 눈이 멀어 Eyeless in Gaza, 1936
인식의 문 The Door of Perception, 1954
다시 가본 멋진 신세계 Brave New World Revisited, 1958

문구 및 명언

지구가 다른 행성의 지옥이 아니라는 걸 어찌 알 수 있으리.

다른 이들의 행복을 억누르지 않으면서 가능한 한 최상의 행복을 누리는 것이야말로 인류의 진정한 미덕이다.

경험이란 그대에게 일어나는 일이 아니라 그것으로 말미암아 그대가 하는 행동을 말한다.

타인에게서 듣게 되는 진실이 자신이 직접 깨닫는 것과 같을 수는 없다.

아무도 역사가 주는 교훈을 배우지 않았다는 사실이 역사가 주는 가장 큰 교훈이다.

전체란 부서진 조각까지 포함한 것을 말한다.

그대가 필시 좋아할 만한 우주의 한 귀퉁이가 있다. 그곳은 바로 그대 자신이다.

아무리 시간이 천천히 흐른다고 느낄지라도 지나간 시간이 절대 다시 돌아올 수 없다고 생각하다 보면 짧게 느껴질 것이다.

문명이란, 사회적인 곤충들의 유기적 공동체에서 원시적인 무리가 거칠고 기계적으로 변모하는 것을 말한다.

우리는 만족하지 못하는 자들을 진보케 할 의무가 있다.

질병에 관한 연구가 진보함으로 인해 온전하게 건강한 사람을 발견하는 것이 점점 더 어려워진다.

혹시 천재들만이 진정한 인간이 아닐까.

결국 독서 또한 술이나 음란한 행위 혹은 스스로에 대한 지나친 관용과 같은 악행이 아니라면 무엇인가.

흥미 없는 진실은 감정적인 허상에 가려질 수 있다.

현명한 사람은 실현하고 싶은 경험을 찾는다.

멋진 신세계 Brave New World

인큐베이터를 계속 근거로 두며 교장은 책장에 허겁지겁 필기하기 바쁜 새로운 학생들에게 수정의 현대적 방식에 대해 간략하게 묘사했다. 일단, 외과적인 서론을 구구절절 늘어놓기 시작했다. "오로지 사회를 이롭게 하기 위해 자발적으로 이루어지는 이 불편한 수술을 위해서 별도로 6개월 정도의 월급에 해당하는 수당을 지불하기로 했다네."

《멋진 신세계》 원서.

본래 상업에 종사하던 집안에서 태어났으나 그가 어렸을 때 파산하면서 어려워져 15세부터 약방의 도제로 일했다. 의학을 공부하던 중 20세에 첫 희곡을 쓰게 되는데, 이 작품이 좋은 반응을 얻으면서 극단 일에 완전히 정착할 수 있었다.

1851년부터 1857년까지 베르겐 국립 극단의 전속작가 겸 무대감독으로 일하며 작품을 발표했다. 이후 크리스티아니아(현 오슬로)의 신설된 극단으로 이직했으나 극단이 경영난을 감당하지 못하고 결국 5년 만에 파산했다. 어려움 끝에 1863년에 이탈리아로 향했고 이후 27년간 이탈리아와 독일을 오가며 작품 활동에 전념했다. 이탈리아에서의 생활은 말할 수 없이 빈곤했으나, 1866년에 발표된 극시 《브란(Brand)》이 성공을 거두면서 경제적 어려움에서 벗어나게 된다.

그의 작품들은 주로 사회에 대한 개인적인 갈등을 주제로 삼았으며, 근대 사상과 여성해방 운동에까지 깊은 영향을 끼쳤다. 또한 근대극에서 그의 사상적·기법적 영향은 절대적이었다고 평가받는다.

헨리크 입센 Henrik J. Ibsen,
노르웨이 시엔 1828 ~ 오슬로 1906

주요 작품

페르 귄트 Peer Gynt, 1867

인형의 집 Et Dukkehjem, 1879

유령 Gengangere, 1881

민중의 적 En Folkefiende, 1882

헤다 가블레르 Hedda Gabler, 1890

건축사 솔네스 Bygmester Solness, 1892

문구 및 명언

홀로 존재하는 인간은 이 세상에서 가장 강하다.

우리 사회는 다분히 남성적이라 여성이 들어오기 전까지는 인간적일 수 없다.

만일 그대가 본연의 모습 그대로 존재할 수 없다면 적어도 그대가 존재할 수 있는 모습에 진정성을 담아라.

친구여, 힘내게. 환상은 버리고 틀에 박힌 한 사람이 될 수밖에 없다는 것을 순순히 인정하게나. 그대의 것은 웃음도, 울음도, 즐거움도, 짜증도 없다네. 그저 회색 빛깔의 평범하고 순탄한 것일 뿐이네.

이 삶에서 행복을 찾는 것이야말로 진정한 영혼의 반란이다.

금의 권력에서 자신을 찾는 일은 모래 위에 성을 쌓는 것과 같다.

아름다움이란 내용물과 형식 사이의 계약이다.

정치적으로 얘기해서, 개가 돼지를 먹든 돼지가 개를 먹든 나와는 상관없다.

일반적으로 진실이라고 말하는 것은 보통 17년에서 최대 20년 정도 유지되며, 그 이상 살아남는 것은 극히 드물다.

누군가가 내가 가는 길을 막거나 내 의지를 북돋울 수는 있어도, 내 영혼이 어느 것을 선택할지 방해할 수는 없으리라.

평화와 자유에 대항하기 위해 나설 때만큼은 절대 아끼는 바지를 입고 나가지 말기를.

대부분은 항상 잘못된 선택을 한다.

세상에 나가 괴로워할 것 없이 그냥 집에만 조용히 있었다면, 약간의 근심과 구두 몇 켤레를 모아 둘 일이 없었을 텐데!

페르 귄트 Peer Gynt

잿빛의 안개가 자욱한 무(無)로 돌아가는 영혼은 지독히 가엾은 존재. 그대, 달콤한 대지여, 그대의 풀을 함부로 밟았다고 노여워하지 말지어다. 그대, 달콤한 태양이여, 아무도 살지 않는 오두막에 그대는 번쩍이는 빛을 흩뿌렸도다. 그 안에는 열기를 받으며 장단을 맞출 이 하나 없었고, 주인은 집을 떠나 항상 먼 곳에서 지낸다고 하더구나.

연극 〈인형의 집〉의 한 장면.

Eugene Ionesco

루마니아인 아버지와 프랑스인 어머니 사이에서 태어나 프랑스 파리에서 유년시절을 보냈다. 그러나 동생의 죽음과 어려워진 가정 형편, 부모님의 이혼 등으로 불우한 시기를 보내게 되고, 13세 때 아버지를 따라 루마니아로 돌아왔다. 부쿠레슈티대학에서 프랑스 문학을 전공하고 1938년에 파리로 돌아가 출판사에서 근무하며 집필에 전념했다.
그는 인간의 절망과 불쾌한 감정을 테마로 한 작품을 주로 집필했다. 1950년에 발표한 첫 작품《대머리 여가수》는 희곡 기법에 일대 혁명을 일으켰다. 이 작품은 이후 부조리 연극의 시발점이 되었으며, 사뮈엘 베케트와 함께 부조리극의 대표적인 작가로 알려지게 된다. 그의 작품은 인간이란 존재의 기이함과 사람들 간 소통의 부재를 표현하면서도 번뜩이는 재치와 역설적인 상황을 연출해내는 것이 특징이다.
말년에는 인권운동에 적극적으로 참여하였으며 루마니아의 정치 현실을 비판했다. 1994년, 다수의 희곡과 자전적 소설《외로운 남자》를 남기고 파리의 자택에서 사망했다.

에우제네 이오네스코 Eugene Ionesco,
루마니아 슬라티나 1909 ~ 프랑스 파리 1994

주요 작품

대머리 여가수 La cantatrice chauve, 1950
수업 La lecon, 1951
의자들 Les chaises, 1952
코뿔소 Rhinocéros, 1959

문구 및 명언

강요되지 않은 생각만이 진정한 생각이다.

가치가 있는 단어들은 따로 있다. 그 외엔 모두 수다일 뿐이다.

극장은 살아있는 건물이자 움직이는 건축물이다. 기본적인 적대감이 서로 마주 놓여있는 게임이며 전통적 관습의 굴레를 벗어나려는 노동이다.

비평가가 할 일은 묘사하는 것이지 지시하는 게 아니다.

미국인들은 애매모호함을 마치 흑사병처럼 혐오한다. 그들은 '예 혹은 아니오'가 있다고 생각하지만 나는 모든 건 '예 그리고 아니오'라고 생각한다.

평범하지 않다는 것은 일종의 범죄다. 일명 전문가라고 불리는 이들은 평범하지 않은 모든 것을 멸시한다.

만일 우리가 집단적 합의에 따라 살인을 한다면 우리는 양심의 가책을 느끼지 않을 것이다. 전쟁이란 순수한 양심으로 살인을 하기 위한 일종의 발명인 셈이다.

지배하기 위해 군중을 형성한 사람이라고 할지라도 결코 군중의 주인이 될 수는 없다.

우리의 통제를 피해 달아나는 어두운 욕망은 사실 더욱 권력적이거나 독단적일 수도 있다.

빛나는 것은 답이 아니라 질문이다.

우리가 사는 이 세상은 말도 안 되는 것 천지야.

대머리 여가수 La cantatrice chauve

소방서장 : 제 매부에게는 친가 쪽으로 육촌 형이 하나 있는데, 그의 외가 쪽 숙부에게는 계부가 한 명 있었고, 그의 부친 쪽 조부는 현지의 젊은 아가씨와 재혼을 했는데, 그의 형이 여행 중 한 아가씨를 만나 혼인하여 아들을 낳았고, 그 아들과 결혼한 대담한 약사는 영국 해군의 이름도 알려지지 않은 갑판장의 조카에 불과하며, 그녀의 계부 쪽엔 스페인어를 유창하게 구사하는 숙모가 한 분 있었는데, 아마 이 분은 요절한 기술자의 손녀 중 한 명이며, 그 기술자는 싸구려 포도주가 나오는 포도원 주인의 손자이고, 그 주인에게는 집안일을 돌보는 둘째 사촌이 한 명 있었는데, 그의 아들과 결혼한 아주 아리따운 여자는 이혼녀였고, 그 여자의 전남편은 진정한 애국자의 아들인데, 그가 한 재산을 꿈꾸며 키우고 가르친 딸 하나가 로스차일드를 안다는 사냥꾼과 결혼했고, 그의 형은 수차례 직업을 바꾼 후에 결혼하여 딸을 하나 낳았는데, 이 아이의 구두쇠 증조부에게 안경을 준 그의 사촌 형 중 한 명은 그다지 가난하지 않았지만 방앗간의 사생아이며 포르투갈인의 처남인데, 그의 젖형제는 전직 시골 의사의 딸을 아내로 삼았고, 이 의사가 우유 장수 아들의 젖형제이자 다른 시골 의사의 사생아이며, 결혼을 세 번이나 했는데 그의 세 번째 아내는…

마틴 씨 : 제 착각이 아니라면, 전 그 세 번째 아내라는 여자를 압니다. 벌집 속 병아리를 먹고 있더군요.

소방서장 : 같은 사람이 아니었지요.

연극 〈대머리 여가수〉 공연의 한 장면.

Henry James

아버지는 당시 미국에서 유명한 변호사였던 헨리 제임스 1세이며, 형은 철학자 윌리엄 제임스이다. 뉴욕의 부유한 집안에서 태어난 그는 어려서부터 아버지를 따라 프랑스, 영국, 이탈리아 등 유럽으로 여행을 다니며 여러 지역에서 교육을 받았다. 1862년에는 유럽을 떠나 하버드대학에 진학하여 법률을 전공하지만 1년 만에 중퇴했다.

1875년에 파리에 정착하면서부터 여러 지식인을 알게 되었는데 특히 귀스타브 플로베르, 기 드 모파상, 에밀 졸라, 이반 투르게네프 등과 교류를 가진다. 이후 런던으로 이주해 그곳에서 여생을 보내며 집필 활동에 전념했다. 그는 장편소설 23편, 단편 및 중편소설 112편과 희곡 12편을 남겼으며, 그의 소설 중 《여인의 초상》은 영어로 쓴 가장 뛰어난 소설 중 하나로 평가받고 있다.

내적 독백의 선구자로 불리는 그는 마크 트웨인과 함께 19세기 후반 최고의 미국 작가로 꼽힌다. 1915년에 영국으로 귀화하였고 이듬해 72세를 일기로 세상을 떠났다.

헨리 제임스 Henry James, 미국 뉴욕 1843~영국 런던 1916

주요 작품

워싱턴 스퀘어 Washington Square, 1880
여인의 초상 The Portrait of a Lady, 1881
나사의 회전 The Turn of the Screw, 1898
사자(使者)들 The Ambassadors, 1903
황금의 잔 The Golden Bowl, 1904

문구 및 명언

소설이 첫 장부터 반드시 지켜야 하는 유일한 의무가 있다면, 억지로 읽어야 한다는 속박이 아닌 흥미를 유발시켜야 한다는 점이다.

———

나는 청소년기에 내가 범했던 일탈을 추호도 후회하지 않는다. 나이를 먹고 난 후 오히려 여러 기회와 가능성을 놓쳤다는 사실이 안타까울 뿐이다.

———

난 항상 사람들이 흥미롭다고 생각했다. 다만 그들을 좋아해 본 적이 한 번도 없을 뿐이다.

———

그대에게 무엇이든 함부로 말하는 자에게는 귀를 닫아라. 그대가 직접 하나하나 판단하는 습관을 갖도록 하라.

예술은 인생의 가치와 권위를 창출한다. 이처럼 그 과정 속에 힘과 아름다움을 지니면서 그 자리를 대신할 만한 그 어떤 것도 본 적이 없다.

———

생각이란 사실, 힘이다.

경험은 결코 한계가 있을 수도, 완전할 수도 없다.

있는 그대로 살아라. 다른 방식으로 하는 행동은 잘못된 것이다.

애국심이란 애정과 같아서 그대의 집에서부터 시작되어야 한다.

내가 부사어를 즐겨 쓰는 이유는 그것이 내가 유일하게 존중하는 수식어이기 때문이다.

작은 전통 하나를 고안해내기 위해서는 무척 많은 이야기가 필요하다.

책의 주제와 사랑에 빠진 작가만이 책을 쓸 수 있는 명분이 있다고 생각한다.

인생에는 중요한 것이 세 가지 있다. 첫 번째는 친절함이며, 두 번째는 친절함이고, 세 번째는 친절함이다.

———

나사의 회전 The Turn of the Screw

"잘 압니다. 그리핀 씨의 유령이야기든 무엇이든, 그런 게 어린아이에게 처음으로 나타났다는 것 자체가 그저 단순한 일이 아니라는 사실을요. 하지만 내가 알기로 어린아이와 연관된 골치 아픈 이야기치고 그게 처음 일어난 건 아닐 겁니다. 만일 한 어린아이가 나사를 한 번 더 죄는 효과를 낸다면, 어린아이가 둘일 경우에는 어떻게 될까요?"

누군가 소리쳤다.

"그야 물론, 나사를 두 번 죄는 셈이겠지요. 그리고 우린 무슨 일이 벌어졌는지 듣고 싶소."

영화 〈워싱턴 스퀘어〉의 한 장면.

James Joyce

가난, 아버지의 음주와 폭력, 어머니의 지나친 신앙심과 과보호 등으로 힘든 청소년 시기를 보냈다. 유니버시티칼리지에서 영어와 이탈리아어, 불어를 공부했다.

1904년부터 유럽으로 건너가 영어를 가르치면서 집필에 몰두했다. 어려운 생활 가운데 1914년에 출간된 《더블린 사람들》이 실제 더블린 사람들로부터 삭제요구와 소송제기의 위협을 받는다. 또한 1922년에 완성한 《율리시스》는 음란물로 판정받아 영어권 국가에서 출판을 금지당하게 된다. 다행히 프랑스 파리에서 '셰익스피어 & 컴퍼니' 서점을 운영하던 실비아 비치의 도움으로 프랑스에서 먼저 출간되었고, 출간이 되자마자 그에게 세계적인 명성을 안겨주었다.

그러나 1907년부터 서서히 진행된 녹내장 때문에 50대 이후에는 거의 시력을 상실했으며, 관절염과 사랑하는 딸의 정신분열증 등으로 힘든 시기를 보낸다. 제2차 세계대전이 발발하자 스위스 취리히로 피신하지만 결국 얼마 지나지 않아 58세를 일기로 세상을 떠났다.

제임스 조이스 James Joyce,
아일랜드 더블린 1882 ~ 스위스 취리히 1941

주요 작품

더블린 사람들 Dubliners, 1914
젊은 예술가의 초상 A Portrait of the Artist as a Young Man, 1916
율리시스 Ulysses, 1922
피네간의 경야 Finnegan's Wake, 1939

문구 및 명언

나의 의도는 내 나라의 윤리적 역사의 한 장(章)을 쓰는 것이었고, 이를 각색하기 위해 더블린을 선택했다. 더블린이야말로 통제 불능의 대표적인 도시라고 생각했기 때문이다.

나는 비평가들을 100년간 즐겁게 해주기 위해 《율리시스》를 집필했다.

천재들은 실수하지 않는다. 그들의 실수는 언제나 자발적이며 가끔은 오히려 어떠한 발견의 시초가 되기도 한다.

무책임함은 예술이 누리는 기쁨 중 일부다. 학자들이 이 기쁨을 알 리가 있을까.

실수란 발견의 현관과도 같다.

역사는 우리가 깨어나려고 몸부림치는 악몽이다.

인간의 행동처럼 자신의 생각을 가장 잘 반영하는 것은 없다.

좋은 이들과 함께 일하는 것이 즐거운 이유는, 그들은 내가 겪어야 할 위기를 위해 유일하게 용기와 신뢰, 기품을 지니고 있는 이들이기 때문이다.

마른 잎사귀들이 기억의 길을 풍성하게 덮는다.

나는 내일이고 미래이며 지금 머무는 곳은 오늘이다. 나는 어제 머물렀던 오늘이고 이미 예견된 다음날이다.

전 세계인이라면 누구나 알듯이, 크리스토퍼 콜럼버스는 아메리카 대륙을 제일 마지막으로 발견한 사람이라는 영예를 얻었다.

예술가란 눈에는 보이지 않으나 작품을 통해 존재하고, 자신의 작품의 안이나 밖, 저 먼 곳 혹은 바로 위에 머무는 창조의 하나님과 다르지 않다.

펜이 없고, 잉크가 없고, 방이 없고, 시간이 없고, 평온이 없고, 애정이 없다.

더블린 사람들 Dubliners 중 죽은 사람들 The Dead

비뚤어진 십자가와 묘비 위에도, 작은 대문의 창살 위에도, 앙상한 가시나무 위에도 눈은 빼곡히 쌓여갔다. 모든 산 자와 죽은 자 위에 마지막으로 내리는 달콤한 하강처럼 우주 전체에 살그머니 내리는 달콤한 눈 소리를 들으며 그의 영혼은 서서히 흩어져갔다.

《더블린 사람들》의 소재가 된 더블린의 탑. 1936년에 영국에서 처음으로 발간된 《율리시스》.

유대계 상인의 아들로 태어나 프라하대학에서 법률을 공부하고 1906년에 법학박사 학위를 받았다. 이후 노동자재해보험국에서 14년간 일하며 작품 집필을 병행했다. 생전에 몇 편의 단편만을 발표했으며 그마저도 거의 주목을 받지 못했다.

1917년에 폐결핵이라는 진단을 받고 요양을 겸해 유럽을 여행했으나 결국 몇 년 후 오스트리아 빈 근교의 결핵요양소에서 죽음을 맞이했다. 그는 죽기 전 친구인 막스 브로트에게 자신의 작품을 모두 파기해달라고 요구했으나 그의 유언은 지켜지지 않았고, 사후에 출간된 그의 작품들은 곧 평론가들에게 주목을 받았다.

41년의 짧은 생애 동안 줄곧 불행한 삶을 살았던 카프카는 권위적이었던 아버지와 불화했으며 육체적으로 병약했고, 평생 세 여인을 사랑했으나 그 누구와도 결혼하지 못했다.

현대 사회에서의 인간의 소외와 허무를 작품에 담아낸 카프카는 사르트르와 카뮈에 의해 실존주의 문학의 선구자로 높이 평가받았다.

프란츠 카프카 Franz Kafka,
체코 프라하 1883 ~ 오스트리아 빈 1924

주요 작품

변신 Die Verwandlung, 1916
유형지에서 In der Strafkolonie, 1919
시골의사 Ein Landarzt, 1924
심판 Der Prozess, 1925
성 Das Schloss, 1926
아메리카 Amerika, 1927

문구 및 명언

한 권의 책은 우리 안의 얼어붙은 바다를 부수는 도끼여야 한다.

———

우리를 찌르거나 충격을 주는 책이 아니라면 읽을 필요가 없다. 만일 우리가 읽는 책이 얼굴을 향해 주먹을 날리며 우리를 깨우지 않는다면, 읽을 의미가 있는가?

———

불행이 우리에게 고통을 주는 것과 동일한 방식으로 우리를 뒤흔들 수 있는 책들이 필요하다.

———

문학은 진실을 향한 탐험이다.

———

만일 그대가 이 세상 사람들과 대항하여 싸우려 할지라도 나는 그대가 그들 옆에 서길 바란다.

———

모든 혁명은 증발되어버리고, 남는 것은 결국 새로운 관료주의를 위한 진창일 뿐이다.

———

자기 자신을 위한 하루하루는 이미 충분히 아름답다. 단지 나는 그것을 기록만 할 뿐이다.

———

하늘로 뻗은 줄을 통해 참된 길을 갈 수는 없다. 길은 그저 땅 위에 놓여 있을 뿐이다. 이는 마치 제대로 길을 갈 수 없도록 고의적으로 방해하기 위해 준비된 것 같다.

———

인간이 범하는 모든 실수는 충동의 결과다. 계획된 과정을 너무 일찍 포기하거나, 현실에서 일어나는 인위적인 방해물이 바로 그것이다.

———

어떤 지점부터는 되돌아올 수 없다. 그리고 그곳이 바로 도달해야 할 지점이다.

———

소유하는 것이 존재하는 것이 아니라 단지 존재함이 존재할 뿐이다. 질식에 이를 만큼 마지막 숨결까지 빨아들이는 그 존재 말이다.

———

내 질문들에 대한 답을 왜 구할 수 없는지 이해할 수 없던 시절이 있었다. 그리고 오늘은 왜 질문을 하는 자체만으로도 속은 기분이 드는 건지 이해할 수가 없다. 나를 속인 게 아니라 그저 질문을 했을 뿐인데.

———

변신 Die Verwandlung

어느 날 아침, 불안한 느낌의 꿈에서 깨어난 그레고르 삼사는 침대 속에서 괴상한 갑충으로 변해있는 자신을 발견했다. 그는 철갑처럼 딱딱한 등껍질을 등에 댄 채 누워 있었다. 머리를 살짝 들어보니 불룩 솟은 갈색의 배가 보였고, 그 배는 활 모양으로 휘어진 각질의 마디로 나뉘어 있었다. 언덕처럼 둥근 배 위에 겨우 덮여있는 이불은 언제라도 바닥에 떨어질 듯 위태롭게 매달려 있었고, 몸뚱이에 비하면 괴상하리만치 가느다란 수많은 다리는 눈앞에서 불안하게 버둥댔다.

'이게 대체 어찌 된 일이야?'라고 그는 생각했다.

오손 웰즈가 감독하고 앤서니 퍼킨스가 주연한 영화 〈카프카의 심판〉의 한 장면.
카프카와 연인 관계였던 체코 번역가 밀레나 예젠스카.

Nikos Kazantzakis

터키의 지배를 받고 있던 크레타 섬에서 태어났다. 아테네대학에서 법률 학위를 취득한 후 프랑스 파리로 유학을 떠나 앙리 베르그송과 프리드리히 니체의 철학을 공부했다. 1912년에 발칸전쟁이 일어나자 육군에 자원입대하여 전쟁에 참여했다.

1914년 이후부터 전 세계를 여행했으며, 1917년에는 친구 알렉시스 조르바와 갈탄광산 사업을 시작했다. 사업은 성공하지 못했지만 이때 만난 조르바와의 이야기는 이후 《그리스인 조르바》라는 작품으로 탄생했다. 그의 대표작 《미칼레스 대장》과 《그리스도 최후의 유혹》은 신성을 모독했다는 이유로 그리스 정교회와 로마 교황청으로부터 비난과 노여움을 샀고, 이후 한동안 그리스에서 출간이 금지되었다.

그는 정치에도 참여하여 그리스 사회당의 지도자가 되었으며 두 차례 장관직에 임명되었다. 1956년에는 국제평화상을 받았다. 그의 묘비명에는 "나는 아무것도 바라지 않는다. 나는 아무것도 두려워하지 않는다. 나는 자유다."라고 새겨져 있다

니코스 카잔차키스 Nikos Kazantzakis,
그리스 이라클리온 1883 ~ 독일 프라이부르크 1957

주요 작품

오디세이아 Odysseia, 1938
그리스인 조르바 Vios ke politia tu Aleksi Zorba, 1947
그리스도 최후의 유혹 O teleftaios pirasmos, 1951
영혼의 자서전 Report to Greco, 1953
예수, 다시 십자가에 못박히다 O Christos xanastauroneta, 1955

문구 및 명언

모든 인간은 광기가 필요하다. 광기 없이는 결코 끈을 끊고 자유로워질 수 없으리라.

───

산다는 것은 담요를 머리에 꽁꽁 싸매고 골칫거리들을 만들어내는 것이다.

아름다움은 무자비하다. 그대가 그것을 보는 것이 아니라, 그것이 그대를 바라보며 그대를 용서하지 않는 것이다.

나의 온 영혼은 하나의 외침이며, 나의 작품은 그 외침 밑에 달린 주석이다.

승리를 위한 첫 번째 조건은 그것을 해낼 수 있다는 신념이다.

존재하지 않는 무언가를 열렬히 믿는다면 그것을 만들어 낼 수 있다. 그럼에도 존재하지 않는 것이 있다면, 그것을 열정적으로 원하지 않았기 때문이리라.

───

다정함은 열정의 대답이다.

현실을 바꿀 수는 없으니 그것을 바라보는 우리의 눈을 바꾸는 게 어떻겠소.

세상에는 단 한 명의 여인만 있을 뿐이다. 수많은 얼굴을 가진 단 한 명의 여인만이.

───

이 세계의 모든 것에는 어떤 의미가 숨겨져 있다.

완벽한 여행가는 여행하는 곳에서 항상 하나의 나라를 창조해낸다.

조르바는 살구나무를 심고 있는 한 노인을 발견하고 그에게 다가가 그토록 나이를 먹고 어찌 새 나무를 심는지 물었다. 노인이 대답했다. "나는 절대 죽지 않을 것처럼 산다오." 그러자 조르바는 "저는 내일 죽을 것처럼 삽니다."라고 말했다. 과연 둘 중 누구의 말이 옳은 것인가?

───

그리스인 조르바 Vios ke politia tu Aleksi Zorba

피레오에서 그를 처음으로 만났다. 나는 항구에서 크레타로 향하는 배를 타려고 기다리고 있었다. 동틀 무렵으로 주변은 제법 밝았으나 시로코 바람이 매섭게 몰아치면서 밀려오는 파도 물결이 항구의 허름한 카페까지 닿을 듯 부딪혔다. 유리문은 굳게 닫혀있었고 가게 안은 샐비아 차와 사람 냄새가 풀풀 났다. 밖은 추웠고 사람들의 입김이 유리창에 뿌옇게 서렸다. 꼬박 밤을 새운, 염소 가죽 상의를 입은 선원 대여섯 명이 커피나 샐비아 차를 마시며 뿌연 창 너머로 바다를 응시했다. 파도의 기승에 정신이 나간 물고기들은 평온한 서식처를 찾아 바다 깊은 곳으로 몸을 숨기며 수면이 잠잠해지기만을 기다렸다. 카페에 삼삼오오 모인 어부들 역시 거센 폭풍이 가라앉아 물고기들이 수면으로 떠올라 미끼를 물기만을 학수고대할 뿐이었다. 광어, 놀래기, 가오리들이 야간 원정을 끝내고 돌아올 무렵, 날이 밝기 시작했다.

앤서니 퀸 주연의 영화 〈그리스인 조르바〉. 크레타의 이라클리온에 위치한 작가의 무덤.

Jack Kerouac

콜롬비아대학에 입학했으나 학업을 중단하고 전국을 여행하며 선원, 철도원, 산림감시원 등 다양한 일을 경험했다. 제2차 세계대전에 해군으로 참전하기도 했다.

1950년에 앨런 긴즈버그와 윌리엄 버로스를 알게 되면서 이들은 소위 '비트 세대'라는 신화적인 존재의 시초가 되었다. 잭 케루악이 자신의 체험을 토대로 집필하여 1957년에 발표한 《길 위에서》는 형식을 거부하며 기존의 관념을 타파하는 '비트 세대'만의 새로운 가치관과 자유분방함을 잘 표현한 작품이었다. 이 작품이 젊은이에게 큰 감흥을 주며 '비트 세대'는 한동안 선풍적인 인기를 끌었다.

그는 대중의 인기와 관심에서 벗어나기 위해 캘리포니아 해변 근처 별장에 기거하며 글 쓰는 일에만 몰두했고, 몇 년 후 플로리다로 거처를 옮겨 살다가 그곳에서 생을 마감했다. 그는 섹스, 마약, 재즈부터 선(禪)에 이르기까지 여행에서 겪은 다양한 이야기를 소설 속에 반영했으며, 문학적으로 모든 관습과 전통을 철저히 거부하며 미국 사회를 맹렬히 비판했다.

잭 케루악 Jack Kerouac,
미국 로웰 1922~세인트피터즈버그 1969

주요 작품

길 위에서 On the Road, 1957
달마 행자들 The Dharma Buma, 1958
멕시코시티 블루스 Mexico City Blues, 1959
빅 서 Big Sur, 1962

문구 및 명언

나의 과오는 내가 가진 열정에서 비롯된 것이 아니라 그것을 통제하지 못하는 나의 부족함에서 비롯되었다.

―

나는 순식간에 다른 곳으로 사라지는 별을 쫓아 달리며 혼돈에 빠진다. 밤은 아무에게도 그 어떤 것도 해주는 게 없다. 그저 우리 스스로 혼란에 빠질 뿐이다.

―

시대의 경향과 보편적인 의견에 끌려가는 이들은 위대한 일을 할 위인이 못 된다.

―

세상을 견제하라. 이는 그저 거대한 먼지와 쓰레기일 뿐이며 결국 아무런 의미가 없다.

―

이 악몽의 땅에서 우리의 선한 자들은 하나의 놀림거리일 뿐이다.

―

나는 미친 자들이 좋다. 사는 데 미친 자들, 말하는 데 미친 자들, 구원받으러 미친 자들.

―

사교성이란 치아를 드러내는 것에 불과한 큰 미소일 뿐이다.

―

아메리카여, 너의 그 번쩍거리는 밤의 자동차를 타고 너와 함께 여행하는 자는 누구인가?

―

"이제 차(茶)에 대한 동양의 열정을 이해했겠지." 재피가 말했다. "내가 말했던 책을 기억해보게. 한 모금은 기쁨이요, 두 모금은 행복이고, 세 모금은 차분함이며, 네 모금은 광기이고, 다섯 모금은 흥분 그 자체라네."

―

그대는 자신이라는 존재와 사랑에 빠져야 한다.

―

기억에 살고 감탄하라.

―

내가 선택하지 않은 저 길을 갈 경우 내게 일어나게 될 일은 무엇일까?

―

텅 빈 하늘이 내 증인이다.

―

그대의 느낌이 알아서 자신의 방식을 찾으리라.

―

길 위에서 On the Road

1947년 7월, 재향군인 연금 50불을 모은 후에야 서해안으로 떠날 준비가 되었다. 친구인 레미 봉쾨르는 멀리 샌프란시스코에서 내게 편지를 보내 자신과 배를 타고 함께 대서양을 횡단하자고 말했다. 그는 나를 기계실에 태워줄 수 있다며 자신 있게 말했다.

비트 세대의 시인이면서 예언가였던 앨런 긴즈버그.
잭 케루악과 함께 비트세대를 이끈 윌리엄 버로스.

Stephen King

홀어머니 밑에서 어렵게 성장했다. 메인대학에서 영문학을 전공한 후 생계를 위해 여러 직업을 전전하다가 1971년부터 영어 교사로 근무하며 밤에는 소설 집필에 매달렸다.

1974년에 소설 《캐리》를 출간하면서 처음으로 주목을 받았다. 이후 발표하는 소설마다 큰 성공을 거두었고, 수많은 작품이 영화나 드라마로 제작되었다. 그동안 500여 편에 달하는 소설을 발표하였으며, 오헨리문학상을 비롯하여 휴고상, 전미도서상 등 수많은 상을 받았다.

한때는 알코올과 약물중독으로 위기를 겪기도 했으나 중독의 와중에도 20여 편의 작품을 쏟아내며 최고의 작가로 자리매김했다. 1999년에 대형 교통사고를 당하고 그 후유증으로 은퇴선언까지 했었으나 곧 번복하고 작품 활동을 계속하고 있다.

대중에게 엄청난 사랑을 받았음에도 평단에선 '대중소설가' 또는 '호러전문작가'로만 인식되던 그는 리처드 바크먼이라는 필명으로 몇 편의 소설을 출간했고, 그에게 비판적이었던 평론가들로부터 전도유망한 신인이 탄생했다는 평을 받아내기도 했다.

스티븐 킹 Stephen King, 미국 포틀랜드 1947~

주요 작품

캐리 Carrie, 1974
샤이닝 The Shining, 1977
죽음의 지대 The Dead Zone, 1979
쇼생크 탈출 The Shawshank Redemption, 1982
그것 It, 1986
미저리 Misery, 1987
유혹하는 글쓰기 On Writing, A memoir of the craft, 2000

문구 및 명언

모든 소설가는 구제불능 사기꾼이다.

재능이란 식탁에 놓인 소금보다도 저렴하다. 재능이 있는 자와 성공한 자를 구분하는 것은 엄청난 작업량이다.

내가 쓴 책들은 감자튀김 한 접시와 함께 나오는 빅맥과 다를 바 없다.

픽션은 거짓 속의 사실이다.

나는 맥주를 마실 수 있는 시간까지만 일한다.

마리화나를 합법화하는 것뿐만 아니라 그것을 재배할 수 있도록 농장 주인들을 구슬려야 한다.

악인이 되는 것보다는 선인이 되는 것이 낫다. 그러나 선인이 되기 위한 대가는 끔찍할 만큼 크다.

당신의 적들만이 당신에게 진실을 이야기한다. 친구와 연인들은 의리라는 그물에 걸려있기 때문이다.

자신의 과거를 수정할 수 있는 사람은 없다. 신들만이 이 같은 능력이 있을지는 모르나, 남자든 여자든 이것이 가능한 사람은 없으며 이는 행운이다. 만일 그것이 가능하다면, 사람들은 자신의 십 대를 연방 고쳐 쓰다가 늙어 죽게 될 것이다.

삶에 몰두하라. 죽음에 몰두하는 것보다는 낫지 않은가.

모든 삶은 불멸을 흉내 낸다.

프랑스어는 불결함을 로맨스로 바꾸는 언어다.

사람들은 나를 매우 특이한 사람이라고 생각한다. 이는 사실이 아니다. 나는 젊은이의 심장을 갖고 있으며 그것은 내 책상 위 유리병 안에 있다.

노란 코트를 입은 험악한 사나이들 Low Men in Yellow Coats

바비 가필드의 아버지는 스무 살이 되면서부터 서서히 탈모가 시작되는 그런 부류의 남자들 중 한 명으로 마흔다섯 살이 될 즈음에는 완전히 대머리가 되었다. 랜들 가필드는 서른여섯에 심근 경색으로 사망하면서 이러한 숙명에서 벗어날 수 있었다. 부동산 중개인이었던 그는, 마지막 숨을 내쉬었을 당시 남의 집 부엌 바닥에 누워있었다.

영화 〈캐리〉의 한 장면. 스탠리 큐브릭 감독, 잭 니콜슨 주연의 영화 〈샤이닝〉.

아버지는 인도 뭄바이의 미술관 관장이었고 어머니는 삽화가였다. 인도에서 태어난 그는 6세가 되던 해에 신문 광고를 통해 계약한 영국의 어린이 위탁가정에 맡겨져 5년간 열악한 환경의 기숙학교에서 생활했다.

1882년에 인도로 돌아와 신문사에서 근무하며 단편소설을 집필했는데, 인도에 사는 영국인들의 삶을 조명한 단편소설을 6편 정도 발표하면서 인기를 얻기 시작했다. 이후 동양문화와 서양문화 그리고 독특하고 탁월한 작가의 상상력이 더해져 《정글북》과 같은 작품이 탄생하였고, 아이부터 어른까지 모두에게 사랑받는 작가가 되었다. 42세가 되던 해인 1907년에 노벨문학상을 받았다.

키플링은 수많은 단편과 장편소설 그리고 아름다운 시를 남겼다. 그러나 영국의 식민지 정책을 옹호하는 입장을 취했으며, 이러한 제국주의적인 그의 사상 때문에 그는 제1차 세계대전이 끝난 후 대중으로부터 많은 비난을 받기도 했다.

러디어드 키플링 Rudyard Kipling,
인도 뭄바이 1865~영국 런던 1936

주요 작품

산중야화 Plain Tales from Hills, 1888

정글북 Jungle Book, 1894

용기 있는 지휘자 Captains Courageous, 1897

킴 Kim, 1901

바로 그런 이야기들 Just so stories, 1902

문구 및 명언

오래된 친구를 만나는 것만큼 커다란 기쁨이 세상에 있을까. 아, 새 친구를 사귀는 것 빼고 말이다.

자잘한 불행들은 수시로 우리를 공격하며, 부족한 것에 대한 절실함은 그것이 보상될 때까지 끊임없이 우리를 괴롭힌다. 이와 같은 맥락에서, 빗발치는 총알보다는 포격 하나를 피하는 것이 덜 위험하다는 것이다.

어떤 면에서 보면 온 세상은 약간 맛이 간 듯하다.

만일 당신이 누군가에게 그가 '잘해낼 수 있는 것 그 이상'을 부탁한다면 그는 해내리라. 만일 단순히 그에게 '잘해낼 수 있는 것'을 부탁한다면 해낼 수 없으리라.

신은 도처에 있을 수 없기에 그곳에 어머니를 보내셨다.

정원이란 "어머나, 참 예쁘다."라고 말하며 그늘에 앉아 있다고 해서 만들어지는 것이 아니다.

말은 인간이 사용하는 가장 위력적인 약물이다.

성공과 실패는 둘 다 불가능한 일들이다. 동일한 침착함과 건전한 냉담함으로 그것들을 받아들여야 한다.

나의 충직한 여섯 하인은 내가 얼마나 알고 있는지 가르쳐주었다. 그들의 이름은 누가, 언제, 어디서, 무엇을, 어떻게, 왜다.

나는 항상 모든 것을 좋게 생각하기 위해 애썼다. 이렇게 하면 발생할 수 있는 많은 문제를 피할 수 있다.

멍청한 남자를 다루는 건 똑똑한 여자이나, 어리석은 남자를 다루는 건 현명한 여자다.

그들의 원래 모습보다는 더 나은 사람들일 거라고 믿는 편이 걱정을 덜 할 수 있다.

혼자 돌아다니는 고양이 The Cat that walked by himself

가축들이 야생에서 살았던 시절이 있었다. 야생 개, 야생 말, 야생 소, 야생 양, 그리고 야생 돼지 등등……. 그들 모두가 야생적이면서도 고독하게 습한 밀림을 주름잡고 있었다. 그러나 이 중에서도 가장 야생적인 동물이 있었다. 바로 고양이였다. 그는 혼자 걸었고 그의 발걸음이 닿는 곳은 어디든 길이 생겼다.

물론 이때 인간 남자도 역시 야생적이었다. 끔찍하리만큼 야생적이었다. 그리고 절대 길들여질 생각이 없었다. 그런 방식으로 더 이상 살고 싶지 않았던 인간 여자를 만나기 전까지는 말이다.

월트 디즈니가 뮤지컬 애니메이션으로 제작한 《정글북》. 영화 《킴》의 한 장면.

체코 브륀에서 태어났으며 그의 아버지는 야나체크 음악원 교수이자 피아니스트였다. 어릴 때부터 피아노를 배우고 작곡을 공부했다. 프라하의 카렐대학에서 문학과 미학을 공부하다 중단하고 영화학을 공부했으며, 졸업 후에는 영화 아카데미에서 학생들을 가르쳤다. '인간의 얼굴을 한 사회주의 운동'을 주도했고, 작가이자 훗날 체코의 대통령으로 당선되는 바츨라프 하벨 등과 함께 '프라하의 봄'에 참여했다. 1968년 소비에트 정권의 무력침공 후 그의 작품은 모두 출판 금지를 당하고 글을 쓰거나 강의를 하는 것도 금지되었다. 1975년부터 그는 프랑스로 망명하여 렌대학에서 비교문학을 강의하며 작품 활동을 이어나갔다. 1979년에 체코 정부에 의해 시민권을 박탈당했으며, 1981년에 프랑스 시민권을 얻었다.

그의 작품들은 탁월한 작품성을 인정받아 메디치상을 비롯해 수많은 문학상을 받았으며, 다양한 언어로 번역·출간되었다. 그중 《참을 수 없는 존재의 가벼움》은 필립 카우프만 감독에 의해 1988년 〈프라하의 봄〉이라는 제목의 영화로 제작되었다.

밀란 쿤데라 Milan Kundera, 체코 브륀 1929~

주요 작품

농담 Žert, 1967

우스꽝스런 사랑이야기 Směšné lásky, 1969

이별 Valčík na rozloučenou, 1972

생은 다른 곳에 Život je jinde, 1973

참을 수 없는 존재의 가벼움 Nesnesitelná lehkost bytí, 1984

불멸 Nesmrtelnost, 1990

문구 및 명언

불행한 자는 자신의 슬픔과 다른 이의 슬픔을 섞으며 위로를 얻는다.

사랑은 누군가가 옆에 눕기를 열망하는 것이 아니라 누군가와 함께 잠들기를 원하는 것이다.

교태는 성교를 약속하는 행위다.

음악가들은 날이 갈수록 음악을 더 크게 연주하므로 우리는 점점 귀머거리가 되어가고 있다. 그러나 우리의 귀가 먹어가기 때문에 그들은 더 크게 연주할 수밖에 없다.

메타포란 위험하다. 사랑은 하나의 메타포에서 시작한다……. 사랑이란 한 여인이 우리들의 시적 기억에 그녀의 첫마디를 끼워 넣으면서 시작된다.

권력을 향한 인간의 투쟁은 망각을 향한 기억의 투쟁이다.

인간 종족의 일련번호는 얼굴이다. 이는 특성들의 우발적이자 번복할 수 없는 결합이다.

야망이란 게으름을 피울 능력이 없다며 늘어놓는 가엾은 변명이다.

작은 배역이란 없다. 작은 배우만이 있을 뿐.

나는 반론하는 재미와 홀로 모두를 상대하는 행복감 때문에 글을 쓴다.

나는 나에게 반했다.

삶이란 계속되는 역사의 집단의식이며, 생각하고 사는 방식을 말한다.

나는 물 아래에 있으며 내 심장의 두근거림은 수면에 원을 그린다.

양극단은 예술과 정치상의 극단주의로 인해 삶과 열정이 끝나는 바로 그 경계선에 있다. 그리고 이는 죽음 때문에 불안히 밤새 뒤척이는 것과 같다.

참을 수 없는 존재의 가벼움 Nesnesitelná lehkost bytí

만일 우리 삶의 순간들이 매번 무한히 반복된다면 이는 십자가에 못 박힌 예수 그리스도처럼 우리 또한 영원함에 못 박힌 것이리라. 이는 상상만으로도 끔찍하다. 영구적으로 회귀하는 세상에서는 몸짓 하나하나가 감당할 수 없는 책임의 짐 위에 놓이게 된다. 이러한 이유로 니체는 영구적 회귀의 사상이 가장 무거운 짐이라고 말했다. 그러나 만약 영구적 회귀가 가장 무거운 짐이라면, 이런 배경 위에 있는 우리네 삶은 신비로울 정도로 가벼운 존재가 아닌가.

쥘리에트 비노슈가 출연한 영화 〈프라하의 봄〉.

Giacomo Leopardi

학식이 깊고 독실한 신앙인이었던 아버지 밑에서 교육을 받았다. 아버지의 서재에 가득한 책을 읽으며 독학으로 라틴어, 히브리어, 그리스어, 프랑스어, 영어를 깨우쳤다. 그러나 학문에 대한 지나친 열정은 몸을 상하게 만들었으며, 급기야 17세가 되던 해에는 결핵과 눈병을 앓게 되어 문학 작업에 큰 지장을 받았다.

1822년, 가족의 허락하에 로마로 여행을 떠났으나 기대했던 것과 달리 그의 눈에는 로마의 부패와 쇠퇴, 위선적인 교회의 모습만 보였다. 결국 실망한 채 레카나티로 돌아온 그는 2년간 혼신의 힘을 다해 작품 활동에 몰두한다. 1825년에 레카니티를 떠나 밀라노와 볼로냐에 거주하는 동안 백작 부인 테레사 카르니아니에게 연정을 품게 되지만 이는 이루어지지 않았다. 1936년부터는 친구의 초청으로 나폴리로 이주하여 작품 활동을 했으며 다양한 시집과 에세이집을 발표했다.

19세기 이탈리아의 대표적 서정 시인으로 손꼽히는 레오파르디는 1837년 39세의 나이로 짧은 생을 마감했다.

자코모 레오파르디 Giacomo Leopardi,
이탈리아 레카나티 1798~나폴리 1837

주요 작품

죽음에 다가서는 찬가 Appressamento della morte, 1816
이탈리아를 생각하며 Agli Italiani, 1818
칸티 Canti, 1831

문구 및 명언

그대는 자신이 불행하다고 생각하는 만큼 불행하다.

인간은 자신의 불행이 필연이 아닌 우연이라고 믿는다.

행복을 위해선 지루함보다는 차라리 나쁜 것이 덜 우울하다.

늙어서 서러운 점은 세상의 모든 기쁨을 취하지는 못하고 입맛만 다신다는 것이다.

항상 용서할 수 있는 사람처럼 이상한 것은 세상에 없다.

아무것도 행하지 않는 사람에게 중요한 것은 오로지 그의 조상들이다.

물을 마시는 것이 죄가 아니라니 얼마나 안타까운가. 만일 그랬다면 더 많은 것을 깨닫게 될 텐데 말이다.

영혼은 자기 본위로 생각하므로 언제나 남을 판단하려 든다.

인내는 어떠한 미덕보다 더 영웅적이다. 이는 영웅의 등장에 앞서 꼭 필요한 자질이기 때문이다.

어찌 보면 인간의 감정을 가장 잘 승화시킨 것이 권태감이다.

자신이 아닌 것을 흉내 내려는 사람들은 그저 이상해 보일 뿐이다.

인간은 종교나 환상이 아닌 곳에서는 살지 않는다.

문학만큼이나 척박한 직업이 또 있을까.

호메로스 이후에 모든 것이 완벽해졌으나 시(詩)만은 예외다.

무한 공간 L'infinito

난 항상 이 언덕을 사랑해왔고, 이 울타리는 저 지평선 너머를 볼 수 없게 내 시야를 가린다. 저 먼 곳으로 펼쳐지는 무한한 공간과 초인적인 고요함과 그것이 주는 깊은 평정을 바라보며 비록 마음속에 이는 요동은 없었지만 나는 상념에 빠졌다. 몇몇 작은 나무들 뒤로 바람의 속삭임을 듣고 무한한 침묵에 나의 목소리를 삼킨다. 영원한 것과 죽은 계절들, 실존하는 현재와 그들 모두의 소리는 나를 매료시킨다. 이렇듯 이 무한 공간에 나의 생각은 숨이 막히고, 나는 이 바다에서 달콤하게 조난된다.

이탈리아어로 출간된 레오파르디의 《칸티》.

Doris Lessing

이란의 케르만샤(지금의 바흐타란)에서 태어났다. 1925년에 그녀의 가족은 옥수수농장을 운영하기 위해 영국의 식민지였던 남부 로디지아(지금의 짐바브웨)로 이주했다. 이후부터 약 30년간의 아프리카 생활 끝에 1949년 영국에 정착했다. 15세 이후부터는 일체의 제도적 교육을 받지 않았고 독학으로 공부했다.

그녀의 작품 대부분은 인종차별, 여성차별, 이념 간의 갈등 등을 다루었고, 사상, 제도, 관습 속에 담긴 편견과 위선을 냉철하게 비판했다. 대표적인 페미니스트 작가 중 한 사람으로, 서머싯몸상, 메디치상, 유럽문학상, 아스투리아스왕세자상 등을 받았으며, 2007년에는 노벨문학상 수상자로 선정되었다.

두 번 결혼했으나 두 번 모두 이혼했으며 세 명의 자녀를 두었다. 레싱은 두 번째 남편 고트프리트 레싱(Gottfried Lessing)의 성을 따른 것이다.

도리스 레싱 Doris Lessing, 이란 케르만샤 1919~

주요 작품

마사 퀘스트 Martha Quest, 1952
황금 노트북 The Golden Notebook, 1962
아프리카 이야기 African Stories, 1965
나의 속마음 Under my Skin, 1994
가장 달콤한 꿈 The Sweetest Dream, 2002

문구 및 명언

사소한 것은 사소하게, 중요한 것은 얼마나 중요한지를 따져 대하는 것이 위대한 인물들의 특징이다.

―

잘못된 생각을 할 수도 있다. 다만 어떤 경우든 항상 그대 스스로 생각하라.

―

배움이란 그런 것이다. 사는 내내 알고 있던 무언가를 느닷없이 새로운 방식으로 깨닫게 되는 것.

―

문학인을 양성하는 교육기관에 관해서는 아는 바가 없지만, 다음과 같은 점을 가르치지 않는다면 사실을 이야기하는 것이 아니리라. 첫째, 글을 쓴다는 것은 매우 어려운 작업이라는 점. 둘째, 작가가 되기 위해서는 대부분의 삶, 그대의 사적인 시간까지도 바쳐야 한다는 점.

―

문학이라는 부엌 안에서 이야기는 끓이면 끓일수록 제맛이 난다.

―

사람은 누구든지 기회가 단 한 번이라도 주어진다면 예상치 않았던 능력이 백 가지는 드러날 것이다.

―

일은 항상 내게 자극과 젊음, 흥분과 만족을 준다.

―

내 경우, 늙으면 늙을수록 내 삶이 더 제대로 돌아온 것이라 생각한다.

―

칠순 혹은 팔순의 노인들이 공통적으로 가진 커다란 비밀이란, 자신들은 변하지 않았다고 생각하는 것이다. 그들의 육신은 변했을지언정 그들 자체는 변함이 없다고 말이다. 이는 당연히 많은 착각을 불러일으킨다.

―

도서관이야말로 가장 민주적인 기관이다. 아무도, 정말이지 아무도, 그대에게 '언제' '어디서' '무엇을' 읽으라고 말할 수 없기 때문이다.

―

소설의 세계엔 법이 없다. 전에도 없었고 앞으로도 없을 것이다.

―

재능은 유동적이므로 필요한 것은 끈기다.

―

글을 쓰는 것이 그대를 더 인간적으로 만들 것이다.

농장에서 간식을

우리가 보고 있는 것을 그들이 봤다는 사실을 어떻게 알 수 있을까? 아마도 그들은 언덕과 계곡, 나무들을 보았을 때 자신들이 본 것을 이해하지 못했으리라. 마치 호주 원주민들이 노래로 풍경의 일부가 되었으나, 그들 자신이 그 자체로 풍경이었다는 사실을 모른 채 그 풍경을 스스로 보게 된 것이었다.

때때로 오늘날 사람들은 나무, 식물, 땅, 바위 등에서 물결치는 '전체'에서 비롯한 현상들을 통해 아주 잠시, 혹은 순간적이나마 그들과 하나가 되며 '전체 중 일부'를 형성하기도 한다.

《가장 달콤한 꿈》의 영문판 표지.

Jack London

떠돌이 점성술사의 사생아로 태어났다. 어려운 가정 형편 때문에 신문 배달, 공장 직공, 선원 등의 육체노동과 방랑으로 소년 시절을 보냈다. 정규교육을 받지 못하다가 19세 때 고등학교에 입학하였고, 다음 해에 캘리포니아대학에 들어갔으나 집안 사정으로 학업을 포기했다.

1900년에 발간한 첫 단편소설집 《늑대의 아들》의 성공으로 명성을 얻게 되고 가난에서 벗어났다. 1904년엔 러일전쟁 특파원으로 조선을 방문하였으며, 《잭 런던의 조선 사람 엿보기》라는 책을 출간하기도 했다.

19편의 장편소설, 수많은 단편소설과 평론 등을 발표한 그는 평단으로부터는 외면당했으나 연간 1만 통이 넘는 편지를 받는 유명인이자 전 세계를 여행한 모험가, 스포츠맨, 대중연설자로서 큰 사랑을 받았다.

그는 당시 미국에서 가장 돈을 많이 버는 작가였으나 이를 모두 술과 여행에 탕진했다. 종군 기자로 활동하며 두 여인과 결혼했지만 자신의 삶에 혼란을 느끼며 40세가 되던 해, 약물 과다복용으로 생을 마감했다.

잭 런던 Jack London, 미국 샌프란시스코 1876~글렌 엘런 1916

주요 작품

늑대의 아들 The Son of the Wolf, 1900
야성의 부름 The Call of the Wild, 1903
바다의 이리 The Seawolf, 1904
화이트팽 White Fang, 1906
마틴 이든 Martin Eden, 1909

문구 및 명언

인류의 참된 목적은 사는 것이지 존재하는 것이 아니다. 그러므로 굳이 생을 연장하기 위해 주어진 날들을 낭비하기보다는 내게 주어진 시간을 온전히 누릴 것이다.

개에게 먹다 남은 뼈다귀를 던져 주는 것은 자비가 아니다. 자비란, 그대가 앞에 있는 개만큼이나 굶주려 있을 때 그것을 함께 나눌 수 있는 것이다.

성공적인 문학의 세계로 들어서는 문 앞에는 감시견들이 지키고 있다. 편집자들, 달리 말하면 실패한 작가들 말이다.

영감이 떠오를 때까지 마냥 기다리기만 할 것인가. 클럽에라도 가서 찾아라.

인간이 다른 짐승과 구분되는 유일한 점은 자신의 암컷을 함부로 대한다는 것이다.

젠장, 난 정말로 물질주의자다.

인류의 지식이 나날이 성장한다는 점에 이의는 없을 것이다. 만일 사람들이 그로 인해 더 현명해질 수 있다면 말이다.

나는 영혼을 단지 개인적 습관을 비롯해 기억과 경험, 유전적 특성을 합친 것 정도로 본다.

먼지가 되느니 차라리 재가 되리라. 영구히 잠든 행성이 되느니 내 존재의 모든 원자가 밝게 타오르는 거대한 유성이 되리라.

죽은 듯 죽으리라. 그대가 마지막으로 눌러 죽인 그 모기처럼 죽음과 함께 사라져 버리리.

야성의 부름 The Call of the Wild

더 올라갈 곳이 없을 정도로 삶의 정점을 찍는 황홀경이라는 게 있다. 그러나 삶의 패러독스는 살아있음으로 인해 느낄 수 있는 그 황홀경이 살아있는 것 자체를 완전히 잊게 해준다는 데 있다. 그 황홀경이란 존재의 망각으로, 예술가에게 닿으면 열정의 화염으로 변모해버리며, 전투가 한창인 군인에게 닿는다면 그는 잠시도 휴식을 바라거나 누리려 하지 않게 될 것이다. 그리고 이것이 사냥개 무리 중 앞장서서 달리며 늑대의 유전적인 울부짖음과 함께 달빛 아래서 달아나는 사냥감을 잡기 위해 안간힘을 쓰는 벅에게 도달했다. 그는 자신의 종자와 먼 혈통 간의 심연을 헤쳐 나가며 시간의 품속으로 되돌아가고 있었다. 삶의 온전한 황홀경과 존재의 무리들, 근육과 연결부의 완벽한 환희에 도취해 모든 순간이 곧 희열과 열광이었다. 그는 별빛 아래 생기 없이 얼어붙은 희생물에 대한 승리감에 젖어 힘껏 달리며 이를 온몸으로 표현했다.

영화로 제작된 〈야성의 부름〉.

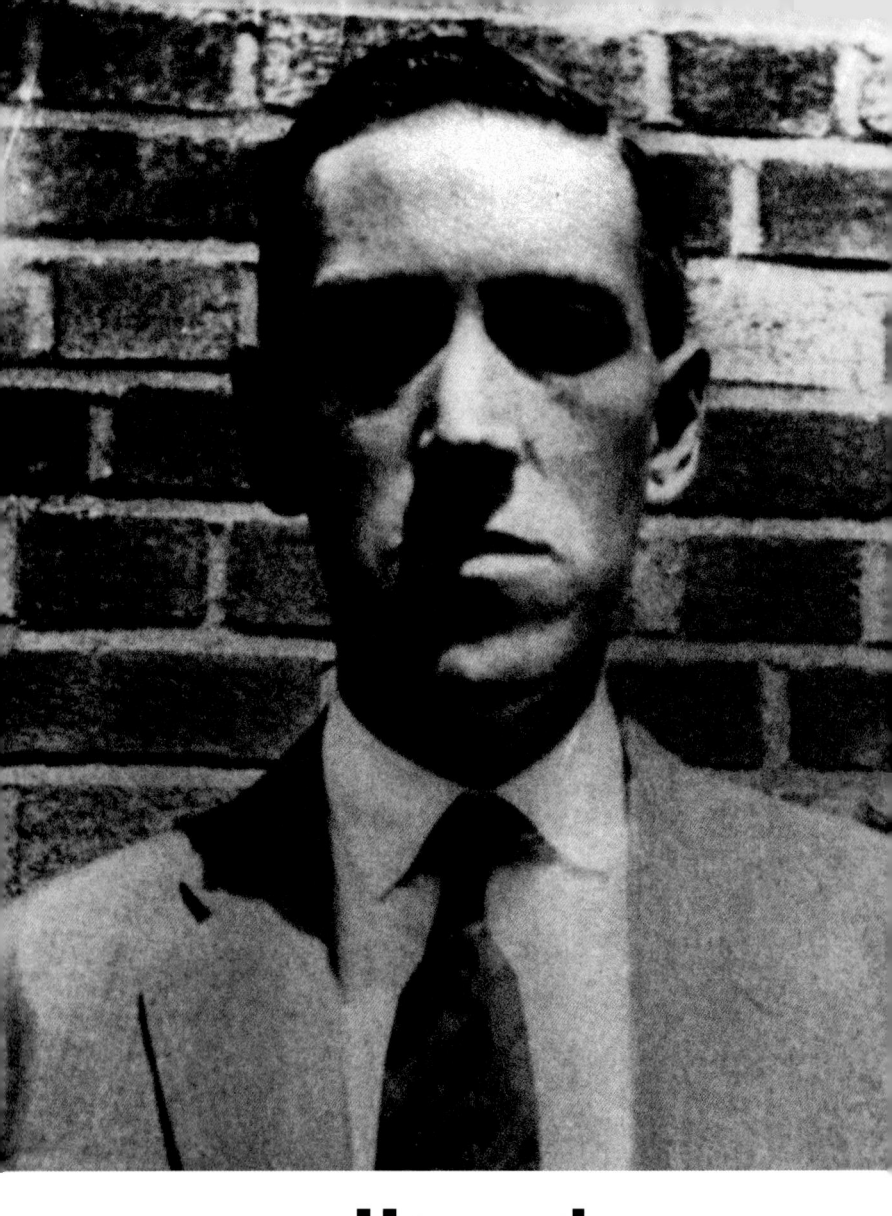

Howard Phillips Lovecraft

정신질환을 앓던 아버지가 병원에 입원하게 되자 어릴 적부터 친척들의 보살핌을 받으며 지냈다. 다소 심신이 허약한 아이였으며, 어릴 적부터 책 속에 파묻혀 지내며 상상력을 구축해 나갔다.

16세가 되던 해 〈프로비던스 트리뷴(Providence Tribune)〉지에 천문학 관련 글을 기고했으며 이 외에도 여러 잡지에 글을 발표했다. 하지만 수입이 매우 적었던 관계로 상당히 궁핍하게 살았다. 그는 은둔자와 같은 폐쇄적인 생활을 하며 독서와 창작 활동에 몰두했다. 그의 이야기들은 그가 사망한 지 10년이 지나서야 명성을 얻었고, 그가 창조한 독창적이고 기괴한 세계관은 이후 수많은 판타지소설과 호러소설에서 사악한 존재들의 모델로 인용되었다.

1934년부터 앓기 시작한 대장암과 신장염이 원인이 되어 47세라는 이른 나이에 사망했다. 그는 현대 공상 문학의 천재 중 하나로 거론되고 있다.

하워드 필립스 러브크래프트 Howard Phillips Lovecraft, 미국 프로비던스 1890~1937

주요 작품

크툴루의 부름 The Call of Cthulhu, 1929
더니치 호러 The Dunwich Horror, 1929
위치 하우스에서의 꿈 The Dreams in the Witch House, 1933
광기의 산맥에서 At the Mountains of Madness, 1936

문구 및 명언

저널리즘이란 다른 이들이 하는 말을 받아쓰는 것이 전부일 뿐이다.

―

순간적인 만족은 몰락으로 이어진다.

―

잊힌 모든 것이 꼭 죽은 것은 아니다.

―

우리는 '무한'이라는 바다 중앙에 놓인 '무지'의 평온한 섬에 살고 있기 때문에 이곳을 벗어나 멀리 갈 수가 없다.

―

공포는 가장 강렬하고 세대를 초월한 인간의 유전적 감정이다.

―

망각만큼이나 좋은 것이 있을까. 그것 안에서는 성립되지 않는 것이 없는 데 말이다. 태어나기 전 우린 이미 그곳에 있었고 불만도 없었다. 그러니 다시 그곳으로 돌아가게 된들 그것을 슬퍼해야 하는 것일까?

―

무시하는 것만큼 큰 모욕은 없다.

―

좀 더 지적인 인간이라면 현실과 그것이 아닌 것 사이에 경계선 따위는 없다는 것을 안다.

―

신들은 인간들이 자신을 보는 걸 어찌나 불쾌하게 생각하는지, 신들의 얼굴을 본 사람을 찾기란 불가능하다.

―

때때로 지상의 신들은 교활한 인간을 통해 우월한 존재로 비칠 수 있다.

―

머리에 이상이 있는 사람이 아니고서는 차분하게 춤을 추는 자는 거의 없다.

―

개인적으로 불멸에는 추호도 관심이 없다.

―

시간의 흐름에 따라 죽음 또한 죽을 수 있다고 볼 때 죽음조차 영원한 것은 아니다.

―

죽음은 시작에 불과하다.

―

더니치 호러 The Dunwich Horror

그리고 광기는 바람의 등에 올라탔다 …… 시체들의 시대에 존재한 날카로운 갈고리 모양의 손과 송곳니 …… 죽음이란 벨리알에 갇힌 성전들이 멸망하면서 그 유래가 시작된 박쥐들의 축제였다 …… 이제, 추악한 것의 울부짖음이 적나라하게 더 잘 들리게 되고 저주스런 날갯짓이 매번 더 가까이 다가옴에 따라, 나는 잠시 잊고 있던 나의 권총으로 자신을 파괴하는 것이야말로 낯선 것에게서 벗어날 수 있는 유일한 돌파구라고 생각했다.

1944년에 처음으로 출간된 작가의 단편 모음집 《마지네일리어》.
러브크래프트의 작품에 등장하는 가공의 책 《네크로노미콘》.

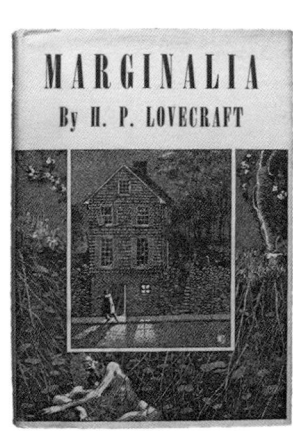

Antonio Machado

마드리드대학을 졸업하고 1893년부터 산문을 발표하기 시작했다. 그는 파리에서 루벤 다리오와 특별한 문학적 인연을 갖게 되었고, 파리에서 돌아온 지 8년 후 시집을 출간했다. 마드리드에 머물며 미겔 데 우나무노, 바예 잉클란 그리고 후안 라몬 히메네스와 문학적으로 활발하게 교류했다.

1912년에 프랑스어 교수로 재직하면서 결혼하지만 마드리드에서 세고비아로 이사를 가던 중 젊은 아내가 세상을 떠나고 만다. 그와 마찬가지로 작가였던 형 마누엘의 권유로 희곡을 집필하기 시작했으며, 1920~1930년대에는 두 형제가 집필한 희곡이 여러 편 공연되었다. 1927년에는 스페인왕립문학아카데미 회원으로 선정되었다.

스페인 내전이 발발하자 그는 강압에 의해 고국을 떠나야 했고, 프랑스의 콜리우르로 망명하여 여생을 보냈다.

안토니오 마차도 Antonio Machado,
스페인 세비야 1875~프랑스 콜리우르 1939

주요 작품

고독 Soledades, 1903

카스티야 평원 Campos de Castilla, 1912

시전집 Poesías completas, 1917

후안 데 마이레나. 괴짜 선생님의 훈계, 농담, 공책 그리고 기억들
Juan de Mairena. Sentencias, donaires, apuntes y recuerdos de un profesor apócrifo, 1936

문구 및 명언

산다는 건 좋은 거지. 꿈꾸는 건 더 좋고. 하지만 가장 좋은 것은 '깨어나는 것'이라네.

미련한 자는 가치와 값의 차이를 모른다.

우리 안달루시아인들은 '특별한 어려움' 없이 스페인어를 구사한다.

죽음을 두려워할 필요는 없다. 죽음은 우리가 존재하는 동안에는 존재하지 않으며, 죽음이 존재할 때는 이미 우리가 존재하지 않기 때문이다.

땅과 교감하는 일을 소홀히 하지 말게나. 그러지 않고서는 그대의 키를 가늠할 수 없을 테니.

절반의 진실만을 얘기했다고? 나머지 절반의 진실을 얘기한다면 다들 네가 두 번이나 거짓말을 했다고 생각할 거야.

머릿속에 더 이상 들어가지 않는 것들을 강요하는 것은 작은 머리를 가진 사람들이나 하는 행동이다.

두 부류의 인간이 있다. 선행을 말로만 하는 부류. 그리고 그것을 말없이 행하기만 하는 부류.

어딜 가든 항상 되돌아오는 자들은 어느 곳에도 가지 않은 것이다.

나그네에게 길은 없었다. 하지만 그가 가는 곳이 길이 되었다.

진실을 알고 난 후에는 그 어떤 것도 소설처럼 아름답지 않으리.

이미 자신이 알고 있다는 것을 아는 자는 없다. 그러나 모든 것을 아는 자가 있다는 사실은 모두가 안다.

여인의 입술에서 나오는 자신의 이름을 듣지 않는 남자는 남자도 아니지.

잘 들어보게나. 심장이 외롭다면 그건 심장이 아닌 거지.

카스티야 평원 Campos de Castilla 중 초상화 Retrato

나의 유년기는 세비야의 마당과
레몬 나무가 자라던 밝은 과수원의 기억.
나의 청년기, 카스티야의 땅에서 20년
나의 역사, 떠올리고 싶지 않은 어떤 기억들.
(…)

프랑스 콜리우르에 위치한 작가의 무덤.   작가의 형인 마누엘 마차도.

독일 뤼베크의 부유한 곡물상 집안에서 태어났으나 아버지의 사망과 함께 경제적으로 어려워져 1893년에 가족과 함께 뮌헨으로 이주했다. 보험회사에 근무하며 뮌헨대학에서 미술사와 문학사 등을 청강했다. 이때부터 소설을 쓰기 시작하여 1898년에 첫 소설《키 작은 프리데만 씨》를 발표하고, 뒤이어《부덴브로크 가의 사람들》을 발표하며 작가로서의 자리를 굳혔다.

그는 나치스가 등장하자 정치 강연 및 평론 등을 통해 그 위험성에 대해 경고했고, 1933년 히틀러가 정권을 장악하자 국외 강연에 나섰다가 스위스에 머물렀다. 이후 그는 독일 국적과 재산을 몰수당하고 본대학 철학과에서 받은 명예박사 칭호까지 박탈당하게 된다.

1938년에 프린스턴대학의 초빙교수로 초청되어 미국으로 이주했고, 1940년부터 1945년 5월까지 BBC 방송을 통해 독일 국민에게 히틀러 타도를 호소하는 반(反) 나치스 정기방송을 계속했다. 20세기 독일을 대표하는 작가로 평가되는 그는 1929년에 노벨문학상을 받았으며, 괴테상을 비롯하여 많은 상을 받았다.

토마스 만 Thomas Mann, 독일 뤼베크 1875~스위스 취리히 1955

주요 작품

부덴브로크 가의 사람들 Die Buddenbrooks, 1901
토니오 크뢰거 Tonio Kröger, 1903
베네치아에서의 죽음 Der tod in Venedig, 1912
비정치적 인간의 성찰 Betrachtungen eines unpolitischen, 1918
마의 산 Der Zauberberg, 1924
파우스트 박사 Doktor Faustus, 1947

문구 및 명언

작가란 그 누구보다 글 쓰는 것을 가장 어려워하는 작자들이다.

정리와 단순화는 숙달하고자 하는 것을 향한 첫걸음이다.

오직 습관을 바꾸는 것만이 우리가 삶을 유지하고 젊어지는 방법이다.

행동하는 자와 같이 생각하라. 생각하는 자와 같이 행동하라.

전쟁이란 평화를 구실로 삼는 가장 비겁한 탈출구다.

동물의 세계에서 존경이란 존재하지 않는다. 함께 지내는 말을 존경하는 말을 보았는가.

질병과 죽음에 관한 관심은 삶에 관한 관심의 다른 표현이다.

아름다움은 통증처럼 그대를 괴롭게 한다.

영적으로 우린 그저 삶의 한 조각만큼만 죽음에 대해 생각할 수 있다.

단어가 아무리 모순적일지라도 서로 연관성을 잃지 않는 것에 반해 침묵은 그것을 격려한다.

시간에는 경과를 알 수 있는 구획이나 경계선이 없다. 천둥 번개 같은 소리나 트럼펫 소리로 새해나 새달이 시작되었음을 알리지도 않는다. 새로운 세기가 시작될 때에 종을 치고 하늘에 권총을 쏘아대는 것은 우리 인간들뿐이다.

죽음보다 강한 것은 이성이 아니라 사랑이다.

자신의 가장 깊은 곳에 사는 예술가는 항상 모험을 떠나는 자다.

베네치아에서의 죽음 Der tod in Venedig

고독한 사람이 갖는 감정과 관찰력은 사교적인 부류의 그것과 비교했을 때 더 모호하면서도 강렬한 부분이 있다. 그들의 사고방식은 좀 더 난해하며 특이하고 항상 슬픈 기운을 띠고 있다. 한 번의 시선과 웃음, 한 번의 의견 교환으로 쉽게 지울 수 있는 모습이나 기분 등을 고독한 영혼 안에 붙들고 있기 때문에, 이는 침묵 속에서 깊어지고 일종의 사건이나 모험, 중요한 감정들로 변모하게 되는 것이다. 고독은 창조적이고 대담하며 유난히도 아름다운 시를 낳지만, 반면 불쾌하고 마땅치 않은 것, 부조리한 것과 부적합한 것을 야기하기도 한다.

영화 〈베네치아에서의 죽음〉의 한 장면.   뤼베크 시 부덴브로크의 저택.

Javier Marías

스페인의 유명한 철학자 훌리안 마리아스의 아들이다. 대학에서 문학과 철학을 전공했으며 영국의 옥스퍼드대학을 비롯하여 여러 대학에서 스페인 문학을 가르쳤다.

그는 유럽에서 인정받는 베스트셀러 작가 중 한 명으로, 사실 이는 독일에서 문학평론가로 활동하는 마르셀 라이히 라니츠키의 〈문학사중주〉라는 프로그램에 《너무도 하얀 마음》이 소개되어 좋은 평가를 받은 덕이 컸다. 프로그램에 소개된 다음날 해당 도서가 날개 돋친 듯 팔려나갔기 때문이다.

이후 그의 다른 소설들도 성공적으로 출간되었으며, 자국보다는 기타 유럽국가에서 더 큰 호응을 얻었다. 그는 작품에서 주로 밀실 공포증과 일어날 법하지 않은 일들과 관련한 소재를 다루며, 시간과 공간의 의미를 흥미롭게 풀어나가는 것이 특징이다.

그의 소설 제목들은 셰익스피어의 작품에서 유래한 경우가 많은데, 《너무도 하얀 마음》은 《멕베스》 2막 2장에 나오는 대사이며, 《내일 전쟁터에서 나를 생각하라》는 《리처드 3세》에 나오는 대사다.

하비에르 마리아스 Javier Marías, 스페인 마드리드 1951~

주요 작품

모든 영혼들 Todas las almas, 1989
너무도 하얀 마음 Corazón tan blanco, 1992
내일 전쟁터에서 나를 생각하라 Mañana en la batalla piensa en mí, 1995
시간의 검은 등 Negra espalda del tiempo, 1998
열과 창 Fiebre y lanza, 2002

문구 및 명언

예전에는 어른이 되기 위한 교육을 받았다면, 우리 세대는 계속 어린아이로 남기 위해 교육을 받는다.

문학은 불가사의한 문제를 설명하는 것이 아니며 다만 그것을 이야기해줄 뿐이다.

소설 안에서는 모든 것이 정당화될 수 있으나 무료함만은 예외다.

나는 아직도 글 쓰는 것을 하나의 직업으로 받아들이지 못하고 있다.

자신에 대한 확신이 있거나 좋은 글을 쓰려는 노력을 크게 하지 않고도 자신이 쓴 작품들이 매우 훌륭하다고 생각하는 작가들이 있다는 사실을 안다. 나와는 정반대로 말이다.

어떤 작가들은 음악적 재능이 없음에도 웅얼거리듯 글을 쓰는 경우가 있다. 난 한 문장을 상당히 길게 쓰는 편이라 읽는 이가 숨이나 제대로 쉴는지 그게 걱정이다.

내게 있어 유머란 피할 수 없는 것이다. 웃음을 유발하는 것들이 지나치게 많다. 심지어 농담과는 전혀 어울리지 않는 심각한 것들도 포함되는데, 이를테면 유태인의 홀로코스트 같은 것 말이다. 그러나 다른 이들이 그리한다면 이해할 수 없을 것이다.

스페인에서는 창작이란 전공을 두고, 누군가 물에 빠져 애써 나오려는 것을 다른 이들이 물속으로 더 밀어 넣는 장면을 떠올린다.

후세 사람들은 작가를 들들 볶아댈 필요 없이 그들의 작품을 온전히 즐길 수 있다는 장점이 있다.

고인들은 편안한 장소가 부족한 관계로 사랑했던 이들의 머릿속에 남았다.

제목은 항상 맨 나중에 결정한다.

너무도 하얀 마음 Corazón tan blanco

알고 싶던 적은 없었지만, 나는 내가 어릴 적에 알던 소녀들 가운데 한 명을 기억한다. 그녀는 신혼여행에서 돌아온 지 얼마 되지 않아 화장실로 들어가더니 거울 앞에 섰다. 그리고는 블라우스 단추를 푸르더니 브래지어를 벗어버리고 아버지의 권총 부리로 심장부를 찾아 더듬었다. 그 당시 그녀의 아버지와 가족들은 손님 세 명과 함께 식사를 하고 있었다. 어린 딸이 식탁을 떠난 지 5분여 즈음에 폭음이 울려 퍼지자 아버지는 잠시 일어나기를 주춤하더니 입안에 가득한 음식물을 씹지도, 삼키지도, 다시 접시 위에 뱉어내지도 못한 채 몇 초간 겁에 질려 몸을 움직이지 못했다.

독일어로 출판된 《내일 그대 얼굴》.

Herman Melville

부유한 무역상 집안에서 태어났으나 13세가 되던 해에 아버지가 사망하면서 집안 사정이 어려워져 학업을 포기할 수밖에 없었다. 은행과 상점의 심부름꾼, 농장일 등등을 전전하다가 20세에 선상객실 보조로 일하게 되면서 영국의 리버풀까지 항해했으며, 2년 후 다시 포경선을 타고 남태평양 등지를 항해했다.

선원 생활의 경험을 토대로 한 초기의 해양소설들은 꽤 좋은 반응을 얻었다. 그러나 그의 역작《모비딕》은 철학적 사고와 풍부한 상징성으로 뛰어난 작품이었음에도 당시의 평단과 독자들에게는 충분히 이해되지 못했다. 이 작품은 금세기에 와서야 재평가되었으며 19세기 미국 최고의 작품으로 평가되고 있다.

1850년에 매사추세츠의 한 농장에 정착한 이후 《주홍글씨》의 작가 너대니얼 호손을 알게 되어 그와 남다른 친분을 유지했고, 그에게 《모비딕》을 헌정했다.

허먼 멜빌 Herman Melville, 미국 뉴욕 1819~1891

주요 작품

타이피족 Typee, 1846
마디 Mardi, 1849
모비딕 Moby Dick, 1851
피에르 Pierre, 1852
필경사 바틀비 Bartleby, the Scrivener, 1856

문구 및 명언

모방으로 성공하는 것보다 창작으로 실패하는 편이 낫다.

위력적인 책을 쓰고 싶다면 위력적인 주제를 선정하라.

예술은 감정을 객관적인 물체로 만들 수 있다.

그대에게 주어진 운명이야 어찌 됐든 간에 그대가 하는 일에 두려움을 갖지 마라.

일의 품위에 대해 얘기하다니! 품위는 나태함 속에나 있는 것이지.

전쟁과 관련된 모든 것은 상식을 한 방 먹이는 행위와 같다.

술 취한 크리스천보다 차라리 멀쩡한 식인종 옆에서 자는 편이 낫겠다.

미친 자들이 이토록 친숙하게 느껴지다니 신기한 노릇이군!

오로지 우리 자신만을 위해 살 수는 없다. 우리는 인류라는 동족으로 수천 개의 조직에 얽혀 있기 때문이다.

우리가 소유한 모든 것을 소진할 때까지 즐길 수 없는 이유를 설명할 특별한 원칙이라도 있는 것일까?

미신이란 아무리 어리석은 인간일지라도 본능적으로 미지의 내세를 끌어당기는 불멸의 영혼을 자각한다는 증거다.

자신이 늙는다는 사실을 아는 것은 지혜의 위대한 업적이며, 삶이라는 위대한 예술의 가장 어려운 장(章)의 하나다.

실패해본 적 없는 자들이 어찌 위대함에 도달할 수 있겠는가.

죽음은 우리가 닿을 수 없는 낯선 곳으로 떠나는 여행에 지나지 않는다. 그러나 이는 무한하게 멀고, 길들여지지 않았으며, 물기가 가득하고, 존재 가능할 수도 있는 야생의 세계를 향한 첫 인사가 되리라.

참된 곳은 그 어떤 지도로도 찾을 수 없다.

모비딕 Moby Dick

난 이즈마엘이라고 한다. 몇 해 전인가 (정확한 연도까지 알지는 못하지만) 내 호주머니에 잔돈푼도 없던 시절, 나는 세상에 대한 미련 따윈 일절 없었다. 그저 물로 가득 찬 세상을 보고 싶었고, 그곳을 향해 항해를 떠나고 싶은 생각만이 들더랬다. 그것이 우울함을 떨쳐내고 내 주위에서 일어나는 상황을 정리할 만한 유일한 나만의 방식이었다. 입가에 새겨진 팔자 주름을 보고 놀란다거나 관을 짜는 가게 앞에 무심코 서 있는 자신을 발견할 때, 내 영혼에 습하고 비에 젖은 11월이 도래할 때, 그리고 특히 우울증에 시달리며 거리로 뛰쳐나가 지나가는 누군가의 모자를 고의적으로 벗겨버리고 싶은 충동을 엄격한 도덕관념으로 자제해야 할 때, 그럴 때마다 한시라도 빨리 바다로 떠나는 것만이 상책이라고 느껴졌다. 권총과 총알의 역할을 대신할 무언가가 필요했기 때문이었다.

영화로 제작된 〈모비딕〉의 포스터.

Henry Miller

뉴욕시립대학에 진학하나 곧 중퇴하고 전신회사, 시멘트회사 등을 전전하다가 술집을 하며 소설을 쓰기 시작했다. 1930년에 프랑스 파리로 건너가 무일푼으로 파리 생활을 시작하며 길거리에서 추위와 배고픔을 견디기도 했다. 그러나 곧 지인들을 통해 금전적인 후원을 받을 수 있었으며, 이 무렵 아나이스 닌을 만나 연인 사이가 되었다.

1934년에 《북회귀선》이 파리에서 출간되었고 호평을 받았다. 이어 1939년《남회귀선》이 출간되면서 세계적인 주목을 받았고 작가로서의 확고한 명성을 얻게 된다. 그러나 이 작품들은 대담한 성(性) 묘사 때문에 외설 심의에 걸리면서 미국과 영국에서 출판이 금지되었고, 근 30년 후인 1961년에야 출간이 허락되었다.

1940년에 다시 미국으로 돌아와 캘리포니아에 정착하고, 그의 최대 관심 소재인 예술과 섹스에 관한 여정을 그린 소설 3부작 《섹서스》, 《플렉서스》, 《넥서스》를 집필했다. 그의 작품 속에는 남성의 성적인 에너지를 찬양하며 드러내는 특유의 유머 감각이 녹아있는데, 이 때문에 페미니스트들의 비난의 대상이 되기도 했다.

헨리 밀러 Henry Miller, 미국 뉴욕 1891~로스앤젤레스 1980

주요 작품

북회귀선 Tropic of Cancer, 1934
남회귀선 Tropic of Capricorn, 1939
마루시의 거상 The Colossus of Maroussi, 1941
섹서스 Sexus, 1949
플렉서스 Plexus, 1953
넥서스 Nexus, 1960

문구 및 명언

예술가에게 무엇보다 중요한 것은 자신에 대한 신념이다.

삶에 의미를 부여하는 이유는 그 자체만으로는 의미가 부족하기 때문이다.

더 넓은 의미에서 현실을 직시한다면 인생에서 길을 안내하는 이는 여자다. 남성의 주도권은 이미 극에 달해서 세상과의 유대감을 상실했기 때문이다.

그대에게 주어진 모든 고난의 기억을 경험이라 부른다면 그대는 역동적이고 행복하게 성장할 수 있을 것이다. 주어진 조건이 얼마나 불리한지는 중요하지 않다.

우리가 뭔가 다른 제안을 했을 때 우리를 밀어내는 것은 결국 삶이다.

모든 전쟁은 인간의 영혼을 부수는 행위다.

우린 파괴에 관한 모든 종류의 메커니즘을 보아왔으나 성욕의 폭발만큼은 예외다. 이는 로봇들을 모조리 쓸어내는 대홍수 같은 최후의 천재지변이 될 것이다.

일부일처제란 한평생 고구마튀김만 먹으라고 강요하는 것과 다를 바 없다.

우리가 살아가는 한 의심 없이 삶을 받아들이는 것. 이것이 삶이 유일하게 우리에게 강요하는 규제다.

순간이라는 존재를 제대로 인식하고 있는 한, 모든 순간은 금이다.

만일 신이 사랑이 아니라면 과연 존재 가치가 있는가.

자신의 소망을 위해 살며 이를 삶에서 소진시켜라. 이것은 모든 존재의 운명이다.

우리는 이해할 수 없는 명령을 두고 혼란이라 이름 붙였다.

상상은 대담함이 내는 목소리다.

무시해도 마땅할 만큼 하찮은 사람은 없다.

북회귀선 Tropic of Cancer

내겐 돈도, 재능도, 희망도 없다. 난 세상에서 가장 행복한 사람이다. 1년 전, 6개월 전, 나는 내가 예술가라고 생각했다. 이젠 나를 그렇게 생각하지 않는다. 문학에 대한 모든 것이 내 안에서 빠져나가 버렸다. 더 이상 쓸 책이 없다는 것을 신께 감사한다. 그렇다면, 이것은 무엇인가? 이건 책이 아니다. 모략과 비방이다. 이 세상은 스스로 망가뜨리는 암적인 존재다.

영화 〈북회귀선〉의 포스터.

본명은 장 밥티스트 포클랭으로 오를레앙대학에 진학해 법률을 전공했고 한동안 변호사로 활동하기도 했다.

1643년에 극단을 창단했으나 실패하고 큰 빚을 지게 된다. 이후 파리를 떠나 13년 동안 남프랑스를 떠돌며 순회공연을 하면서 서서히 명성을 얻어 1658년에 파리로 돌아온다. 루이 14세의 전폭적인 애정과 지원을 받으며 승승장구했으나, 반면에 수많은 경쟁자의 시기와 질투를 견디며 살아야 했다. 또한 그의 희극에서 주로 풍자의 대상이 되었던 귀족계급과 교회로부터 반감을 사기도 했다.

1664년 발표된 작품《타르튀프》는 발표 당시 교회로부터 노여움을 사 공연이 금지됐으나, 5년 후 일반에 공개가 허용되면서 큰 인기를 얻었다. 그는 평생에 걸쳐 수많은 희극을 썼으며 직접 배우로 참여하기도 했다.

1662년에 20세 연하의 같은 극단 여배우 아르망드 베자르와 결혼했으며, 그녀가 예전 애인의 딸이란 이유로 근친상간이라는 비난을 받기도 했다.

1673년에 〈상상으로 앓는 환자〉를 공연하는 도중 쓰러져 집으로 옮겨졌으나 곧 사망했다.

몰리에르 Moliére, 프랑스 파리 1622~1673

주요 작품

타르튀프 Le Tartuffe, 1664
인간혐오자 Le Misanthrope, 1666
마음에도 없는 의사가 되어 Le Médecin malgré lui, 1666
수전노 L'Avare, 1668
상상으로 앓는 환자 Le malade imaginaire, 1673

문구 및 명언

혀는 언제든 퍼뜨릴 수 있는 독을 품고 있다.

우리는 우리가 행하는 것뿐만 아니라 행하지 않는 것에도 책임이 있다.

사랑을 주고자 할 때는 그것을 받을 수도 있다는 위험도 염두에 두어야 한다.

완고한 미덕보다는 관대한 악덕을 택하리라.

슬픔은 없애려고 할수록 배가 되리라.

인간이 아는 모든 잡음 중에서 오페라가 가장 비싸다.

굳이 무언가 장엄한 것이 되어야 한다는 생각을 난 절대 이해할 수 없다.

거의 모든 사람은 병이 아닌 약에 의해 죽음을 맞이한다.

죽는 것은 단 한 순간이지만 죽기까지는 많은 시간이 필요하다.

죽음이 모든 비관적 상황의 해결책이 될 수는 있겠으나, 최후의 극단적 상황에 이르기 전까지는 절대 이 카드를 사용해서는 안 된다.

규율에 대적하다 죽음으로 몸을 피하는 것보다는 차라리 규율 안에서 죽는 편이 낫다.

몰리에르 극단의 공연 중 한 장면.

타르튀프 Le Tartuffe

도린느 : 부인께서는 그저께 저녁까지 열이 있으셨습니다. 그리고 이유를 설명할 수 없는 편두통도 있으셨지요.

오르공 : 타르튀프 씨는?

도린느 : 타르튀프 씨요? 그분이야 튼실할 뿐만 아니라 살찐 장미처럼 혈색도 좋고 입술도 빨갛답니다.

오르공 : 이를 어째!

도린느 : 부인 앞에서 그분 혼자 저녁을 드셨지요. 자고새 두 마리에 양의 다진 넓적다리를 절반이나 뚝딱 먹어치우셨습니다. 아주 경건하게 말이지요.

오르공 : 이를 어째!

도린느 : 부인께서는 어찌나 열이 심하시던지, 밤새 한숨도 주무시지 못해서 저희가 동틀 무렵까지 곁에서 지켜드려야 했답니다.

오르공 : 그럼 타르튀프 씨는?

도린느 : 그분은 달콤한 졸음을 느끼며 식탁에서 일어나자마자 곧바로 방으로 가서 뜨뜻한 침대에 누워 뒤척임도 없이 다음날까지 푹 주무셨지요.

오르공 : 이를 어째!

도린느 : 결국 저희의 끈질긴 설득 끝에 부인께서는 마지못해 피를 뽑기로 하셨고, 곧 상태가 호전되셨습니다.

오르공 : 그래, 타르튀프 씨는?

도린느 : 항상 그렇듯 벌떡 일어나셔서 모든 병마와도 싸워 이길 수 있도록 원기를 북돋우시며 조식 때 포도주를 넉 잔이나 들이키셨지요. 부인께서 잃어버린 피를 보충하시겠다면서요.

오르공 : 이를 어째!

도린느 : 결국 두 분 모두 잘 계십니다. 저는 일단 제 처에게 가서, 주인어른께서 부인의 병후를 걱정하고 있으시다는 말씀을 전하겠습니다.

Alberto Moravia

본명은 알베르토 핀케를레이며 건축가의 아들로 태어났다. 어린 시절부터 결핵을 앓아 병석에 있는 동안 많은 책을 읽었다. 1925년부터 글을 쓰기 시작해 22세가 되던 1929년에 첫 소설 《무관심한 사람들》을 출간했다.

신문사와 잡지사에서 활동하며 집필한 《가면무도회》가 제2차 세계대전의 파시스트 지휘자들을 향한 조롱과 풍자를 내포하고 있다는 이유로 이탈리아 정부로부터 출판을 금지당했다. 하지만 그는 파시스트 정권의 탄압을 받으면서도 이에 저항하기로 결심하며 반파시즘 세력인 티토 장교와 오랜 결속의 관계를 가진다. 이후 1944년, 미군이 남이탈리아에서 모라비아 부부를 구출함으로써 파시즘의 압박에서 벗어나게 된다.

모라비아는 자신의 작품에서 인간의 가장 깊은 부분, 이를테면 남자와 여자의 관계성과 그것을 에워싼 사회의 모습 등을 분석했으며, 인간사회의 적나라한 모습을 가감 없이 있는 그대로 표현하고 묘사했다.

알베르토 모라비아 Alberto Moravia,
이탈리아 로마 1907~1990

주요 작품

무관심한 사람들 Gli indifferenti, 1929
가면무도회 La mascherata, 1941
로마의 여인 La Romana, 1947
경멸 Il disprezzo, 1954
두 여인 La ciociara, 1957
권태 La noia, 1960

문구 및 명언

책은 단순히 책이 아니라 책을 통해 말하는 사람이다.

내 생각에 에로틱 문학은 예술적 가치를 추구하는 순간부터 코믹해야 한다.

무식한 자는 용기를, 지혜로운 자는 두려움을 갖고 있다.

행복은 그것을 덜 의식할수록 더 크게 느껴지는 법이다.

독재 정권이란 모두가 하나를, 하나가 모두를 두려워하는 상태를 말한다.

희한하게도 유권자들은 자신들이 투표한 정부의 실패에는 책임감을 느끼지 않는다.

늙는다는 건 결국, 감당할 수 없어 죽음에 이르게 되는 다른 병들과 다를 게 없다.

상식이란 건전한 전염병이다.

사랑보다 어렵고 드문 것이 우정이다. 그렇기에 어떻게든 이를 얻도록 노력해야 한다.

사랑은 무엇이든 이룰 수 있지만 정반대로 이룰 수도 있다.

훌륭한 작가들이나 작곡가들은 단순하게 살아간다. 그들은 세상의 문제들을 이해하고자 태어나서 그것을 완성하기 위해 살아갈 뿐이다.

우리의 사상과 법, 전통 등은 현세대가 이전 세대로부터 물려받은 것을 소유한다는 개념이 아니라 다음 세대를 위해 보호해야 한다는 사실을 기초로 해야 한다. 모든 세대는 이러한 유산을 다음 세대에 물려주어야 할 의무가 있다.

책상 앞에 앉아 있더라도 작업을 할 때까지는 나조차 무엇이 나올지 절대 알 수가 없다. 나는 영감이 올 것을 믿지만 이는 올 때도 있고 오지 않을 때도 있다. 그렇다 해도 팔짱을 낀 채 마냥 기다리기만 하는 것은 아니다. 난 날마다 작업을 한다.

로마 이야기 Racconti Romani 중 기형아

우리가 누군지, 우리 위에 있는 자들, 혹은 우리 밑에 있는 자들이 누군지 우린 결코 알 수 없다. 나는 나를 모든 사람 중 최악이라고 간주했다……. 때때로 나는 나에게 점수를 매겨보자고 중얼거렸다. 그러니까 물리적인 측면에서는 0점이다. 왜소하고 기형적인데다가 구루병에 걸렸고, 팔과 다리는 젓가락처럼 가늘기 때문이다……. 지적인 측면을 보면 0점보다 약간 높다……. 미적인 측면에서는 0점 이하인데, 좁고 누리끼리한 얼굴에 달아나는 개와 눈빛이 비슷한데다가, 지금 내 얼굴 면적의 두 배 크기의 얼굴에나 어울릴 법한 코가 붙어 있는 모양새이기 때문이다…….

알베르토 모라비아의 부인이었던 여류 작가 엘사 모란테.
루이지 잠파 감독, 지나 롤로브리지다 주연의 영화 〈로마의 여인〉.

Robert Musil

대대로 오스트리아의 하급 귀족에 속한 집안이었고, 아버지는 브륀공과대학의 공학 교수였다. 베를린대학에서 철학과 실험심리학을 공부했으며, 1908년에 박사 학위를 취득했다. 학업 중 발표한 첫 소설《생도 퇴를레스의 혼란》이 호평을 받으면서 본격적으로 문학에 뜻을 두게 되었다.

제1차 세계대전 당시 군대의 사무관 자격으로 참전하였고, 전쟁이 끝난 후 공직자로 근무했다. 1923년부터는 친구이자 출판인이었던 에른스트 로볼트의 도움을 받으며 작품을 쓰는 데만 몰두했다. 빈과 독일을 오가며 활동하던 그는 히틀러의 나치 권력을 피해 1938년 독일을 등져야 했다. 그는 스위스로 거처를 옮기고 생을 마감할 때까지 힘겹게 작품 활동을 이어갔다.

대학 시절부터 구상했던 장편소설로 2권까지만 출간된 채 미완성으로 남은《특성 없는 남자》는 생전에는 큰 주목을 받지 못했으나 그의 사후에 재조명되면서 20세기의 가장 중요한 독일어 문학으로 꼽히고 있다.

로베르트 무질 Robert Musil,
오스트리아 클라겐푸르트 1880~스위스 제네바 1942

주요 작품

생도 퇴를레스의 혼란 Die Verwirrungen des Zöglings Törless, 1906
화합 Die Vereinigungen, 1911
몽상가들 Die Schwärmer, 1921
세 여인 Drei Frauen, 1924
특성 없는 남자 Der Mann ohne Eigenschaften, 1930-1943

문구 및 명언

천재가 100년을 앞서 있는 것이 아니라, 인류가 100년을 뒤처져 있는 것이다.

특별히 운이 나쁘지 않은 자가 자신이 사는 시대에 화를 낼 수는 없는 법이다.

자신이 원하는 것이 무엇인지 모르는 자는 최소한 다른 이들이 원하는 것은 알아야 한다.

지식이란 하나의 태도이며 열정이지만 사실상 위선에 가깝다. 지식에 대한 강박증 또한 알코올중독이나 색광증, 살인 중독과 마찬가지로 정신 이상을 유도하는 증세 중 하나다. 사실 학자가 진실을 좇는 것이 아니라 진실이 학자를 좇는 것이다. 이는 일종의 괴롭힘이다.

조합은 조합원들의 이익을 위해 싸우면서 조합원이 아닌 자들을 귀찮게 하는 집단이다.

멈출 줄 아는 진보는 근사하다.

진지하게 받아들이지 않는 의지를 욕망이라고 한다.

많은 이들이 주로 엽서를 사기 위해 휴가를 떠나므로 휴가철이 바로 엽서를 받기 가장 적합한 시기이다.

만일 현실에 어떤 의미가 있다면 가능성에도 의미를 주어야 한다.

자신의 의지로 행동하는 자는 곧 좌절을 느끼고 벽돌담에 머리를 부딪치며 터져버릴 것이다.

제국 하나를 통치하는 것보다 책 한 권을 쓰는 것이 더 중요하다……. 그리고 더 어렵다.

모든 생각은 단 두 가지로 가능하다. 애정 혹은 증오.

정원은 인위적인 자연이다.

생도 퇴를레스의 혼란 Die Verwirrungen des Zöglings Törless

퇴를레스는 아무것도 생각하지 않고는 견딜 수 없는 사람이었다. 그는 보았다……. 두 눈을 감고도 휘몰아치는 사건의 회오리바람이 보였다……. 남자들: 누런빛 아래 남자들, 밝은 빛과 깊고 흔들리는 빛들. 얼굴들……. 얼굴 하나: 미소 하나, 눈 깜빡임……. 피부의 떨림: 전에는 한 번도 본 적 없던, 한 번도 느껴본 적이 없던 남자들이 보였다. 어떠한 형상이나 제약도 없는 마치 영혼을 보는 것처럼.

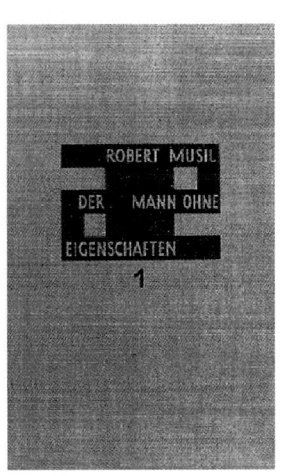

1930년에 출간된 《특성 없는 남자》 초판본.

Vladimir Nabokov

러시아의 귀족 집안 출신이었으나 1919년 볼셰비키 혁명이 발발하자 고국을 떠나야 했다. 1922년에 케임브리지대학을 졸업했고, 그즈음 아버지가 베를린에서 러시아 극우파에 의해 암살당했다. 1923년부터 독일과 프랑스 등지에 거주하며 블라디미르 시린이라는 필명으로 러시아 이민자들을 위한 기사를 썼고, 총 6편의 소설을 발표했다. 나치를 피해 1940년 미국 뉴욕으로 이주한 그는 웰즐리대학과 코넬대학에서 문학을 강의했다. 나비에 관해 해박한 지식과 관심을 갖고 있던 그는 나비에 관한 짧은 논문을 두 편 발표했으며, 1942년부터 1948년까지 하버드대학 비교동물학 박물관에서 곤충학 특별연구원으로 근무했다. 1955년, 10대 소녀에 대한 중년 남자의 성적 집착을 묘사한 소설 《롤리타》가 출간되었다. 이 소설은 당시 미국에서 출간이 금지되어 파리에서 먼저 출간된 후 전 세계적으로 엄청난 논란을 일으켰으며 '롤리타 콤플렉스'라는 용어가 생겨나기도 했다. 말년에는 스위스에 정착하여 자신의 초기 작품들을 손수 영어로 번역하는 작업을 했다.

블라디미르 나보코프 Vladimir Nabokov,
러시아 상트페테르부르크 1899~스위스 몽트뢰 1977

주요 작품

세바스티안 나이트의 진정한 인생 The Real Life of Sebastian Knight, 1941
롤리타 Lolita, 1955
창백한 불꽃 Pale Fire, 1962
말하라, 기억이여 Speak, Memory, 1966
아다 Ada, 1969

문구 및 명언

천재처럼 생각하고, 고상한 작가처럼 글을 쓰며, 어린아이처럼 말하라.

폭발력 있는 아이디어를 따로 가진 건 아니다. 단지 수수께끼와 그에 걸맞은 우아한 해결책을 함께 구성하는 것을 즐길 뿐이다.

우리의 존재란 영원한 암흑 속에서 일어난 짧은 전기 누전에 지나지 않는다.

삶은 커다란 놀라움이다. 그리고 죽음이 그보다 더할지 어찌 알겠느냐.

보편적인 것보다는 섬세한 것이 낫고, 관념보다는 이미지가 나으며, 밝은 상징들보다는 어두운 사실이, 과일 잼보다는 야생에서 발견한 열매가 더 낫다.

현존하는 것 중에 문학과 나비처럼 달콤한 열정이 또 있을까.

부서지는 파도 하나로 바다 전체를 설명할 수 없다.

사실상 과학의 위상이 더 높아질수록 불가사의는 더 깊어진다.

문학이 추구하는 것은 척추를 타고 흐르는 전율이다.

행복한 가정들은 서로 다른 점을 약간씩 갖고 있다. 그리고 불행한 가정들은 서로 공통점을 약간씩 갖고 있다.

유쾌한 웃음은 현존하는 최고의 명약이다.

삼단 논법은 이렇다. 남들은 죽는다. 나는 남들이 아니다. 고로 나는 죽지 않을 것이다.

사실 나는 잔인함을 넌덜머리가 날 정도로 싫어하는 온화하고 신사적인 노인일 뿐이다.

말로 표현할 수 있는 것 이상으로 많은 것을 알지만 표현에 한계가 있기에 더 많은 것을 안다는 사실을 표현할 수가 없다.

롤리타 Lolita

롤리타. 내 삶의 빛, 내 깊은 곳의 불꽃. 나의 죄, 나의 영혼, 롤-리-타. 혀끝이 입천장을 세 단계로 치고 내려오며 세 번째에서 이에 다다르는 여정, 롤.리.타. 그녀는 로, 맨발에 1미터 48센티미터의 키를 가진 아침의 그녀는 평범한 로였다. 바지를 입으면 롤라. 학교에서는 돌리, 서류상으로는 돌로레스. 그러나 내 품 안에서는 항상 롤리타였다.

나보코프는 나비에 대한 감성이 남달랐다.

스탠리 큐브릭이 영화로 제작한 〈롤리타〉의 포스터.

Pablo Neruda

본명은 네프탈리 리카르도 레이에스 바소알토다. 강압적이고 거친 아버지의 반대를 피해 파블로 네루다라는 필명을 사용했으며, 1946년부터는 법적인 이름으로 사용했다. 천재적인 재능을 가진 그는 어려서부터 시인의 면모를 보였으며, 1924년 《스무 편의 사랑의 시와 한 편의 절망의 노래》를 발표하면서 세계적인 명성을 얻기 시작했다. 그는 1927년부터 1944년까지 여러 나라에서 칠레 영사로 근무했으며, 스페인 주재 영사로 근무하던 시절 스페인 내전을 경험하게 된다. 파시스트들이 시민들을 무참히 죽이고 짓밟는 것에 분노한 그는 스페인 사람들의 망명을 적극적으로 지원했다.

이후 상원의원에 당선된 그는 칠레 공산당에 가입하면서 대통령과 정부를 격렬하게 비판했고, 그 이유로 체포영장이 발급되자 외국 망명 생활에 들어갔다. 1969년에 칠레 공산당 중앙위원회가 그를 대통령 후보로 지명하나 살바도르 아옌데를 단일후보로 추대하고 후보에서 물러난다.

1971년에 노벨문학상을 받았고, 1973년 암으로 세상을 떠났다.

파블로 네루다 Pablo Neruda,
칠레 파랄 1904 ~ 산티아고 1973

주요 작품

스무 편의 사랑의 시와 한 편의 절망의 노래
Veinte poemas de amor y una canción desesperada, 1924

지상의 거처 Residencia en la tierra, 1933

모두의 노래 Canto general, 1950

사랑하고 노래하고 투쟁하다 Confieso que he vivido, 1974

문구 및 명언

내가 사랑받을 자격을 잃을수록 나를 더 사랑해주지 않겠소. 그때야말로 내게 사랑이 더욱 절실할 테니 말이오.

———

지상에 문자와 인쇄가 아직 존재하기 전, 시가 있었다.

———

역사는 시의 파괴력을 증명했고 나는 길게 생각할 것도 없이 그 안으로 들어가 몸을 피했다.

———

신선한 잉크와 부드러운 종이로 만든 첫 번째 책이 나오는 그 순간이란, 아름다운 날갯짓과 황홀하게 만개한 꽃의 소리에 도취된 무아지경의 시간. 시인의 삶에 단 한 번 존재하는 유일한 순간.

———

책이여, 너를 덮는 순간 나는 인생을 펼친다.

———

지구라고 불리는 이 행성에 사는 모든 작가는 언젠가 노벨문학상에 도달할 수 있기를 희망한다. 이를 굳이 얘기하지 않거나 혹은 이를 부정할지라도 말이다.

———

소심함은 심장의 통제 밖에 있으며 고독의 차원으로 흘러든다.

———

프리모 데 리베라(쿠데타를 일으켜 전제정권을 세운 스페인 군인)는 한 나라에 전제정치가 무엇인지 알려준 장본인이며, 곧 그 나라로부터 완전한 교훈을 얻게 되리라.

———

단 한 번도 누군가를 기다려 본 적 없는 사람을 항상 기다리는 사람보다 더 괴로울 수 있겠소?

———

어느 날, 어느 곳에서든 반드시 그대는 그대 자신을 만나게 되리라. 그리고 그 날, 그대의 시간 중 가장 달콤하거나 혹은 가장 씁쓸한 순간을 맛보게 되리라.

———

스무 편의 사랑의 시와 한 편의 절망의 노래
Veinte poemas de amor y una canción desesperada

오늘 밤은 쓸 수 있으리. 가장 슬픈 구절을.

예컨대 이렇게 쓰리라. "밤은 산산이 부서졌고
푸른 별들은 부들부들 떨고 있구나. 저 먼 곳에서."

밤바람은 노래한다. 하늘을 휘휘 돌며.

오늘 밤은 쓸 수 있으리. 가장 슬픈 구절을.
나는 그녀를 원했고, 가끔은 그녀도 나를 원했다.

이런 밤이면 그녀를 내 품에 안고
무한한 하늘 아래서 얼마나 수없이 입을 맞췄던가.

그녀는 나를 원했고 가끔은 나도 그녀를 원했다.
그녀의 크고 고요한 두 눈을 어찌 사랑하지 않을 수 있겠는가.

(…)

작가의 시집 중 하나.

스무 살 무렵 우루과이의 몬테비데오에서 아르헨티나의 부에노스아이레스로 이주하여 로이터 통신사에서 근무했다. 그로부터 10년 후인 1939년에 첫 번째 소설 《우물(El pozo)》을 발간했다.

1955년에 본국으로 돌아와 몬테비데오의 도서관에서 근무하던 그는 문예 공모전 심사위원으로서 체제를 비판하는 글을 채택했다는 이유로 당시 우루과이 군사 독재 세력에 의해 투옥되었다. 출소 후 스페인으로 망명하였으며 그곳에서 여생을 보냈다.

그의 문학은 루이페르디낭 셀린, 표도르 도스토옙스키, 조셉 콘라드, 윌리엄 포크너 등의 영향을 많이 받았다. 작품 대부분은 환상과 유령의 도시 산타 마리아를 배경으로 이루어지고 동일인물이 등장하기도 하며 공간적·시대적 배경을 배제한 채 묘사된다.

도시 속에서 살아가는 현대인의 고립에 대해서 주로 이야기하는 그는 카를로스 푸엔테스와 마리오 바르가스 요사에 의해 현대 라틴 문학의 선구자로 불리고 있다.

후안 카를로스 오네티 Juan Carlos Onetti,
우루과이 몬테비데오 1909~스페인 마드리드 1994

주요 작품

무인(無人)의 토지 Tierra de nadie, 1942

짧은 인생 La vida breve, 1950

아디오스 Los adioses, 1954

조선소 El astillero, 1961

훈타카다베레스 Juntacadáveres, 1964

문구 및 명언

많은 이들이 나를 좋은 사람이라고 생각하거나 혹은 인간성이 좋다고 말하지만 사실 나는 그저 무심한 사람일 뿐이다.

———

대중이 좋아할 만한 것을 쓰는 사람은 좋은 작가는 될 수 있어도 예술가는 될 수 없다.

———

나는 평생을 십대들을 볼 때마다 흠모했다. 십대들의 모습을 간직한 이들도 포함해서 말이다.

———

어린아이들에게 독서를 취미로 장려하는 것은 그릇된 일이다. 어린 독자들이 성인이 되면 글을 쓰지도, 읽지도 못하고 오직 시각에만 의존해버리는 무방비한 삶을 살게 될 것이다.

———

내 문학은 선량하다. 그렇게 보지 않는 사람이 우매한 것이다.

———

문학은 진실을 제대로 속이는 것이다.

———

난 항상 비평가들을 죽음에 비유했다. 간혹 늦는 경우는 있어도 반드시 오기 때문이다.

———

어린 시절의 모습을 하나도 간직하고 있지 않은 사람은 절대 나의 친구가 될 수 없으리.

———

성공한 이는 결코 온전한 예술가가 될 수 없다.

———

나는 그 누구도 해칠 수 없다. 그럴 마음이 없기 때문이다.

———

이브가 아담에게 주었던 사과는 그저 에피소드를 위한 도구였을 뿐이다. 만일 그녀가 그에게 뱀을 주었다고 해도 그는 아마 먹었을 것이다.

———

자유란 특별한 향이 없는 산소와 같아서 무심코 공기와 함께 들이마시지만 그것의 존재는 의식할 수 있다.

———

나는 나를 위해 글을 쓴다. 나의 기쁨을 위해. 나의 욕망을 위해. 나 자신을 단죄하기 위해.

———

조선소 El astillero

그가 알기로, 라슨은 귀환한 지 2일 후인 이른 시간에 숙소에서 살그머니 걸어 나왔다. 움직임이나 구두굽 소리, 살찐 몸뚱이 등으로 미뤄보았을 때 여러모로 조심스러운 몸짓이었다. 그는 메마른 강바닥을 지나 낚시꾼들이 주로 머무는 선창까지 걸었다⋯⋯. 그는 몇몇의 죽음을 생각했고, 경멸스런 미소들, 격언들, 남의 운명을 고쳐보려는 시도들에 대한 일들로 머릿속을 채워갔다.

《짧은 인생》의 독일어판 표지.

George Orwell

본명은 에릭 아서 블레어다. 어려운 가정환경에도 학업 성적이 우수하여 장학생으로 이튼칼리지에 입학했으나 상류계급과의 심한 차별감과 억압된 학교생활을 견디기 힘들어했다.

파리 빈민가와 런던 부랑자들의 극빈 생활을 체험하면서 본격적으로 글을 쓰기 시작했고, 1933년 조지 오웰이라는 필명으로 자전적 소설 《파리와 런던의 밑바닥 생활》을 발표하고 주목을 받는다.

1936년 스페인 내전이 발발하자 스페인으로 달려가 통일노동자당 산하의 의용군으로 참전했다. 훗날 이때의 경험을 《카탈로니아 찬가》라는 제목으로 기록했는데, 이 책은 스페인 공산당이 취한 문제점들을 비난하는 내용을 담고 있다.

그는 작품을 통해 스탈린 추종자들과 전체주의자들이 지닌 모순을 비판했다. 1945년에는 러시아 혁명과 스탈린의 배신을 풍자한 정치우화 《동물농장》을 발표하여 세계적인 작가로 주목받았으며, 1949년에는 전체주의 사회가 맞이하게 될 종말을 예언한 미래소설 《1984》를 완성하였다. 1950년에 지병이었던 결핵으로 47세의 나이에 사망했다.

조지 오웰 George Orwell, 인도 모티하리 1903~영국 런던 1950

주요 작품

파리와 런던의 밑바닥 생활 Down and Out in Paris and London, 1933
위건 부두로 가는 길 The Road to Wigan Pier, 1937
카탈로니아 찬가 Homage to Catalonia, 1938
동물농장 Animal Farm, 1945
1984 Nineteen Eighty Four, 1949

문구 및 명언

과거를 조종하는 자가 미래를 지배하고, 미래를 지배하는 자가 과거를 정복한다.

인간은 생산하지 않고 소비만 하는 유일한 피조물이다. 우유나 달걀 등을 만들어낼 줄도 모르고, 밭을 갈기에는 지나치게 허약하며 토끼를 잡기 위해 뛰는 것도 역부족이다. 그런데도 인간은 모든 동물의 주인이다.

현재의 삶이 가진 특징은 치안의 부재나 잔인성이 아닌 근심과 가난이다.

그대가 이미 알고 있는 것을 말해주는 책이 진정 좋은 책이다.

만일 자유를 굳이 말로 표현한다면, 저 무리가 듣고 싶어 하지 않는 무언가를 말할 수 있는 권리일 것이다.

우리의 코앞에 놓인 일들을 보게 되는 한 투쟁은 계속된다.

정치적 언어란 거짓이 사실처럼 들리게 하고 살인마저도 존중할 수 있도록 한 줄기 바람에 견고한 외관을 입혀준다.

모든 짐승은 전부 똑같지만, 다른 부류보다 유난히 더 똑같은 짐승들이 있다.

완벽함을 추구하지 않는 것이 인간의 본질이다.

광고란 뚝배기를 두드려대는 막대기의 잡음에 지나지 않는다.

전 세계적으로 거짓이 난무했던 시대에는 사실을 말하는 것이 바로 혁명적인 행동이었다.

나이가 오십 줄에 접어들면 모든 이들이 자신에게 걸맞은 얼굴을 갖게 된다.

행복은 오로지 순응 안에서만 존재한다.

빅브라더가 당신을 지켜보고 있다.

1984 Nineteen Eighty Four

4월의 맑고 쌀쌀한 날이었다. 시계가 13시를 알렸다. 윈스턴 스미스는 사나운 바람에 몸을 숨기듯 턱을 가슴에 파묻고 승리 빌라의 유리문을 박차고 들어갔으나 그의 뒤를 바짝 달라붙은 모래바람의 속도를 이기지는 못했다. 현관에서부터 양배추 삶는 냄새와 낡은 멍석 냄새가 풍겼다. 복도 끝에는 실내에 놓이기엔 지나치게 커 보이는 컬러 포스터가 벽에 붙어 있었다. 포스터에는 너비가 1미터가 넘는 얼굴이 그려져 있었는데, 덥수룩한 검은 수염에 마흔다섯 살쯤 되어 보이는 듬직하고 잘생긴 남자의 얼굴이었다.

애니메이션으로 제작된 《동물농장》. 《동물농장》의 오리지널 포켓북.

Octavio Paz

19세에 첫 시집 《야생의 달(Luna Silvestre)》을 발표했으며, 젊은 시절부터 유럽을 여행하며 프랑스 초현실주의자들과 교제했다. 1937년에는 내전이 한창이던 스페인 발렌시아에서 열린 반(反)파시스트 작가 회의에 참석했다.

구겐하임 장학제도 혜택을 통해 캘리포니아대학에서 공부할 수 있었다. 세계 각지를 다니며 외교관으로 근무했으며, 1968년에 멕시코 정부가 민주주의를 위한 학생들의 시위를 무력으로 탄압하자 항의의 뜻으로 사퇴했다. 이후 케임브리지대학과 텍사스대학, 하버드대학 등에서 교수로 근무하면서 집필 활동을 계속했다.

1955년에 '큰 소리로 시를(Poesía en voz alta)'이란 단체를 설립하면서 〈멕시코 문학지(Revista mejicana de Literatura)〉와 〈깃털을 단 호른(El corno emplumado)〉지의 발행에 조력자 역할을 했다.

1963년에 벨기에국제시대상을 받았으며, 1981년에는 세르반테스문학상, 1990년에는 노벨문학상을 받았다. 옥타비오 파스는 소설가로서도 뛰어났지만 수필가로서의 활약도 두드러졌다.

옥타비오 파스 Octavio Paz, 멕시코 멕시코시티 1914~1998

주요 작품

통행금지! No pasarán!, 1937
가석방 상태의 자유 Libertad bajo palabra, 1949, 1960
또뽀에마 Topoemas, 1967
동쪽 비탈길 Ladera Este, 1969
회귀 Vuelta, 1976

문구 및 명언

만일 노벨상을 탄 이후 나의 행동에 변화가 있다면 내가 매우 하찮은 존재라는 뜻일 것이다.

문학상이란 독립을 추구하는 작가들을 길들이려 하고, 영감의 날개를 자르며, 반란의 싹을 자르는…….

정치적 명령에 굴복한 작가처럼 처량한 것이 있을까.

자신의 정부를 신뢰하는 국민은 없다. 그저 포기했을 뿐이다.

두려움이라는 주사를 맞은 자들이 군중 가운데 가장 위험한 무리다. 그들은 변화에 두려움을 느끼기 때문이다.

인간은 무엇 때문에 여기까지 왔는지 모른 채 늙고 결국 죽어버리는 도덕적인 피조물이다.

언어를 파괴하거나 다른 언어를 창조하고 싶은 충동을 느껴본 적이 없는 자는 시인이 될 자격이 없다.

시인과 시는 국민의 영적 건강을 대변한다. 그러므로 시인이 존재하지 않는 나라는 아무런 의미가 없다.

언어는 손상되는 법이지만 단어를 재평가하는 것은 바로 시인들의 역량이다.

에로티시즘과 시. 전자는 성교의 메타포이고 후자는 언어를 에로틱화한 것이다.

모든 에로틱한 만남 속에는 보이지는 않지만 항상 적극적인 존재가 하나 있다. '상상'이라는.

모든 독자는 시에서 무언가를 발견하게 되는데 이는 당연한 일이다. 그들은 이미 그것을 갖고 있었기 때문이다.

시는 성스러운 권력과 인간의 자유 사이의 중간 지점이다.

천둥은 번개가 번쩍인 것을 공표한다.

우애 Hermandad

나는 인간이네, 얼마 가지 않는.
그리고 밤은 지독하네.
하지만 고개를 들어 위를 보니,
별들이 글을 쓴다네.
알지 못해도 이해한다는 건
나 또한 글이기 때문이겠지.
그리고 바로 지금 이 순간에도
누군가 나를 한 자 한 자 써내려가고 있다네.

멕시코의 거리.

일찍 친아버지를 여의고 포르투갈 영사였던 새아버지를 따라 남아프리카공화국으로 이주했다. 케이프타운대학에 다녔으며 포르투갈어 외에 영어를 능숙하게 사용했다.

1905년에 포르투갈의 수도인 리스본으로 돌아와 인쇄업종의 사무실 관리자로 일했고, 이때부터 책을 발간하거나 잡지를 편집하기도 했다. 그는 프리드리히 니체와 아르투르 쇼펜하우어의 철학과 염세주의적 사상 등의 영향을 받았다. 또한 자신만의 독특한 스타일이 살아있는 20개가 넘는 필명을 사용하며 집필 활동을 했다.

그는 사망하기 1년 전, 시집 단 한 권을 포르투갈어로 쓰고 발간한 것을 제외하고는 평생 거의 모든 작품을 영어로 집필했다. 그가 쓴 작품들은 생전에는 거의 주목받지 못했으나 사후에 그의 작품성이 재평가되면서 가장 위대한 포르투갈의 시인으로 인정받고 있다.

페르난도 페소아 Fernando Pessoa,
포르투갈 리스본 1888~1935

주요 작품

I-시 II-시 III-시집
IV-오드 Odes V-메시지 Message
VI-극적인 시집 VII, VIII- 미발표 시
불안의 책 Livro do Desassossego, 사후 출판

문구 및 명언

시인이 되고자 하는 것은 나의 야망이 아니라 내가 홀로 있는 방법이다.

말을 할 때는 남에 대한 배려가 우선이다. 입 때문에 죽는 건 물고기뿐만 아니라 오스카 와일드도 그렇기 때문이다.

비평이란 그 대상이 되는 것을 아무렇지도 않게 경멸하며 이를 통해 만족하는 행위를 말한다.

인생이란 무엇인가? 그저 신들이 나를 잊어주기를, 그것만을 바랄 뿐이다.

각각의 한 사람이 곧 다수의 사람이다.

우리 포르투갈 사람들은 다감하면서도 그다지 격하지 않은 성격을 갖고 있다. 우리 기준으로 본다면 이는 스페인 사람들과 완전히 반대다. 그들은 정열적이면서도 냉담하기 때문이다.

사랑이 사랑하는 것처럼 사랑하오. 당신을 사랑하는 것은 내가 사랑할 수 있는 유일한 방법이오. 내가 말하고 싶은 것은 당신을 사랑한다는 사실인데, 당신을 사랑한다는 말 외에 당신에게 해줄 수 있는 말이 뭐가 있겠소?

쇠퇴란 무의식의 완전한 상실이다. 무의식은 삶의 토대이기 때문이다.

내일도 할 수 있는 일을 굳이 오늘 끝내려고 애쓰지 마라.

세상은 정복하기 위해 태어난 사람의 것이지, 정복할 수 있으리라 꿈꾸는 자의 것이 아니다.

삶과 나 사이에는 얇디얇은 유리 한 장이 놓여 있기 때문에, 삶을 아무리 명확하게 볼 수 있고 이해할 수 있을지라도 끝내 만질 수는 없다.

세계의 유일한 불가사의는 세계에 불가사의가 존재한다는 사실이다.

자가 심리도표 Autopsicografía

시인은 속임꾼에 지나지 않지만
어찌나 완벽하게 속일 수 있는지
실제로 느껴지는 고통이라도
그 고통마저도 속이려 든다.

그가 쓴 것을 읽으러 온 자들은
읽은 고통은 제대로 느꼈으나
그가 가졌던 두 개가 아니었고
한 개의 고통밖에 없었을 뿐.

그렇게 철길을 지나며
이성을 희롱하고
심장이라 불리는
뱅뱅 돌고 도는 장난감 기차

페소아의 고향인 리스본에 세워진 그의 동상.

Luigi Pirandello

시칠리아 섬에서 부유한 광산주의 아들로 태어났다. 아버지는 가업을 이어받기를 바랐지만 문학에 뜻이 있었던 그는 로마대학에 진학했다가 독일의 본대학으로 편입하여 문학박사 학위를 받았다. 1894년에 로마로 돌아와 아버지의 동업자 딸과 결혼하고 여러 잡지에 작품을 기고하면서 여유 있는 생활을 누렸다. 그러던 중 1903년, 집안에서 투자한 광산에 산사태가 일어나면서 심각한 재정적 위기를 겪게 된다. 갑자기 가족의 생활을 책임져야 했던 그는 로마사범대학에서 교편을 잡고 동시에 작품 활동에도 몰두하기 시작했다. 그러나 부유한 생활에 익숙했던 아내는 현실을 받아들이지 못하고 정신이상 증세가 심해졌으며 그는 결국 아내를 요양원에 보낼 수밖에 없었다.

그 와중에도 그의 작품 활동은 점차 활기를 띠게 되었고, 1921년에 발표한 작품《작가를 찾는 6인의 등장인물》이 세계적으로 성공하면서 4년 후인 1925년에는 직접 극단을 창단하기도 했다. 1934년에 노벨문학상을 받았으며, 1936년 12월에 로마에서 생을 마감했다.

루이지 피란델로 Luigi Pirandello,
이탈리아 아그리젠토 1867 ~ 로마 1936

주요 작품

나는 고(故) 마티아 파스칼이오 Il fu Mattia Pascal, 1904
전과 같이, 전보다 낫게 Come prima, meglio di prima, 1921
작가를 찾는 6인의 등장인물 Sei personaggi in cerca d'autore, 1921
엔리코 4세 Enrico IV, 1922
아무도 아닌, 동시에 십만 명인 어떤 사람 Uno, nessuno e centomila, 1926

문구 및 명언

내 일대기를 알려달라는 것이 내게 무척 곤란한 이유는 간단하다. 나는 나 자신의 삶을 한쪽에 놓아둔 채 잊고 살아왔기에 이젠 그것에 관해 이야기할 게 없는 지경이 되었기 때문이다. 나는 삶을 살지 않고 그것을 쓴다.

지인들에게 비치는 나의 모습은 모두 다르다. 이 때문에 나에 대해 서로 다른 면을 아는 이들을 한꺼번에 만나는 것처럼 고역은 없다.

떠나간 자들은 아직도 우리 속에서 계속 살고 있다.

우리는 자신의 모습을 속으로 상상하며 그 존재 그대로 남들이 봐주길 바란다. 하지만 이는 환상이며 착각이다.

감시를 위한 비평이 예술을 죽인다.

나는 그 무엇도 적대시하지 않는데 그 이유는, 남들에게는 의미나 가치가 있을 수 있는 일들이 내겐 굉장히 막연하게 느껴지기 때문이다. 무언가에 사로잡힌 누군가가 될지 모른다는 두려움과 함께 말이다.

여자는 남자를 기쁘게 하고자 자신을 희생하지만 남자들은 이에 감사할 줄을 모른다. 왜냐하면 여자들은 남자들의 의사와는 상관없이 남자를 기쁘게 해주려고 남자들이 기뻐하지 않는 일들을 하기 때문이다.

사랑에 빠졌으나 사랑을 이루지 못한 남자는 그 사실을 항상 부인한다.

사실은 마치 자루와 같다. 비어 있으면 세울 수가 없으므로.

삶을 가득 채우고 있는 온갖 부조리함은 제대로 보이려는 노력조차 하지 않는다. 부조리 자체가 명백한 사실이므로 노력할 필요가 없는 것이다.

인간은 항상 이해할 수 없는 것들을 부정하려 한다.

우리는 언제나 우리의 상처와 불행을 누군가의 탓으로 돌리고 싶어 한다.

어쩌다 만난 한 번의 기회로 영웅이 될 수 있을지는 몰라도, 온종일 일관된 태도를 보이지 않는다면 신사는 될 수 없다.

작가를 찾는 6인의 등장인물 Sei personaggi in cerca d'autore

양녀: (감독에게 애교 섞인 미소를 지으며) 선생님, 우리 여섯 인물, 그야말로 굉장히 재미있는 존재들이에요. 물론 버림받은 것처럼 보일지는 모르겠지만요.

아버지: (불쑥, 갑자기 감독을 향해) 그렇지! 버림받았고말고! 우리를 살아있는 인물로 창조해낸 작가가 우리를 예술의 세계로 데려가기 싫어졌든가 혹은 실제로 그렇게 할 수 없었던 거요. 그리고 선생, 그건 범죄나 마찬가지였소. 왜냐? 생각해 보시오. 일단 "등장인물"로 태어나는 모험을 한 사람이면 결코 죽는 일이 없기 때문에 죽음조차 웃어넘길 수 있소. 인간도, 작가도, 창작의 방법도 언젠간 죽게 되어 있소. 그러나 작가가 창조해 낸 인물은 영원히 산단 말이오!

《작가를 찾는 6인의 등장인물》의 영문판.

유랑극단 배우였던 양친을 일찍 여의고 부유한 사업가였던 존 앨런의 보호를 받으며 성장했다. 6세가 되던 해, 새 가족과 함께 영국으로 거주지를 옮긴 후 기숙사 생활을 하며 성장했다.

미국으로 돌아와 버지니아대학에 진학했으나 술과 도박에 빠져 무절제하게 생활했고, 이를 안 양아버지는 더 이상 학비를 지원하지 않았다. 대학에서 퇴학당한 후 보스턴으로 이주한 그는 시집을 출판했지만 별다른 반응을 얻지는 못했다.

사촌 동생인 버지니아와 결혼하지만 이들의 결혼 생활은 매우 궁핍했으며 결국 1847년에 아내 버지니아가 결핵으로 세상을 떠나게 된다. 그로부터 2년 후, 포는 길거리에서 의식불명 상태로 발견되었고 며칠 후 볼티모어의 한 병원에서 40세의 나이로 생을 마감했다.

포는 생전에 큰 성공을 거두지는 못했지만 그의 작품 속에 등장하는 환상적인 이야기들과 인간의 내면 심리, 탐정 뒤팡의 모습 등은 이후 추리소설 장르의 전형을 제시했다.

에드거 앨런 포 Edgar Allan Poe,
미국 보스턴 1809 ~ 볼티모어 1849

주요 작품

아서 고든 핌의 모험 The Narrative of Arthur Gordon Pym, 1838
어셔가의 몰락 The Fall of the House of Usher, 1839
모르그가의 살인사건 The Murders in the Rue Morgue, 1841
검은 고양이 The Black Cat, 1845
황금 벌레 The Gold Bug, 1845

문구 및 명언

우리가 잘못을 하는 이유는 일 자체를 너무 단순화하기 때문이 아닐까.

세상이 말하는 천재란 재능의 한 부분이 어쩔 수 없이 우월하게 태어난, 일종의 정신적으로 병적인 상태를 말한다. 그런 천재들의 작품들은 그 자체로는 결코 건전하지 않으며 항상 광적인 모습을 지니고 있다.

어느 미친 사람이 완벽히 현명하게 보인다면 바로 그에게 권력이란 의복을 입혀주어야 할 순간이 온 것이다.

지식에 관한 모든 장르에 셀 수 없이 많은 책이 존재하는 것은 이 시대의 커다란 불행이 아닐까. 왜냐하면 이것이 오히려 긍정적인 지식을 얻는 데 극심한 방해가 될 수 있기 때문이다.

우리가 보는 모든 것, 혹은 보이는 것은 꿈속에서 꾼 꿈과 다를 바 없다.

낮에 꿈을 꾸는 자들은 밤에만 꿈꾸는 이들에 비해 돌발적으로 발생하는 의식을 더 많이 가질 수 있다.

인간의 실제 삶은 기본적으로 행복하다. 곧 그렇게 되리라고 항상 기다리기 때문이다.

나는 완벽한 범죄가 존재한다고 믿는다.

행복은 학문에 있는 것이 아니라 학문을 얻는 데 있다.

과학은 광기가 지성의 승화인지 아닌지 아직 밝혀내지 못했다.

미스터리한 이야기들을 많이 쓸 수 있으면 좋으련만. 고양이가 가진 신비함만큼이나.

우리가 했던 사랑은 사랑 이상이었다.

어셔가의 몰락 The Fall of the House of Usher

그 방에서, 그 저택에서 나는 공포에 질려 도망쳐 나왔다. 내가 오래된 도로를 건너갈 때도 바짝 성이 난 폭풍이 휘몰아치고 있었다. 문득 내가 걷고 있던 좁은 길로 기묘한 빛이 비쳤고 나는 이 알 수 없는 광채가 어디서 시작된 것인지 알아보기 위해 등 뒤에 있는 저택과 그림자를 향해 되돌아가기 시작했다. 보일 듯 말 듯한 갈라진 틈을 통해 피처럼 붉은 보름달의 빛이 건물 지붕에서 지그재그로 바닥까지 비추고 있었다. 그것을 응시하고 있는 동안 그 틈이 점점 벌어지며 거친 회오리바람이 지나갔다. 둥그런 원반 모양 달이 내 눈앞에 바짝 다가왔다고 느낀 그때 저택의 거대한 벽이 갈라지며 붕괴되기 시작했고, 그것을 본 나는 영혼이 빠져나가는 기분이 들었다. 물줄기 수천 개가 한꺼번에 밀려가는 듯한 요란한 굉음과 함께 내 발밑의 깊고 음침한 저수지는 어셔가의 잔해를 험악하면서도 조용히 삼켜버리고 말았다.

영화로 제작된 〈모르그가의 살인 사건〉.
로저 코먼은 에드거 앨런 포 전문 영화감독으로 저예산 제작이 특징이다.

아버지 아드리언 프루스트 박사는 위생학의 대가이며 파리대학 교수였고, 어머니는 부유한 유대계 집안 출신이었다. 파리대학에서 법률을 전공했지만 작가가 되기 위해 중도에 학업을 포기했다. 1896년에서 1904년 사이에는 건축학과 미술, 조각에 관심을 보이며 존 러스킨의 작품을 순수 번역하기도 했다.

어릴 적부터 앓아온 천식이 악화되어 35세부터 블루바르 하우스만에 위치한 한 요양원에 입원했다. 그의 방은 코르크로 바깥 소음을 완벽하게 차단하는 구조였으며, 그는 이렇게 고립된 요양원에서 생을 마감할 때까지 총 7권으로 구성된 대작《잃어버린 시간을 찾아서》를 집필했다.

《잃어버린 시간을 찾아서》의 제1편 〈스완네 집 쪽으로〉는 출판사를 찾지 못해 1913년에 자비로 출간되었다. 제2편 〈꽃핀 소녀들의 그늘에서〉는 1918년에 〈신프랑스〉 지에 발표되어 이듬해에 콩쿠르상을 받았다. 이후 제3편과 제4편을 차례로 완성하고 1922년에 제5편 〈갇힌 여인〉을 퇴고하다 폐렴으로 세상을 떠나게 되어 제6편과 제7편은 사후에 출간되었다. 그는 이 방대한 분량의 작품으로 20세기 최고의 작가 중 한 사람이 되었다.

마르셀 프루스트 Marcel Proust, 프랑스 파리 1871~1922

주요 작품

잃어버린 시간을 찾아서 À la recherche du temps perdu:
- 스완네 집 쪽으로 Du côté de chez Swann, 1913
- 꽃핀 소녀들의 그늘에서 À l'ombre des jeunes filles en fleurs, 1918
- 게르망트 가의 사람들 Le côté de Guermantes, 1920-1921
- 소돔과 고모라 Sodome et Gomorrhe, 1921-1922
- 갇힌 여인 La prisonnière, 1923
- 사라진 알베르틴 Albertine disparue, 1925
- 다시 찾은 시간 Le temps retrouvé, 1927

문구 및 명언

지혜는 우리에게 저절로 와주지 않는다. 우리를 도와주거나 위험에서 보호해주는 이가 아무도 없는 여행을 다녀온 후 우리 스스로 발견하는 것이다.

꼭 필요하고 유일하며 참된 책을 한 권 쓰는 것은 위대한 작가의 창작으로 이루어지지 않는다. 작가는 그저 우리 안에 이미 존재하고 있는 것을 번역하는 것일 뿐이다. 고로 작가의 직무와 과제는 번역가의 그것과 같다고 볼 수 있다.

세상의 큰일들은 모두 노이로제에서 온다.

말할 필요가 있는 이가 말을 하기 때문에 상대가 이를 이해하지 못하는 것이다. 말이란 결국 자기 자신을 향한 행위다.

스스로 자신의 단점에 대해 말하는 나쁜 습관에 자신의 단점과 유사한 남들의 성격을 떠벌리는 것까지 추가해야 한다.

사랑에 빠진 질투의 화신에겐 연인이 자유롭게 다니는 것보다는 차라리 병석에 누워 있는 편이 견디기가 더 쉬운 법이다.

인간은 완전히 소유할 수 없는 것만을 사랑한다.

내가 뭔가를 배웠던 때는 청소년 시절뿐이었다.

가끔 우리는 무언가 할 수 있는 때는 현재뿐이라고 속단한다.

잃어버린 천국은 그저 우리 자신 안에 있을 뿐이다.

우아함이란 우리가 지니고 있는 것을 완전히 잊는 것이 아닐까?

스완네 집 쪽으로 Du côté de chez Swann

스완은 귀족 사회의 거의 모든 여인을 알게 되었고 이 여인들에게서 더 이상 배울 것이 없게 되었다. 스완은 이때부터 여인들을 연모하기 시작했다. 그리고 귀족 인증서와 다를 바 없는, 생제르맹 마을에서 그에게 보내준 귀화 초청장을 그저 화폐의 일종이나 실제로는 아무런 가치가 없는 신용어음 정도로 여기게 됐다. 그렇지만 덕분에 지방의 외진 곳이나 공무원이나 양반집의 아리따운 규수를 볼 수 있는 파리의 미천한 계층들이 있는 곳이라면 어디를 가든 웬만큼 대접을 받을 수 있던 것은 사실이었다. 그는 사랑이나 욕망으로 인해 평소 자신의 인생에는 없던 오만한 감정을 느끼기 시작했다. (중략) 그리고 스완이라는 이름만으로는 표현하기 어려운 고상한 귀족성으로 그를 사로잡은 낯선 여인의 눈빛을 빛나게 하고 싶은 욕구가 생겼다. 이러한 욕구는 낯선 여인의 신분이 낮을수록 더욱 강해졌다. 지성을 갖춘 남자가 지적인 다른 남자에게 우둔하게 보일까 봐 두려워하지 않는 것처럼, 기품 있는 남자는 대 귀족이 아닌 오히려 촌사람에게 자신의 품위가 무시당할까 우려한다. 세상이 사람들로 이루어진 순간부터 하층민을 향한 재기 발랄한 허세와 오만함에서 비롯된 과장된 거짓말의 4분의 3은 그들의 기를 죽이기 위한 행위였다. 이렇듯 스완은 공작부인과 함께 있을 때만큼은 수수하고 태만했으나 하녀 앞에 있을 때는 혹여 멸시라도 당할까 가슴을 졸이며 최대한 자세를 가다듬었다.

마르셀 프루스트의 전기에 관한 연구서.

Francisco de Quevedo

알칼라 데 에나레스대학에 재학하는 동안 프랑스어와 이탈리아어, 철학을 공부했고 후에 예술 학부 학위를 취득했다. 졸업 후 레르마 공작의 후원으로 바야돌리드 궁정에서 근무했다.

1606년, 마드리드 궁정으로 들어가게 되면서 당시 활동 중이던 작가 미겔 데 세르반테스를 비롯해 루이스 데 공고라와 인연을 맺으며 신랄한 문학적 논쟁을 이어나갔다. 1613년에 베네치아 공화국을 대상으로 음모를 꾀하려는 나폴리 국왕의 첩자로 시칠리아와 베네치아로 향하던 도중 발각되자 그곳에서 걸인의 행색으로 변장하여 빠져나왔다는 일화가 있다.

그는 풍자적 내용의 시 한 편을 왕의 냅킨 아래 놓은 사건을 계기로 노여움을 사게 되어 14년 동안 투옥되었고 출감 후 2년 뒤에 사망했다.

케베도는 스페인의 황금시대를 대표하는 세계적인 문학가로 시와 피카레스크 풍의 소설을 주로 남겼다.

프란시스코 데 케베도 Francisco de Quevedo,
스페인 마드리드 1580 ~ 비야누에바 데 로스 인판테스 1645

주요 작품

시문집 Antología poética, 1605
돈 파블로스라고 불리는 사기꾼의 생애이야기 Vida del buscón llamado don Pablos, 1626
꿈 Los Sueños, 1627
모든 시간 La hora de todos, 1635

문구 및 명언

만일 가능하다면 그대 자신만을 위해 살라. 그냥 그대 자신만을 위해. 만일 그대가 죽는다면, 그냥 죽는 것이다.

받을 자격이 없는 자가 받게 되었을 때 감사하는 경우는 극히 드물다.

인간의 오만이란 올라간 곳에서 스스로 내려오는 법은 없어도, 자신의 의지와 상관없이 올라갔던 곳에서 항상 떨어지는 법이다.

마음으로 사랑하는 자들은 마음으로만 이야기한다.

사랑은 믿음이지 학문이 아니다.

용감한 자는 적을 두려워하나 겁쟁이는 자신을 두려워한다.

독재자로 존재함은 인간이길 포기하는 것이며, 모든 이들이 인간이길 포기하게 만드는 것이다.

부자는 식사를 하지만 가난한 자는 섭취를 한다.

행운을 차지하는 것은 그것을 저지하는 것보다 쉽다. 남의 것을 취하는 것이 그것을 참는 것보다 쉬운 것처럼.

승자 입장에서 판단했을 때 정의로운 패자란 없다.

만일 그대가 감사를 받으려고 좋은 일을 한다면 그대는 장사꾼이지 자선가는 아니요, 자비심 없는 욕심쟁이일 뿐이다.

더 많은 것을 바라게 되면 충분히 받을 수 있는 것도 조금만 받게 된다.

흡연자들은 지상에서부터 지옥에 갔을 때를 대비한 수련을 시작한다. 그곳에 가면 연기에 매우 잘 적응해야만 하기 때문이다.

죽음을 넘어선 영원한 사랑 Amor costante más allá de la muerte

나의 두 눈을 감게 하리라.
어느 하얀 날로 나를 데려가는 마지막 그림자는.
그리고 내 영혼을 풀어 주리라.
불안한 열망으로 애원하는 시간이 되면.

그러나 한편으로는 불타오르던 기억까지 그곳에
건너가지 못하고 원래 있던 강 언덕에 남아 있으리니.
나의 불길은 차가운 물을 건널 줄 알며
엄격한 계율도 깨뜨릴 수 있으니.

제아무리 신이라 해도 감옥과 같았던 이 영혼
불을 솟구치게 했던 이 핏줄들
영광스럽게 불타오르던 골수들.

그 육신은 놓고 가리. 보살피진 못할지라도.
재가 되리라. 그것이 더 의미 있을 테니.
먼지가 되리라. 사랑에 타고 남은 먼지가.

프란시스코 데 케베도의 〈요람과 무덤〉.

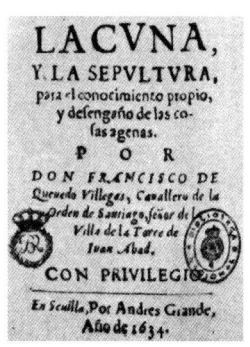

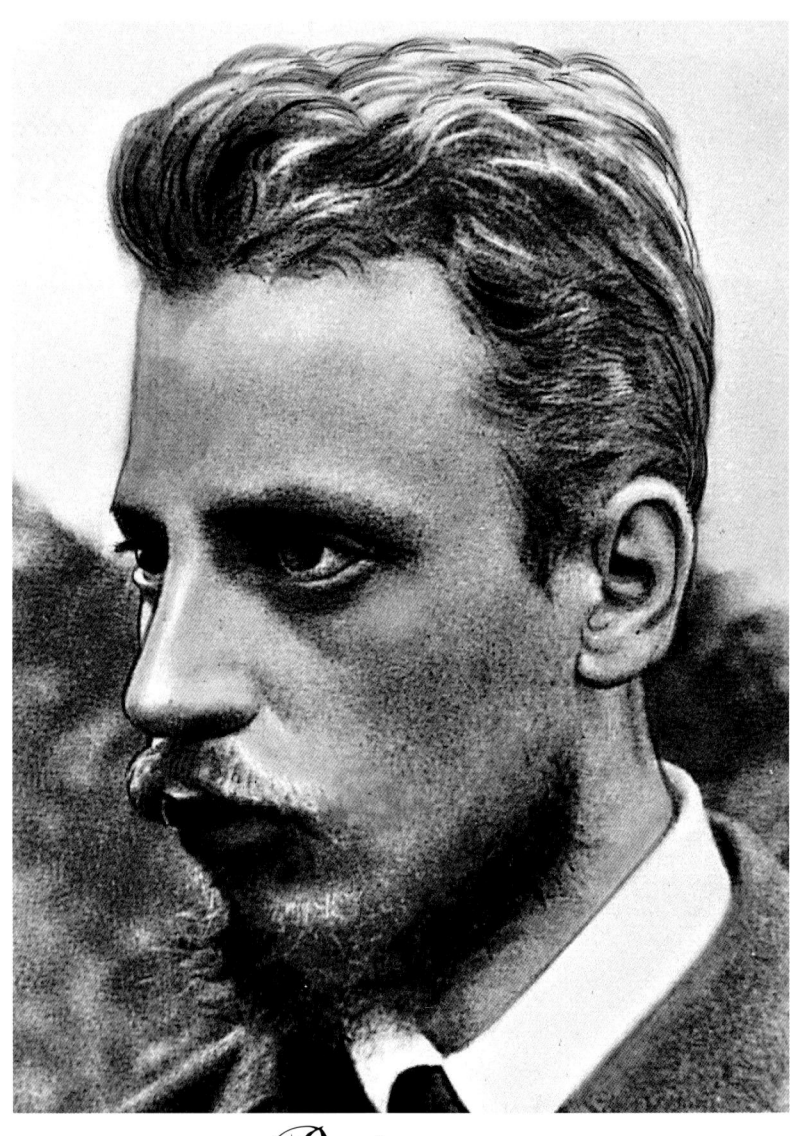

Rainer Maria Rilke

프라하와 뮌헨, 베를린에서 공부했다. 1897년에 뮌헨에서 루 안드레아스 살로메라는 14살 연상의 여인을 만나게 되고 두 차례에 걸쳐 함께 러시아를 여행했다. 프리드리히 니체의 옛 여인이자 지크문트 프로이트의 제자였던 살로메는 릴케의 문학적 성향을 변화시켰던 주요 인물이자 그가 평생 가슴에 담았던 여인 중 한 사람이었다.
1902년, 프랑스 파리를 여행하다가 오귀스트 로댕을 알게 되어 그의 조수로 일하기도 했다. 프랑스에서 이탈리아로 넘어와 1912년부터 두이노 성에서 지내게 되는데, 이 무렵에 〈두이노의 비가〉라는 시를 완성했고 이는 후에 독일의 작곡가인 파울 힌데미트를 통해 음악으로 재탄생되었다. 릴케는 일찍이 신은 모든 곳에 존재한다는 사실을 깨닫고 이를 시로 구체화하기로 결심했다. 이 같은 그의 실존주의는 많은 이들을 매료시켰고 현재까지도 추종자들이 이어지고 있지만 특히 헤르만 헤세, 헨리 밀러, 파블로 네루다, 프란시스코 아얄라 등이 가장 큰 영향을 받았다.

라이너 마리아 릴케 Rainer Maria Rilke,
체코 프라하 1875 ~ 스위스 발몬트 1926

주요 작품

시도시집 Das Stunden-Buch, 1905
말테의 수기 Die Aufzeichnungen des Malte Laurids Brigge, 1910
두이노의 비가 Duineser Elegien, 1922
오르페우스에게 바치는 소네트 Sonette an Orpheus, 1922
젊은 시인에게 보내는 편지 Briefe an einen jungen Dichter, 1929

문구 및 명언

단 한 구절을 쓰기 위해서는 많은 도시와 사람들과 사물들을 눈으로 보아야 한다. 동물들과 교감해야 하며, 새들은 어떻게 나는지 느껴봐야 하고, 꽃망울이 아침마다 열리는 몸짓 하나하나를 알아야 한다.

명성이란, 어떤 사람에 대해 뭔가 오해를 하고 그 사람 주위로 모여든 사람들의 수를 말한다.

인생에 초보자를 위한 수업은 없다. 시작부터 바로 가장 어려운 일을 해내야 하기 때문이다.

예술은 무한한 고독 속에 존재하며, 비평은 그 고독에 도달하지 못하게 하는 가장 큰 방해꾼이다. 오직 사랑만이 예술의 본질을 이해하며 그 고독을 자신의 것으로 승화시킬 수 있다.

거칠거나 완고하지 않은 이는 항상 예술의 외곽에 머물 수밖에 없다.

우리네 세상은 무대의 장막과 같아서 그 뒤에 가장 중요한 비밀들이 숨겨져 있다.

파도에 살고 시간 속에서 고향을 잊는 것, 이것이 향수다. 일상적인 시간이 영원함과 함께하는 고요한 대화, 이것이 소망이다.

사랑이란 두 사회가 서로 존중하며 연합하는 것이다.

'사랑하다'란 원칙적으로는 말이 안 된다. 그 어떤 말이 다른 존재를 흡수한다거나 상대에게 자신을 바친다거나 그와 온전히 결합한다는 의미를 가질 수 있겠는가.

그대의 소망을 적어두는 것을 결코 잊어서는 안 된다네. 이루어지지 않을 것 같지만 평생 바라게 되는 장기적인 소망들도 있었지. 결국 그것을 이룰 때까지 기다릴 수는 없었지만 말이네.

표범 Der Panther

창살을 스치는 그의 시선은
크게 지쳐 아무것도 눈에 들어오지 않는다.
그 시선에는 그저 수천의 창살만 있는 듯
저 수많은 창살 뒤엔 과연 세계가 있을까.

작은 원을 만들며 허무하게 빙빙 돌며
유연하며 강직한 보폭의 부드러운 행보는
하나의 의지가 마취되어 가는 듯
중심을 향해 도는 힘의 춤사위와 같다.

가끔 동공의 베일이 침묵 속에 걷히면
형상 하나가 밀려들어가
사지의 긴장된 정적으로 돌진하여
심장에 이어서 그 존재가 그친다.

릴케의 도시, 체코 프라하의 말라스트라나.

아버지가 가족을 버리고 가출한 뒤 어머니의 엄격한 교육을 받으며 자랐다. 학창 시절 그는 매우 조숙하고 총명한 학생이었으며 특히 라틴어에 대한 감각이 매우 뛰어났다고 한다.

17세에 시인 폴 베를렌과 운명적인 만남을 갖게 되고 곧 동성애로 발전했다. 그러나 베를렌의 질투는 랭보의 목숨을 위협할 정도로 극에 달했으며, 결국 1873년 술에 취한 베를렌이 랭보에게 총상을 입히는 사건이 발생했다. 이 사건으로 베를렌은 감옥에 가게 되었고, 이 무렵부터 랭보는 문학에 흥미를 잃고 세상을 떠돌기 시작했다. 방랑의 시절을 보내던 중 무릎에 종양이 생겨 프랑스로 돌아와 한쪽 다리를 절단하는 수술을 받았으나 암세포가 전신에 퍼지며 37년간의 열정적이고 짧았던 생애를 마치게 된다.

랭보의 시는 대부분 15세에서 20세 사이에 쓰여졌다. 어린 나이에 완성된 그의 시 세계는 다른 시인들이 평생에 걸쳐 노력해도 닿을 수 없는 위치에 도달해 있었다. 보들레르로부터 시작된 상징주의는 베를렌을 거쳐 랭보에서 완성되었다.

아르튀르 랭보 Arthur Rimbaud,
프랑스 샤를빌 메지에르 1854~마르세유 1891

주요 작품

일뤼미나시옹 Les Illuminations, 1872
지옥에서 보낸 한 철 Une saison en enfer, 1873

문구 및 명언

가끔 내가 보는 것은 사람들이 봤다고 생각하는 것들이다.

'나는 생각한다.' 이렇게 말하는 건 잘못됐다. 이렇게 말해야 한다. '날 생각한다.'

견자(見者)가 되기 위해 일을 한다. 그런데 난 글을 쓰지 않는다. 고로 난 파업 중이다.

예술은 하나의 멍텅구리에 지나지 않는다고, 이제야 말할 수 있다.

열일곱 살 따위가 진지할 수 있겠는가.

사랑은 재창조되어야 한다. 그리고 모든 사람이 이를 알고 있다.

도덕은 뇌의 나약함이다.

삶이라니! 진짜 삶은 부재중이며 우리는 세상에 없다.

나의 혼돈은 성스럽다.

행동은 삶이 아니라 그저 힘을 쓰는 하나의 방법일 뿐이다.

인생은 모든 것이 공연되기를 강요하는 떠돌이 악극과 다르지 않다.

나는 내 혈통의 노예다. 나의 부모는 나와 그들 자신의 불행을 초래했다.

난 지옥을 믿는다. 내가 거기 있을 것이다.

아무도 떠날 생각을 안 한다.

절대적으로 현대적이어야 한다.

해질녘, 아리따움이 내 무릎 위로 앉았고, 그녀는 쓴맛이 났다. 그래서 욕을 해줬다.

꽃들 Fleurs

황금 계단에서 - 얇은 비단 끈, 회색 망사, 녹색 우단, 태양 앞에서는 청동처럼 색이 짙어지는 유리 원반 사이- 은과 눈동자들과 머리카락의 선세공 융단 위에 활짝 피는 디기탈리스 나무를 본다. 마노 위에 뿌려진 황금 조각들, 마호가니 기둥이 에메랄드빛의 둥근 기둥을 받치고 하얀 공단의 작은 꽃다발들과 루비색의 가는 줄기들이 물의 장미를 감싼다. 겨울눈의 형상을 한 거대하고 푸른 두 눈의 신처럼 바다와 하늘은 싱싱하고 강건한 장미 한 무리를 대리석의 테라스로 유혹한다.

영화 〈토탈 이클립스〉에서 랭보 역을 맡은 레오나르도 디카프리오.

Mercé Rodoreda

회계사의 딸로 태어나 조부가 사망하기 전까지 학교에서 사무를 보며 가사를 도왔다. 1928년에 어머니의 숙부와 결혼하여 아들을 낳았다.

스페인 내전으로 아버지가 사망했고, 내전이 끝나자 가족을 두고 홀로 프랑스로 망명했다. 프랑스 보르도와 파리에서 지내는 동안 아르망 오비올스라는 새 연인이 생기면서 잠시 글 쓰는 것을 중단하기도 했다.

1954년부터 집필 활동을 재개한 그녀는 제네바의 유네스코에 소속되어 통역 업무를 병행했다. 4년 후 빅토르카탈라상을 받았고, 1962년에는 그녀의 작품 중 가장 잘 알려진 《다이아몬드 광장》을 출간했다. 말년에는 스페인의 헤로나에서 지냈으며, 미완성으로 남겨진 마지막 작품은 그녀가 사망하고 3년 후 출간되었다.

로도레다는 전후(戰後)의 카탈루냐 지역과 그 상황을 묘사했던 대표적인 작가였다.

메르세 로도레다 Mercé Rodoreda,
스페인 바르셀로나 1908~헤로나 1983

주요 작품

알로마 Aloma, 1938
스물두 개의 단편들 Veintidós cuentos, 1958
다이아몬드 광장 La plaza del diamante, 1962
붉은 거울 Espejo roto, 1974

문구 및 명언

소설을 쓸 때 무의식적인 기억이 중요한 이유는, 그것이 당신도 모르는 사이 튀어나와 에피소드 한 편을 너무도 쉽게 쓰게끔 도와주기 때문이다.

내가 어릴 적에, 나중에 어른이 되면 새로 읽는 것보다 다시 읽는 것이 더 많을 것이란 이야기를 들었는데 이는 사실이었다. 그대도 자신의 인생에서 읽었던 중요한 것들에 더 흥미를 갖게 될 것이다. 그러니 그것들을 흡수하여 자신의 것으로 만들라.

모든 희생양은 다른 이들에겐 일종의 채찍이 된다는 사실을 나는 믿어 의심치 않는다.

한 개인에게도 인격은 여러 개 있는 법인데 작가라면 더 말할 것도 없다.

글을 쓰려거든 일단 살아있어야 한다.

나는 열여덟 살부터 문학이라는 문화와 독서 속에서 살아왔다.

나는 반응만 낙천주의자다.

나이를 먹으면서 나타나는 가벼운 변화는 날 슬프게 한다.

남자들은 더 이상 영웅적 존재가 못 된다. 권력을 느끼는 것도 이제 그것으로 충분하다.

지금의 페미니즘은 홍역과 마찬가지다.

여자의 역할이란, 요컨대 남자의 어머니라는 것이다. 물론 이는 세상에서 중요한 일임은 분명하다. 특히 남자들의 세상에서 말이다.

사랑에 빠지지 않고는 혹은 사랑 없인 결코 집에 돌아갈 생각을 하지 않는 세상의 무수한 남자들을 생각만 해도 견딜 수가 없다.

다이아몬드 광장 La plaza del diamante

물은 차가웠고 그로 인해 나는 결혼식을 올릴 시간이었던 전날의 아침을 기억했다. 폭우가 쏟아졌고 나는 늘 그렇듯 오후쯤에 공원에 가면 길마다 물웅덩이가 남아있겠다고 생각했다……. 그리고 그것이 얼마나 작건 간에 웅덩이마다 하늘이 배어 있을 것이다……. 간혹 새 한 마리가 깨뜨리는 하늘……. 목이 마른 새는 자기도 모르게 부리로 물에 담긴 하늘을 깨뜨렸다……. 혹은 시끄러운 새들 몇 마리가 섬광같이 나무에서 내려와 뻣뻣한 깃털을 씻으며 부리와 날개로 하늘을 진창과 섞어댔다. 즐거워하며…….

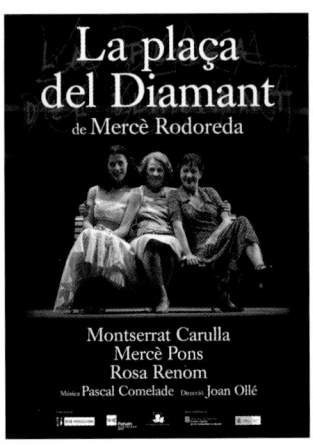

〈다이아몬드 광장〉의 공연 포스터.

Montserrat Roig

카탈루냐의 부유한 집안에서 태어나 바르셀로나대학에서 철학과 문학을 전공했다. 졸업 후 문학적 자질을 살려 신문사 기자로 활동하면서 페미니즘을 지지했으며, 바르셀로나에 아미칼 데 마우타우센(나치 홀로코스트에 의한 희생자들을 기리기 위한 협회) 창단을 지원했다.
그녀의 소설 《나치 진영의 카탈루냐 사람들》은 제2차 세계대전 당시 몰살의 칼바람이 불던 전쟁터에서 생존한 사람들의 생생한 경험을 묘사한 작품이다. 1970년에 빅토르카탈라상을 받았고, 1976년에는 산호르디상 수상의 영광을 얻었다.
1986년에 러시아 모스크바로 떠나 세계대전 중에 포위되었던 레닌그라드(현, 상트페테르부르크)에 관한 논문을 집필했고, 두 달 후 카탈루냐국립문학상을 받았다. 45세가 되던 해인 1991년, 암으로 생을 마감했다.

몬세라트 로이그 Montserrat Roig,
스페인 바르셀로나 1946~1991

주요 작품

옷은 많은데 비누는 적고… Mucha ropa y poco jabón, y tan limpia que la quieren, 1970
체리의 계절 El tiempo de las cerezas, 1976
나치 진영의 카탈루냐 사람들 Los catalanes en los campos nazis, 1978
보랏빛 시간 La hora violeta, 1980
황금빛 바늘 La aguja dorada, 1986

문구 및 명언

나는 투옥되는 것마저 불사할 만큼 이상적인 사상을 가진 자들이 사적으로는 인색하고 부패한 남자들이었다는 것을 깨닫는 순간 상심했다.

―――

의사소통이 단합을 이야기하는 것은 아니다. 텔레비전이 하는 일이란 각자의 차이점들을 강조하며 우리를 단일케 하는 것이다.

―――

나의 어머니는 페미니즘이 시작되기도 전에 이미 내가 여성으로 태어났다는 사실에 자부심을 느끼게 해주셨다.

―――

항상 사건에 질질 끌려가는 다수의 지식인이 그러하듯, 난 아직도 19세기 사람 같은 모양새를 하고 있다.

―――

남자는 문화요 여자는 자연이다.

―――

민주주의란 국회가 아니라 가정에서 배우는 것이며, 정치적 태도가 아닌 삶을 향한 그것이다.

―――

행복은 항상 매장되어 있어서 불행이 당연하다고 생각하는 것은 치명적인 잘못이다.

―――

아마도 기쁨이란 그것을 정의할 수 없는 자들에게만 주어지는 것은 아닐까.

―――

전에는 내가 원하지 않는 것을 알았고, 지금은 내가 원하는 것을 좀 더 잘 알아가고 있다.

―――

우리 소설가들은 문학의 문지기들이다.

―――

단 한 번도 예술로 표현되지 못한 단어들 덕분에 오늘도 난 홀로 담대히 미로로 떠나려 한다.

―――

나치 진영의 카탈루냐 사람들 Los catalanes en los campos nazis

나의 어머니는 집 외에는 아무것도 모르는 사람이어서 길을 잃을까 봐 단 한 번도 홀로 바르셀로나에 나간 적이 없었다. 그러나 그들이 강제로 복귀하게 되자 직장도, 집도, 식량도 아무것도 남은 것이 없었다. 그러자 어머니는 혼자 시내로 나가야 했고 암거래로 담배, 빵, 식용유 등을 파는 차이나타운의 좁은 골목에서 길을 잃기도 했다. 그리고 항상 가장 탐스러운 과일들, 이를테면 윤기가 흐르는 사과나 큼직한 오렌지들을 상할 때까지 보관했는데, 독일에 있는 자식들이 돌아오게 되면 허기를 느낄 것이 분명하다고 생각했기 때문이었다. 하지만 이미 우리가 느끼기엔 페페와 그의 아버지는 구센 전쟁터에서 죽음을 맞아 돌아올 수 없다고 보였다.

*(보랏빛 시간)*의 표지.

Salman Rushdie

인도 뭄바이에서 태어난 영국인으로, 케임브리지대학에서 역사학을 전공했다. 1981년에 《한밤의 아이들》로 부커상을 받았으며, 1993년에는 역대 부커상 수상작 중에서 선정되는 '부커 오브 부커스'를, 2008년에는 '최고의 부커상'을 받았다.

1988년에 출간한 《악마의 시》로 세계적인 주목을 받게 되나 이슬람교를 부정적으로 묘사했다는 이유로 호메이니의 명령하에 공개처형의 표적이 되었고, 1992년부터는 그에게 걸린 현상금이 5백만 달러에 이르게 된다. 이 때문에 그는 한동안 영국 정부의 보호 아래 은둔 생활을 해야 했다. 뿐만 아니라 이 책이 출간된 나라의 번역자들이 살해당하거나 습격을 받아 부상을 입는 상황이 연이어 발생하자 영국 정부는 이란과 단교하였으며, 호메이니가 사망한 후에야 두 나라 간의 관계 정상화라는 명목하에 루시디는 이란으로부터 사면을 받게 된다.

이러한 위협 속에서도 그는 미국 대학에서 학생들을 가르치며 꾸준히 작품 활동을 하고 있으며, 지난 2008년 미국 대선에선 버락 오바마를 공개 지지하기도 하는 등 활발한 활동을 펼치고 있다.

살만 루시디 Salman Rushdie, 인도 뭄바이 1947~

주요 작품

한밤의 아이들 Midnight's Children, 1981
악마의 시 The Satanic Verses, 1988
하룬과 이야기 바다 Haroun and the Sea of Stories, 1991
무어의 마지막 한숨 The Moor's Last Sigh, 1995
분노 Fury, 2001

문구 및 명언

작가가 자신의 고독한 방에서 만들어 내는 것은 그 어떤 힘으로도 쉽게 무너지지 않는다.

책을 태운다고 해서 그것을 파괴할 수 있는 것은 아니다. 단 1분간의 암흑이 우릴 눈멀게 할 수 없듯이 말이다.

책을 두고 노여워하지 않는 것이 얼마나 쉬운 일인지. 그저 그것을 덮어버리면 끝날 것을.

한 권의 책은 세상 속에 존재할법한 하나의 견해이다. 그대 맘에 안 든다면 그것을 그냥 무시하거나 그대 자신의 견해를 권유하면 된다.

시인이 할 일은 이름이 없는 것의 이름을 부르고, 부정한 것을 가리키며, 자세를 바로잡는 것. 그리고 논쟁을 시작하고, 잠들기 전까지 이를 세상에 표현하는 것이다.

대부분의 사람들이 사실이라고 하는 것이 사실이기는 하나, 그들 대부분 역시 긴 역사의 흐름을 거치며 의견을 바꾸기도 한다.

나의 적들의 말이 옳다는 사실을 인정하는 것은 죽을 만큼 분하다.

우리의 삶은 우리가 누구인지를 가르쳐준다.

우리네 삶에서 중요한 일들은 대부분 우리의 부재 속에서 일어난다.

난 책들과 빵에 입을 맞추며 성장했다. 그런데 한 여인에게 입을 맞추기 시작하면서 책들과 빵에 대한 흥미를 잃고 말았다.

인권이라는 목록에는 '노여워하지 말 것'이라는 법은 존재하지 않는다. 만일 이러한 법이 존재한다면 아무도 자신의 생각을 말이나 글로 표현하지 않을 것이다.

오래된 지식은 근대적인 바보짓이다.

하룬과 이야기 바다 Haroun and the Sea of Stories 중
허풍쟁이 녀석 The Shah of Blah

옛날 알파벳이라는 나라에 슬픈 도시가 있었습니다. 세상에서 가장 슬픈 이 도시는 얼마나 슬펐는지 가엾게도 자기 이름마저 잊고 말았답니다. 이 도시는 구슬픈 바다 가까이에 있었고, 그 바다는 '우울한 물고기'로 가득했어요. 헌데 그 물고기들은 너무도 맛이 없어서, 그것을 먹은 이들은 하늘이 파란데도 우울하게 트림을 했지요.

슬픈 도시 북쪽에는 큰 공장들이 있었는데, 이 공장들은 슬픔을 생산하고 포장해서 전 세계로 내보냈습니다. 하지만 세상은 슬픔이 충분하지 않은 듯했습니다. 슬픔공장 굴뚝은 시꺼먼 연기를 연신 토해냈고 연기는 마치 안 좋은 소식처럼 도시를 뒤덮었습니다.

작가가 은둔 생활을 하게 된 계기가 된 《악마의 시》 초판본.

Ernesto Sábato

아르헨티나에서 태어났지만 이탈리아계이며 라 플라타 국립대학에서 물리학과 수학을 전공하고 1938년에 박사 학위를 받았다. 프랑스 파리로 이주한 뒤 당대의 초현실파 인물들과 교류하며 핵물리학자인 졸리오 퀴리 연구소에서 근무했다.

1940년에 아르헨티나로 돌아와 부에노스아이레스대학에서 물리학 교수직을 역임하며 과학과 문학에 관한 여러 기사를 쓰기도 했다. 그러던 중 페론 정책을 비판하는 칼럼을 썼다는 이유로 교수직을 박탈당했다.

1961년에 소설《영웅들과 무덤에 관해서》가 발표되면서 순식간에 명성을 얻게 된 그는 1979년에 프랑스 레지옹 훈장의 기사 작위를 받았으며, 5년 뒤 세르반테스상을 받았다. 1985년에는 아르헨티나 군사독재 시절에 자행되었던 가혹 행위를 조사하는 위원회를 주관하기도 했다.

그는 나이를 먹으면서 시력이 점점 나빠져 더 이상 집필에 집중할 수 없게 되자 그림을 그리며 여생을 보냈다.

에르네스토 사바토 Ernesto Sábato,
아르헨티나 부에노스아이레스 로하스 1911~2011

주요 작품

터널 El túnel, 1948
영웅들과 무덤에 관해서 Sobre héroes y tumbas, 1961
말살자 아바돈 Abaddón, el exterminador, 1974

문구 및 명언

내가 만일 글을 쓰지 않았다면 난 이미 죽었을 것이다. 존재의 의미를 찾기 위해서 말이다.

―

훌륭한 작가는 사소한 단어로 위대한 이야기를 한다. 이와 대조적으로, 형편없는 작가는 거창한 단어를 사용해 쓸모없는 이야기를 늘어놓는다.

인생이란 얼마나 짧고, 사는 일은 얼마나 어려운가. 이제야 그것을 깨달았으나 죽을 때가 다 되어버리다니.

―

소설은 쓰는 자와 읽는 자 모두를 구원한다.

모든 소설은 카타르시스다.

예술과 문학은 우리가 '시'라 부르는 것으로 융합된다.

예술가는 어린아이, 남자 그리고 여자의 혼합체가 되어야 한다.

유행이란 옷과 같은 하찮은 것에는 합당할지 몰라도 생각과 예술 안에서는 고약하기 그지없다.

삶이란 앞으로의 기억을 건설해 나가는 일이다.

니체는 과학보다 삶이 우월하다는 사실을 인정했다. 그는 키에르케고르와 마찬가지로 존재는 이성에 의해 지배될 수 없다고 여겼다. 삶은 모순이고 역설이기 때문이다.

―

고문하지 말라는 명령은 가상이 아닌 단정이어야 한다. 고문은 상대적인 것이 아닌 절대적인 악행이기 때문에 비교적 잘못되었다거나 유익한 고문이라는 것은 존재하지 않는다.

―

역사는 기계적인 것이 될 수 없다. 인간은 자유롭기에 그것을 변형시킬 수 있기 때문이다.

독창적인 것은 남들의 평범함을 어느 정도 분명하게 만든다.

―

영웅들과 무덤에 관해서 Sobre héroes y tumbas 중
장님들에 대한 이야기 Informe sobre ciegos

내가 한눈을 팔며 멍하니 걷고 있을 때 갑자기 천 년의 꿈에서 나를 깨우는 것 같은 누군가의 종소리를 들었다……. 내 앞에서 굳은 얼굴로 나를 뚫어지게 쳐다보며, 싸구려 물건들을 파는 정체불명의 장님이었다. 그녀는 나 하나 때문에 종을 흔들었다는 듯이 금세 종소리를 멈췄다. 나를 우둔한 꿈에서 깨우기 위한 것인가, 혹은 어리석은 예행연습처럼 끝나버린 나의 이전 존재를 일깨우기라도 하려는 것인가. 마치 이제는 현실과 싸워야 한다고 경고라도 하는 듯 말이다. 그녀는 미동도 없이 알 수 없는 얼굴로 나를 대했다. 나는 냉랭하지만 지옥에서 나타난 듯한 장님의 등장에 몸이 굳어짐을 느꼈다. 그 순간이 시간의 일부를 형성하는 것이 아닌 영원의 통로처럼 여겨졌다. 그리고 곧이어 내 의식이 시간의 급류를 타고 현재로 되돌아오자, 나는 달아나기 시작했다.

영화 〈터널〉의 한 장면. 《영웅들과 무덤에 관해서》 초판본.

프로방스 지방의 귀족이었던 그는 10대 후반부터 이미 난봉꾼으로 유명했다. 가학적인 성 추문으로 여러 차례 체포되지만 매번 귀족 가문의 배경을 이용하여 풀려나기를 반복하던 중 1772년 매춘부에게 먹인 최음제가 문제를 일으켜 독살 혐의로 수배를 받게 되자 불륜 상대였던 처제와 함께 이탈리아로 도주했다. 그러나 계속된 스캔들로 결국 1777년에 체포되어 감옥에 수감되었고 이후 13년간 감옥 생활을 하게 된다.

프랑스 대혁명이 일어나 왕정이 폐지되자 자유의 몸이 되었지만 이미 모든 것을 잃은 그는 생계를 잇기 위해 극장에서 일하거나 극빈자 구호소에서 생활했다. 그러나 1803년, 그는 또다시 정신병원에 강제로 수용되었고 그곳에서 11년을 살다가 생을 마감했다.

그의 문학 작품은 외설적이란 이유로 20세기까지 금서로 지정되었으며, 가장 악명 높은 대표작 《소돔 120일》은 상상을 초월하는 가학적이고 변태적인 성적 묘사로 가득하다. 그의 이름에서 비롯된 '사디즘'이란 용어는 '가학성 변태 성욕'이라는 의미로 현재에도 널리 쓰이고 있다.

마르키 드 사드 Marquis de Sade,
프랑스 파리 1740~샤렝턴 1814

주요 작품

미덕의 불운 Justine ou les Malheurs de la vertu, 1791
규방철학 La philosophie dans le boudoir, 1795
악덕의 번영 Histoire de Juliette ou les prospérités du vice, 1797
소돔 120일 Les 120 journées de Sodome, 1904 사후출판

문구 및 명언

자신의 변덕을 충족시킬 수 있는 자만큼 행복한 사람이 있을까.

악은 창조되는 것이 아니라 윤리적 본질이다.

행복이란, 미덕이나 악덕에 있는 것이 아니라 하나의 본질과 다른 본질을 인지하는 방식 안에 있다.

각각의 근원은 판단이고, 각각의 판단은 경험에서 오는 결과물이다. 그리고 경험은 감성의 훈련을 통해서 얻을 수 있다.

피조물은 홀로 태어나며 다른 이의 도움은 필요로 하지 않는다.

기쁨은 나눌수록 힘이 빠진다.

불결한 요소는 음탕한 행위에 기쁨을 주며, 그것이 더 불결할수록 더 유쾌해지는 법이다.

고통만큼이나 짜릿하고 능동적인 느낌이 있을까. 그것이 주는 인상은 또렷하게 남아 지워지지 않는다.

세상에서 말하는 모든 윤리적 원리는 그저 환상에 불과하다.

육체는 자연적으로 숭배되어야 하는 성전이다.

영원히 존중하며 억압하지 말아야 할 것은 미덕이 아닌 악덕이다.

사랑 안의 모든 절정은 격렬하다.

미덕의 불운 Justine ou les Malheurs de la vertu

…사악한 사제는 그녀를 강제로 드러눕혀 그의 혐오스러운 입으로 그녀의 입술을 덮치고 채찍질로도 얻어낼 수 없었던 비명을 그녀의 폐부에서 끄집어내려고 했다. 그는 입술을 빨아대며 복부를 가격하기도 했으며 쥐스틴이 더 요동치고 증오심에 몸부림을 칠수록 더 만족스러워하는 듯했다. 입술을 물거나 엉덩이를 꼬집었으며 그다음에는 턱으로 그녀의 가슴을 찍어댔다. 이어 배를 할퀴기도 했으나 그의 분노는 좀처럼 사그라지지 않았다. 수차례 물린 그녀의 입술은 저려왔고 복부는 손톱자국과 구타로 붉게 물들었으나 극악무도한 클레멘트는 그녀의 가슴을 공격하는 데만 집중했다. 부드럽고 매혹적인 젖무덤을 손가락으로 주무르고 손바닥으로 짓누르기도 했으며 한쪽을 다른 쪽 방향으로 쥐어짜다가도 둘이 서로 떨어지도록 잡아당겼다. 유두를 꼬집고 얼굴을 골 사이에 파묻으며 두 가슴을 벌리다가 원형 주위를 깨물어댔다. 마침내 그는 잔인함이 극에 달하며 한쪽 가슴을 그의 입 안 가득 집어넣고 온 힘을 다해 물어버렸다. 다시금 쥐스틴의 비명이 허공에 울렸으며 그러는 동안 클레멘트 신부는 환희에 가득 차서 고개를 들었다. 그의 입가에는 턱밑까지 두 줄기의 핏자국이 흘러내렸다.

마르키 드 사드의 인생을 조명한 영화 〈퀼스〉.

Françoise Sagan

본명은 프랑수아즈 쿠아레이며 부유한 실업가의 딸로 태어나 가족과 함께 리옹에서 살았다. 소르본대학에 진학했으나 대학 생활에 적응하지 못하고 중퇴했다

19세에 첫 소설 《슬픔이여 안녕》을 발표하면서 일약 스타덤에 올랐다. 그녀는 이 작품으로 문학비평상을 받았으며, 대중의 폭발적인 반응으로 프랑스에서 가장 인기 있는 작가의 반열에 오르게 된다. 이후 미국을 여행하면서 트루먼 커포티와 만나기도 했으며 1958년에는 편집인이었던 가이 슈웰러와 결혼했으나 이혼하고, 1962년 도예 디자이너 봅 웨스트와 재혼했으나 또다시 이혼했다. 1956년에 두 번째 작품을 출간하지만 이후의 작품들은 그녀의 처녀작만큼 명성을 얻지 못했다.

한때는 도박으로 빚더미에 앉기도 했고 마약복용 혐의로 기소되기도 했는데, 재판 도중 "타인에게 피해를 주지 않는 한, 나는 나를 파괴할 권리가 있다."라는 주장으로 파문을 일으켰다. 항구 도시 옹플레르에서 노년을 보내다가 2004년에 심장과 폐 질환으로 사망했다.

프랑수아즈 사강 Françoise Sagan,
프랑스 카자르크 1935 ~ 옹플레르 2004

주요 작품

슬픔이여 안녕 Bonjour, tristesse, 1954
어떤 미소 Un certain sourire, 1956
한 달 뒤, 한 해 뒤 Dans un mois, dans un an, 1957
브람스를 좋아하세요? Aimez-vous Brahms?, 1959
스웨덴의 성 Château en Suède, 1960

문구 및 명언

책을 쓰는 사람 중 지식인은 거의 드물지만, 사실 지식인들이란 남이 쓴 책에 대해 이야기하는 사람들을 일컫는다.

시간을 보내기 위해 즐겨 하는 것 가운데 하나는 바로 시간을 보내는 것이다. 시간을 잡기도 하고, 내 시간을 갖기도 하고, 시간을 잃기도 하면서 무작정 사는 것이다.

내게 행복이란, 건강한 체력과 두려움 없이 잠이 드는 것 그리고 조바심 없이 깨어나는 것에서 오는 기쁨을 말한다.

음식이나 약보다 여자를 더 기쁘게 해주는 것은 남자의 시선이다.

다른 여자와 같은 옷을 입은 채 특별하지 않은 남자들과 함께하고 싶은 여자가 어디 있으랴.

동경이란 얼어 있는 사랑이다.

하고 싶은 것을 할 수 있는 자유가 주어졌을 때, 대개 사람들은 서로 흉내 내기 시작할 뿐이다.

함께 웃을 수 있는 능력이 사랑이다.

사랑한다면 단순히 좋아하는 것보다 상대를 더 이해할 줄 알아야 한다.

드레스란 남자들로 하여금 그것을 벗기고 싶은 감흥을 주지 않는다면 의미가 전혀 없다.

예술은 현실을 놀라움으로 받아들여야 한다.

글을 쓰는 것은 어떤 리듬을 탈 수 있느냐의 문제다. 나는 이를 재즈에 비유한다.

목표란 시간이나 아름다움, 신념조차도 변질케 할 수 없는 친구와 같다.

그 뒤에 있는 문을 닫아야만 미래를 향한 창문이 열린다.

슬픔이여 안녕 Bonjour, tristesse

나른함과 달콤함으로 나를 사로잡은 그 낯선 감정을 슬픔이라는 아름답고 묵직한 이름으로 불러도 좋을지 나는 망설여진다. 이것은 완전하고 이기적인 감정이며, 슬픔이란 항상 기품이 넘치는 것이었으므로 나를 부끄럽게 만들었다. 나는 여태껏 나른함, 번뇌, 드물게는 자책까지도 느껴본 적이 있었지만 유독 슬픔은 그렇지 못했다. 오늘은, 마치 비단과 같이 부드럽고 불안한 무언가가 나를 감싸고는 다른 이들로부터 떼어놓으려고 한다.

영화 《슬픔이여 안녕》의 포스터.

A. de Saint-Exupéry

리옹의 옛 귀족 가문에서 태어났으며 독일의 프라이부르크대학에서 공부했다. 1921년에 프랑스 공군에 입대하여 조종사가 되었다. 1926년부터 항공사에 취업하여 다양한 보직을 수행했으며, 이 시기에 경험한 사막에서의 생활이 이후 그의 여러 작품에 큰 영향을 미치게 된다. 1931년에 《야간 비행》이 출간되어 페미나상을 받았다.

그는 비행과 관련해 다양한 사고를 겪게 되는데, 1934년에 리비아 사막에 불시착해 극적으로 구조되었고, 1938년에는 과테말라에 비행기가 추락하여 큰 사고를 당하기도 했다. 그러한 와중에도 그는 집필 활동에 몰두하여 대표작들이 연이어 출간되었다. 제2차 세계대전이 일어나자 자신의 옛 비행중대로 합류한 생텍쥐페리는 1944년 7월, 정찰을 위해 비행에 나섰다가 적기에 피격되어 사망하게 된다.

아동문학의 고전이 된 《어린 왕자》의 삽화는 생텍쥐페리가 직접 그린 것으로, 우연한 기회에 그가 식당에서 냅킨에 그린 어린 왕자의 스케치를 본 한 출판업자의 권유로 《어린 왕자》가 탄생하게 되었다고 한다.

앙투안 드 생텍쥐페리 A. de Saint-Exupéry,
프랑스 리옹 1900~마르세유 동남쪽 바다 1944

주요 작품

야간 비행 Vol de nuit, 1931
인간의 대지 Terre des hommes, 1939
어린 왕자 Le Petit Prince, 1943
성채 Citadelle, 1948

문구 및 명언

태생적인 무지함은 불치병이다.

제대로 보려면 시선의 방향을 계속 바꾸어선 안 된다.

도피는 어느 곳에도 데려다 주지 않는다. 아무도.

단 하나의 자유만이 존재함을 안다. 생각의 자유.

잘 보게, 이 세상에는 해결이란 없고 행군의 힘만이 있을 뿐이라네. 그러나 그것이 중요한 이유는, 그것만이 결국 해결을 부르기 때문이라네.

근본적인 것은 눈으로 볼 수 없다.

인간은 장애물과 힘을 겨루며 깨닫는다.

만일 그대가 행복이란 단어를 이해하고 싶거든, 그것이 목적이 아닌 보상이란 사실을 알아야 하네.

사랑은 서로 마주 보는 것이 아니라 같은 방향을 바라보는 것이다.

어른들과 함께할 때 아이들에게는 많은 인내가 요구된다.

사막이 아름다운 이유는 어딘가 오아시스가 숨겨져 있기 때문이리라.

첫사랑에는 '더' 바란다. 그러나 그 이후의 사랑들에는 '더 좋은 것'을 바란다.

전쟁은 장티푸스와 같다.

비행기는 단지 기계에 불과하다. 하지만 이 얼마나 환상적인 발명이며 근사한 도구인가. 진정으로 지상의 얼굴을 발견할 수 있으니.

어린 왕자 Le Petit Prince

이 책을 레옹 베르트에게 바칩니다.

이 책을 레옹 베르트라는 어른에게 바치는 것에 대해 어린이들에게 용서를 빕니다. 그럴만한 중요한 이유가 있답니다. 이 어른은 이 세상에서 가장 훌륭한 제 친구이기 때문이지요. 또 다른 이유도 있답니다. 이 어른은 모든 것을, 심지어는 어린이를 위한 책까지도 이해할 수 있는 사람이기 때문입니다. 마지막 이유는, 이 어른은 지금 프랑스에 살고 있는데 그곳에서 배고픔과 추위를 견디고 있어서입니다. 그에겐 진정한 위로가 필요하지요. 만일 이러한 이유로도 설명이 부족하다면, 저는 이 책을 이 어른의 어린 시절에 바치겠습니다. 어른은 누구든 모두 어린이였으니까요. (물론 이를 기억하는 이들은 그다지 많지 않지만요.) 헌사를 이렇게 고쳐야겠군요.

어린 시절의 레옹 베르트에게 이 책을 바칩니다.

작가가 직접 삽화를 그린 《어린왕자》 초판본.

수입업을 하던 부유한 가정에서 태어나 경제공황에도 불구하고 여유로운 어린 시절을 보냈다. 밸리 포르지 군사학교를 졸업하고 컬럼비아대학에서 창작 강좌를 수강했다. 1940년에 첫 단편소설《젊은 사람들(The young talks)》을〈스토리〉지에 발표했고, 이후로 유명 잡지들에 잇따라 단편을 발표하면서 신예작가로서 주목을 받았다. 제2차 세계대전이 발발하자 보병대의 하사관으로 참전했다.

1951년, 첫 장편소설《호밀밭의 파수꾼》이 발표되자 큰 명성을 얻게 된다. 당시로써는 다소 충격적인 소설이었던 이 작품은 이후 젊은이들의 방황과 고독을 대표하는 소설이 되었으며 전 세계적으로 번역 출간되어 초대형 베스트셀러가 되었다. 그러나 점점 대중의 관심에 불편함을 느낀 그는 1965년 이후부터는 더 이상의 작품을 발표하지 않았고, 외부와의 모든 접촉을 끊은 채 은둔의 삶을 살다가 2010년 노환으로 세상을 떠났다. 샐린저의 문학은 현대 소설의 표본과도 같으며 그의 작품 속에는 특유의 구어체 사용과 날카로운 아이러니가 녹아있는 것이 특징이다.

제롬 데이비드 샐린저 Jerome David Salinger,
미국 뉴욕 1919~뉴햄프셔 2010

주요 작품

호밀밭의 파수꾼 The Catcher in the Rye, 1951
아홉가지 이야기 Nine Stories, 1953
프래니와 주이 Franny and Zooey, 1961
목수들아, 대들보를 높이 올려라 Raise High the Roof Beam, Carpenters, 1963

문구 및 명언

우둔한 자와 현명한 자를 구분하는 방법은, 전자는 어떤 사상 때문에 자랑스럽게 죽기를 꿈꾸지만 후자는 그것을 위해서라도 겸허히 살기를 열망한다는 점이다.

예술가의 과제는 최대한 완벽을 추구하는 것, 그뿐이다.

어쨌건 나는 원자 폭탄이 발명된 것에 어느 정도 기쁨을 느끼며, 만일 다른 전쟁이 발발한다면 폭탄 위에 앉게 되길 희망한다. 나는 스스로 나를 그들에게 바칠 것이다. 신께 맹세코 그리할 것이다.

나는 뒤집힌 것에 대한 편집증이 있는 사람이다. 그래서 혹시 세상 사람들이 나를 기쁘게 하려고 일부러 공모한 것은 아닌지 의심이 들기도 한다.

행복과 기쁨 사이의 근본적인 차이점은, 행복은 고체이고 기쁨은 액체라는 사실이다.

우리가 앉았을 때 나는 그녀에게 약간의 연정을 품었더랬다. 여자들과는 항상 이런 식이다. 그녀들이 무언가 어여쁜 행동을 할 때마다…… 당신들은 사랑에 빠질 것이 분명하며, 결코 자신이 무엇에 놀아나고 있는 건지 눈치챌 수 없으리라.

만일 그대가 백만 년을 살 수 있다 해도 전 세계 벽에 수없이 낙서 된 "엿 먹어"란 말의 절반도 채 지우지 못할 것이다. 이는 불가능하다.

배우들은 가증스럽다. 전혀 실제 사람들처럼 연기하지 않으면서 그들 스스로는 그렇다고 믿기 때문이다.

내 절친한 친구 중 일부는 아이들이다. 사실상, 내 절친한 친구들은 전부 아이들이다.

호밀밭의 파수꾼 The Catcher in the Rye

그러나 결국, 여태 얘기하던 것처럼 택시에 탑승했고 곧 택시기사는 내게 몇 마디를 건네기 시작했다. 그의 이름은 하위츠로, 이전 기사보다는 훨씬 친절했다. 그래서인지 나는 혹시 그가 오리에 대해 아는 것이 있는지 물어보기로 했다.
"저, 기사님." 그에게 말했다. "센트럴 파크 호수 쪽으로 자주 가시나요?"
"뭐요?"
"호수요. 아시겠지만, 센트럴 사우스 파크 부근에 있는 작은 호수 말입니다. 오리들이 있는 곳이요. 아시죠?" "그렇소만, 그 호수가 뭐가 어쨌단 거요?"
"항상 거기서 헤엄치는 오리들 기억하세요? 특히 봄에 말입니다. 그런데 혹시 그 아이들이 겨울이 되면 어디로 가는지 아시는지요?" "어딜 간다고, 누가?"
"오리들이요. 혹시 모르세요? 누군가 트럭을 몰고 와서 그 아이들을 싣고 가는지, 아니면 자기들이 알아서 남쪽으로 날아가는 건지, 그도 아니면, 어찌 하는 걸까요?"
하위츠라는 기사는 고개를 돌려 나를 쳐다봤다. 인내심은 없었으나 적어도 나쁜 사람은 아닌 듯 보였다.
"그걸 알 거라고 생각하쇼?" 그가 내게 말했다. "그딴 것을 내가 알 리가 있겠소?"
"그래요, 근데 화내진 마시죠." "누가 화를 냈다고 그래? 그런 거 없수다."
그리 심각하게 받아들일 만한 일이라면 말을 마는 게 상책이라고 생각했다. 그러나 다시 말을 꺼낸 사람은 기사였다. 그는 다시 고개를 돌려 내게 말했다.
"물고기들은 어디로든 가지 않소. 그것들은 호수에 남아서 움직이는 법이 없지."

《호밀밭의 파수꾼》 원서.

George Sand

본명은 오로르 뒤팽이다. 폴란드의 왕 어거스트 2세의 후손으로 파리의 수도원에서 교육을 받았다.

그녀는 18세에 지방의 귀족 뒤드방 남작과 결혼했으나 결혼생활을 오래 유지하지 못하고 두 아이를 데리고 파리로 이주했다. 그곳에서 오노레 드 발자크와 프란츠 리스트를 만나 친분을 쌓기 시작했다. 친구의 권유로 1832년에 첫 소설 《앵디아나》를 발표하여 일약 유명해졌으며, 남장 차림으로 문인들과 어울리면서 문학 활동을 지속했다.

시인이자 소설가였던 알프레드 드 뮈세와 연인 관계였다가 이후 프레데리크 쇼팽과 모성적인 사랑에 빠졌다. 쇼팽의 병 때문에 요양차 스페인의 마요르카 섬에 4개월간 머물기도 했는데, 섬에서 생활했던 이들의 모습은 1841년에 발행된 저서에 일기 형식으로 묘사되어 있다.

생전에 그녀는 왕성한 작품 활동뿐만 아니라 여성의 인권을 지키는 데도 적극적이었다. 시대를 앞서 간 여성이었으며, 수많은 예술가들과 우정과 사랑을 나누며 열정적인 삶을 살았다. 1848년부터는 노앙에 있는 본인의 별장에 정착하여 작품 활동을 했으며 72세의 나이로 생을 마감했다.

조르주 상드 George Sand, 프랑스 파리 1804~낭트 1876

주요 작품

앵디아나 Indiana, 1832
렐리아 Lélia, 1833
콩쉬엘로 Consuelo, 1842
마(魔)의 늪 La mare au diable, 1846
사랑의 요정 La petite fadette, 1849
내 생애의 역사 Histoire de ma vie, 1854-1855

문구 및 명언

사랑하라. 삶에서 좋은 것은 이것뿐이다.

동경이 결여된 사랑은 그저 우정일 뿐이다.

진실은 지나치게 단순하나 그것에 도달하는 길은 매우 복잡하다.

기억은 영혼의 향기다.

자비란, 이를 받는 자들의 위신은 떨어뜨리나 이를 베푸는 자들의 위신은 더욱 견고하게 한다.

입맞춤은 대화의 한 형식이다.

남자와 여자는 어느 적정선까지는 너무도 같아서 미묘하게 나타나는 특징이나 서로의 논리를 거의 헤아리지 못하는데, 결국 이러한 논쟁을 밑거름으로 사회가 성장하게 되는 것이다.

예술가의 재능은 인간의 영혼 위로 빛을 던지는 것이다.

노년이 찾아오기 전까지 그대의 젊고 두근거리는 영혼을 최대한 붙잡도록 하라.

아무것도 모르기 위한 참된 방법은 그것을 한 번에 배우는 것이다.

삶이라는 책에서 한 페이지를 뜯어낼 수는 없지만 책 전체를 불구덩이에 던질 수는 있다.

생각은 빨리 달리는 말이요, 이성은 기수(騎手)다.

지성이 찾는 것을 가슴이 발견한다.

신께서 기쁨을 슬픔 가까이 놓아두셔서 수많은 기쁨의 눈물을 흘리는 것이구나.

마요르카의 겨울 Un hiver á Majorque

여행객들은 이 남부지방의 마을에 감도는 행복에 관해서 문구를 만든다. 일요일마다 태양 빛 아래서 펼쳐지는 이 지역의 생기발랄한 복장과 모습들을 구경하며 그것을 구현하는 당사자들의 생각이나 예측과는 상관없이 이를 전원생활의 이상적인 평온함 정도로 해석하는 것이다. 이는 나 또한 수없이 범했던 실수였으나, 마요르카를 다녀온 후부터는 생각을 달리하게 되었다.
단지 기도하고 노래 부르며 일하고, 단 한 번도 생각이란 것을 하지 않는 시골 사람처럼 이 세상에서 더 기구하고 가엾은 이가 또 어디 있을까.

프레데리크 쇼팽의 초상.
조르주 상드가 쇼팽과 함께 머물던 카르투하 수도원.

José Saramago

농사를 지으며 수공업으로 생계를 유지하던 가난한 가정에서 태어나 어렸을 때부터 용접공, 기계공, 관리인 등 다양한 일을 전전했다. 어려운 가정 형편 때문에 학업을 중도에 포기할 수밖에 없었는데 이 때문에 이후 '독학 노벨문학상 작가'로 불리게 된다.

25세에 첫 소설 《죄악의 땅(Terra do Pecado)》을 발표했으나 50대 중반에 이르러 본격적인 작품 활동에 몰두하기 전까진 주로 정치 칼럼니스트로 활동했다. 1970년대에 포르투갈의 공산당에 입당하면서 줄곧 정부의 감시를 받다가 1975년에 국외로 강제 추방되었다.

추방 후 번역가나 언론인으로 활동하다가 60세인 1982년에 《수도원의 비망록》을 발표하면서 세계적인 명성을 얻게 되었다. 그는 현실과 환상을 넘나드는 마술적 사실주의 기법과 실험적 문장을 통해 인간과 사회를 꿰뚫어 보는 작품을 발표해왔는데, 종종 사회적 논란의 대상이 되기도 했다. 1993년까지 리스본에 거주하며 문학에만 전념했으며, 이후 란사로테 섬에 정착하여 그곳 별장에서 여생을 보냈다. 1998년에 노벨문학상을 받았다.

주제 사라마구 José Saramago,
포르투갈 아징하가 1922~스페인 란사로테 2010

주요 작품

수도원의 비망록 Memorial do Convento, 1982
예수 복음 O Evangelho Segundo Jesus Cristo, 1991
눈먼 자들의 도시 Ensaio sobre a Cegueira, 1995
이름 없는 자들의 도시 Todos os Nomes, 1997
도플갱어 O Homem Duplicado, 2002
눈뜬 자들의 도시 Ensaio sobre a Lucidez, 2004

문구 및 명언

내가 만일 글을 써서 먹고 사는 작가들을 비난한다면 그것은 어불성설이겠으나, 할 말이 없을 때조차 글을 쓰려는 작자들에겐 마땅히 항의해도 되리라 생각한다.

우화는 현실을 묘사하는 것이 더 이상 소용이 없을 때 시작된다. 우리 작가들과 예술가들은 어둠을 더듬는 눈먼 자들처럼, 무지함 속에서 작업한다.

예술이든 문학이든 우리에게 도덕적 교훈을 줄 수는 없다. 우리가 스스로 자신을 구해야 할 것이며, 고루하고 시대착오적으로 들릴지는 모르나 윤리적인 시민의 자세로만 이를 이룰 수 있다.

노벨문학상이 수상자의 국가에 문학적인 붐을 일으킨다는 것은 다 거짓이다. 그것의 유일한 가치는 그저 작가의 통장을 살찌우는 것뿐이다.

가끔 문학은 주식 시장의 원리와 비슷하다. 시세가 오르기도 하고 내리기도 하며, 대부분은 그저 할인에 의지하게 된다.

나는 아무도 설득해서는 안 된다고 배웠다. 설득이란 작업은 상대에 대한 존중이 결여된 행동으로, 타인을 자신의 식민지화 하려는 의도와 마찬가지다.

외눈박이든 영민한 자든, 우리를 통치하는 사람은 항상 있는 법이다.

지나간 일을 지울 수도 없는데 후회를 한들 무슨 소용이란 말인가. 그저 변화만이 가장 훌륭한 후회의 방법일 뿐이다.

희망을 품을 줄 아는 우리의 능력이야말로 동물들과 우리를 구분하는 유일한 방법이다.

작은 일을 생각하기 위해 멈추는 몸짓만으로도 큰일을 이해할 수 있게 되리라.

눈먼 자들의 도시 Ensaio sobre a Cegueira

한 사람씩 눈이 멀기 시작하여 결국 모두가 눈이 멀었으며 그들의 눈은 갑자기 복도, 병실 그리고 모든 공간에 밀려온 고약한 백색 파도에 침수되었다. 현관과 울타리 내에서는 눈이 멀어 무기력한 이들, 맞서서 상처가 나거나 짓밟히기도 한 사람들이 다리를 질질 끌고 있었다. 그들 대부분이 노인들, 여자들 혹은 방어력이 거의 없는 사람들이었지만 그럼에도 묻을 시체가 그 정도에서 더 이상 생기지 않았다는 건 기적이나 마찬가지였다. 바닥에는 정체를 알 수 없는 구두와 가방, 짐가방, 보따리들이 흩어져 있었다. 한때는 주인에게 귀한 물건이었겠지만 이제 주인을 잃고 떠도는 신세나 다름없었고 누구든 자기 것이라고 마음대로 가져가도 될 성싶었다. 눈에 검은 밴드를 감은 노인이 마당에서 들어왔다. 짐을 잃었는지 아니면 아무것도 갖고 오지 않은 건지는 알 수 없었다. 그는 처음으로 시체들에 발이 걸린 사람이었지만 소리를 지르지는 않았다. 노인은 시체들 곁에 서서 평화와 고요가 돌아오기를 기다렸다. 그렇게 한 시간을 기다렸고 마침내 거처할 곳을 찾아 서성이기 시작했다. 그는 두 손을 앞으로 뻗고 길을 더듬으며 천천히 걸었다. 오른쪽 첫 번째 병실 문을 발견하고 안에서 들리는 목소리를 듣더니 물었다. 여기 혹시 내가 쓸 침대 있소.

작가가 말년에 거주했던 란사로테 섬.

사관학교에서 법률을 공부했지만 이후 의학으로 전공을 바꿔 졸업 후 슈투트가르트 연대의 군의관으로 근무했다. 22세 때 사관학교 시절부터 써왔던 《군도》를 만하임의 극장에서 공연하여 인기를 끌었으나 풍자적인 내용이 문제가 되어 구금되었고, 이후 탈출에 성공해 바이마르로 피신했다.

바이마르에서 괴테와 친분을 맺게 된 그는 괴테의 권유로 예나대학에서 역사학을 강의했다. 이 두 작가의 우정은 유달리 돈독했고 문학적으로도 협력하여 단시(短詩) 《크세니엔(Xenien)》 414편을 발표했다. 또한 두 시인이 주고받은 서한을 모은 《괴테·실러 왕복 서한(Briefe zwischen Goethe und Schiller)》은 독일 고전주의 문학의 두 거장을 설명해 주는 귀중한 자료로 남아있다.

그는 철학에서 시작해 시를 거쳐 희곡까지, 작품을 통해 다양한 장르를 아울렀다. 베토벤의 《제9교향곡》 중 〈환희의 송가(Ode an die Freude)〉는 실러의 시를 인용하여 작곡되었다.

프리드리히 실러 Friedrich Schiller,
독일 마르바흐 1759 ~ 바이마르 1805

주요 작품

군도 Die Räuber, 1781
실러 시집 Anthologie auf das Jahr, 1782
돈 카를로스 Don Carlos, 1787
발렌슈타인 Wallenstein, 1799
빌헬름 텔 Wilhelm Tell, 1804

문구 및 명언

예술은 고단하나 그 보상은 일시적이다.

자유란 오직 꿈속 세상에만 존재할 뿐이다.

환상만이 유일하게 젊음을 유지한다. 일어나지 않은 일은 결코 늙는 법이 없기 때문이다.

만일 그대가 자신을 알길 원한다면 남들의 행동을 주시하라. 만일 그대가 남들을 이해하고자 한다면 그대 자신의 마음을 바라보라.

사랑의 구매자를 자청하고 싶은 이가 이 세상에 어디 있을까.

교육자가 되고 싶은 자들은 한시라도 빨리 가르침을 시작하라.

예의 바른 남자가 되는 것 또한 남자의 미적 교육에 속한다.

모두를 위해 판사가 있다고 생각하겠지만 실상 우리를 판단하는 자는 아무도 없다.

말은 자유요, 행동은 벙어리이며, 복종은 장님이다.

최대를 얻을 수 있는데도 최소에 만족하는 인간은 없다.

아무리 고고한 성자라 해도 악한 이웃을 즐겁게 할 수 없다면 평화로울 수 없을 것이다.

신들조차 어리석음에 대적하여 무의미한 싸움을 벌인다.

와인이 만들어 내는 것은 없다. 단지 그것에 대해 주절거리게 할 뿐.

환희의 송가 Ode an die Freude

우리 모두 열정에 취하여
성스런 천상, 그대의 신전으로 들어가자.
그대의 마력은 세상이 갈라놓은 자들을
다시 뭉치게 하니
그대의 부드러운 날갯짓이 있는 곳에서
모든 이들은 형제가 된다네.

친구의 진실한 우정이라는
하늘의 위대한 복을 받은 자여
여인의 달콤한 사랑을 정복한 자여
환희의 노래를 함께 부르자.
그렇다. 비록 지상에 있는 단 하나의 영혼이라도
그를 그대의 친구라 부를 수 있으니.
그러나 단 한 사람조차 가지지 못한 자는
이 우정의 축제에서 눈물 흘리며 떠나가리라.

《돈 카를로스》의 상연을 알리는 1787년 당시의 실제 벽보.

Walter Scott

태어난 지 얼마 안 돼 소아마비를 앓아 오른쪽 다리에 장애가 있었다. 에든버러대학에서 고전을 전공하다가 신병으로 중퇴하고 아버지의 법률사무소에서 사무원으로 일하면서 사법 시험에 합격했다. 변호사와 법원 서기관으로 근무하며 남는 시간을 활용하여 글을 쓰기 시작했다.

1813년에 계관시인(영국 왕실이 최고의 시인에게 부여하는 칭호)의 영예를 얻지만 그는 이를 거절했다. 이후 시에서 역사소설로 방향을 바꾼 뒤 발표한 《웨이벌리》가 크게 성공하여 소설가로서 명성을 얻게 된다.

그는 집필 활동 외에도 번역가, 편집자, 비평가로서의 직무를 병행하며 많은 돈을 벌었고, 곧 아보츠포드 지역의 실세로 떠올랐다. 그러나 제임스 발렌타인 출판사와 아치볼드 편집사의 주주로 활동하던 중 이 두 회사가 경영난에 빠지면서 많은 부채가 발생했다. 그는 빚을 갚기 위해 많은 작품을 썼으며 그 때문에 건강이 악화되어 세상을 떠났다.

월터 스콧이 시 분야에서는 당대에 활동했던 바이런 경의 그늘에 밀린 것은 사실이나, 그가 역사소설의 기반을 확립했다는 점은 주목할 만하다.

월터 스콧 Walter Scott, 영국 에든버러 1771~아보츠포드 1832

주요 작품

웨이벌리 Waverley, 1814
가이 매너링 Guy Mannering, 1815
아이반호 Ivanhoe, 1819
퀀틴 더워드 Quentin Durward, 1823
나폴레옹전 The Life of Napoleon Buonaparte, 1827

문구 및 명언

소심하거나 우유부단한 자들이 하는 일이 좋은 결과를 내는 것은 불가능하다. 이는 그들 스스로 그렇게 생각하기 때문이다.

우리는 얼음으로 조각상을 만든 후 그것이 녹은 것을 발견하고 울음을 터뜨린다.

사랑 그 자체는 그 어떤 사탕발림보다 더 위대하다.

고된 시간을 함께한 진정한 두 친구의 만남은 쏟아지는 폭우 속에 비치는 한줄기 햇빛, 시커먼 구름에 덮여 모든 것이 희미하지만 선명히 보이는 길과 같다.

지나친 휴식에는 녹이 스는 법이다.

만일 그대가 한 물건을 7년간 보관하고 있었다면 필시 그것을 쓸 일이 있으리라.

신중함은 이성의 완결체이며 삶의 모든 의무를 위한 지침서다.

성공을 위해서는 태도가 실력만큼 중요하다.

자기 자신을 훈육하는 것을 중시했던 이들은 어떤 일을 하든 자신의 가치를 인정받았다.

계단을 오르려면 첫 번째 층계에서 시작해야 한다.

술과 같은 세상의 모든 악덕이 결코 위대함과 어울릴 리 만무하다.

마음을 열고 욕망을 잠재울 수 있어야 성공을 얻을 수 있다.

복수는 달콤하게 양념 된 지옥의 양식이다.

뒤를 돌아보고 위험했던 과거에 웃음을 터뜨려보라.

아이반호 Ivanhoe

영국의 그 행복 넘치는 지방에 돈 강이 흐르고 있었다. 오랜 옛날 그곳에는 셰필드와 기쁨이 넘치는 돈캐스터 시 사이에 언덕과 골짜기로 이루어진 거대한 밀림이 뒤덮고 있었다.

이곳이 우리의 무대다. 리처드 1세 말 무렵, 신하들이 온갖 핍박을 받으면서도 희망을 잃지 않고 학수고대하며 기다리던 그가 드디어 오랜 포로 생활에서 벗어나 돌아왔을 때로 거슬러 올라간다. 귀족들은 그들의 절대적인 권력을 되찾았다. 그리고 헌법의 법률과 정신에 따라 봉건적인 폭정에서 자유로울 수 있는 권한이 있었던 프랭클린들의 상황은 상당히 불안정해졌다.

영화 《아이반호》의 한 장면. 소설 《로브 로이》의 초판본.

William Shakespeare

부유한 상인의 아들로 태어났으나 13세 무렵부터 집안이 어려워져 도축업자 밑에서 조수로 근무하다 교편을 잡았다. 1588년부터 런던으로 이주하여 본격적인 활동을 시작한 그는 극작가와 배우로서 찬사를 받았으며, 그의 작품들은 여러 극장은 물론 엘리자베스 1세와 제임스 1세의 궁전에서도 상연되었다. 1608년부터는 활동이 상당히 줄어들지만 그동안 집필한 작품들로 꾸준히 부를 축적하며 고향에 정착하여 편안한 여생을 보낼 수 있었다.

셰익스피어는 다양하고 풍부한 내용의 희곡으로 오랜 세월에 걸쳐 가장 영향력 있는 극작가로 인정받고 있으며, 그의 소네트 모음집 또한 뛰어난 작품성을 보여준다. 그가 창조해 낸 입체적이고 사실적인 인물들과 인간의 내면을 깊이 파고드는 인물묘사 등은 그 당시의 연극계와 문학계에 일대 혁신을 이루었다. 또한 그의 작품에는 2만 개가 넘는 영어 단어가 사용되었는데 오늘날 영어에서 관용구로 사용되는 수많은 표현이 그의 작품에서부터 비롯되었다.

윌리엄 셰익스피어 William Shakespeare,
영국 스트랫퍼드어폰에이번 1564~1616

주요 작품

로미오와 줄리엣 Romeo and Juliet, 1594-1595
베니스의 상인 The Merchant of Venice, 1596
햄릿 Hamlet, 1600-1601
오셀로 Othello, 1604-1605
리어왕 King Lear, 1605-1606
맥베스 Macbeth, 1605-1606

문구 및 명언

우리가 태어날 때 우는 이유는 미친 자들이 가득한 끝도 없는 무대로 입장함을 알기 때문이다.

―

간결함은 재능의 영혼이다.

―

선이나 악이 실제로 존재하는 것이 아니라 인간의 생각이 그것을 느끼는 것이다.

―

겁쟁이들은 그들이 실제로 죽기 전에도 수없이 죽지만 용감한 자들은 단 한 번의 죽음만을 바랄 뿐이다.

―

만일 날마다 파티를 연다면, 아마도 즐기는 행위가 일을 하는 것보다 더 지겹게 느껴지리라.

―

사랑은 눈으로 보는 것이 아니라 영혼으로 보는 것이다. 그러므로 날개 달린 큐피드를 장님으로 그리는 것이다.

―

말의 노예가 되기보다는 침묵의 왕이 되는 것이 낫다.

―

신은 너희에게 하나의 얼굴을 주었는데 너희는 다른 얼굴을 하고 있구나.

―

약한 자를 일으켜 세우는 것만으로는 충분치 않다. 그 뒤에 그를 받쳐주어야 한다.

―

만일 둘이 함께 말 한 필에 타게 된다면 그중 한 명은 뒤에 탈 수밖에 없다.

―

그대는 자신이 가진 목숨이라는 열쇠를 걸고 친구를 지켜내야 한다.

―

네가 두렵다는 것이 나를 두렵게 한다.

―

인간들이 저지른 악행은 청동에 새겨지고, 선행은 물속에 글을 쓰듯 사라진다.

―

별들이 불꽃이란 것을 의심해도 좋고, 태양이 움직인다는 것을 의심해도 좋고, 진실이 거짓일까를 의심해도 좋으나 내가 그대를 사랑한다는 사실은 결코 의심해서는 안 되오.

―

햄릿 Hamlet

사느냐 죽느냐, 이것이 문제로다.
영혼을 위해서 무엇이 더 나을까?
운명의 폭언과 공격과 빈정거림으로 괴로워할 것인가
아니면 비극의 대해를 향해 무기를 들 것인가.
그리고 그것에 대항하면 모두 멈출 것인가? 죽어버리거나 잠들 뿐.
그뿐이겠지. 잠이 들어 결국 심장을 관통하는 고뇌와
육신의 모든 고통도 함께 멈춘다면
그건 바라마지않는 생의 극치.
죽어, 잠을 잔다. 잠이 든다……
꿈을 꿀 테지! 이 얼마나 곤란한가.
이승의 끈을 놓고 죽음 속에서 꿈을 꾼다면,
어떤 꿈을 꾸게 될 것인가, 과연 평온해질 것인가?

영화 〈셰익스피어 인 러브〉의 한 장면. 〈햄릿〉을 연기한 배우 로렌스 올리비에.

공직자로 근무하던 아버지가 곡물상에 손을 대었다가 실패하면서 가정 형편이 어려워졌다. 십대 후반부터 부동산 회사에서 급사로 일하다가 20세가 되던 해 런던으로 떠났다. 그는 주로 대영박물관에서 책을 읽고 소설을 습작했으며, 저녁이면 당시 런던 지식인들의 모임에 참석하여 사회와 정치에 대해 토론을 벌이곤 했다.

1882년에 그는 온건좌파 단체 '페이비언 협회'를 창립하는 데 주축이 되어 적극적으로 활동한다. 그 무렵 본격적으로 소설을 쓰며 문학의 길로 들어서는데, 특히 헨리크 입센의 문학적인 영향을 받으며 그를 열렬히 옹호했던 것으로 유명하다. 그가 쓴 희곡들은 통렬한 사회적 비판과 풍자, 유머가 뒤섞인 것이 특징이다. 1925년에 노벨문학상을 받았다.

제1차 세계대전 당시 전쟁을 반대하며 영국을 비롯한 동맹국들을 맹렬히 비난하여 어려움을 겪기도 했지만 그는 소신을 굽히지 않았다. 제2차 세계대전 중 아내가 사망하였으며 이에 상심이 컸던 그는 1950년 94세를 일기로 세상을 떠났다.

버나드 쇼 Bernard Shaw,
아일랜드 더블린 1856~영국 아이엇 세인트로렌스 1950

주요 작품

워렌 부인의 직업 Mrs. Warren's Profession, 1893

캔디다 Candida, 1894

인간과 초인 Man and Superman, 1903

피그말리온 Pygmalion, 1912

성녀 조앤 Saint Joan, 1923

사과 수레 The Apple Cart, 1929

찰리 왕의 황금기 In Good King Charles's Golden Days, 1939

문구 및 명언

일주일에 한두 번 생각했을 뿐인데 세계적인 명성을 얻었네.

시인들은 큰 소리로 자신과 말한다. 그리고 세상이 이것을 우연히 듣는다.

할 말이 있는 사람에게 그것을 말하게끔 하는 건 어렵지 않다. 다만 그것을 반복해서 말하지 못하게 하는 것이 어려운 일이다.

옳은 것을 알면서도 입을 다문다면 그가 결혼한 남자이거나 파이프 담배를 피우기 때문이리라.

전기를 한 편 읽기 전에 기억해야 할 점은, 진실은 결코 출판에 응하지 않는다는 사실이다.

나는 편집자들에게 반감을 갖고 있다. 그들은 시장에 대한 예리한 통찰력이나 훌륭한 문학적 판단력 따위는 신경 쓰지 않는다. 그저 근사한 속임수를 이용해 상업적으로 접근하거나, 인색한 예술 감각을 섞어 버릴 뿐이다.

거울이 얼굴을 보는 데 유용하듯이, 예술은 영혼을 볼 수 있는 도구다.

내 비록 소설을 쓰는 사람이긴 해도, 정직하게 살기 위해 노력하지 않는 사람 취급을 해선 안 된다오.

사랑에 빠진다는 의미는 한 여인과 다른 여인의 차이점을 거하게 과장하는 데에 있다.

음식을 향한 애정보다 더 신실한 사랑이 있으랴.

종교는 단 하나만이 존재한다. 그저 여러 가지 버전으로 만들어졌을 뿐.

기독교도 물론 훌륭한 것이 될 수 있다. 누군가 그것을 실현할 노력을 한다면 말이다.

자유의 다른 의미는 책임인데, 이 때문에 많은 이들이 자유를 두려워하는 것이다.

첫사랑은 작은 광기와 커다란 호기심에서 시작된다.

피그말리온 Pygmalion

수첩에 적는 남자 : 그래, 비록 짓눌린 양배추 이파리 같아서 고급 대리석으로 지어진 이 멋진 집의 수치이자 고귀한 언어의 얼굴에 먹칠을 하고 있지만 말이다. 너를 사바왕국으로 보내 백작 부인보다 더 고상한 말투로 말을 할 수 있게 교육하는 것은 내게 일도 아니라는 것이지. (신사를 향해) 내 말을 믿을 수 있겠소?

신사 : 물론이오, 내가 또 방언학의 전문가가 아니겠소.

《피그말리온》을 각색하여 제작한 영화 《마이 페어 레이디》.
연극 《안드로클레스와 사자》의 포스터.

여권신장을 위해 앞장섰던 최초의 페미니스트 작가 메리 월스톤 크래프트와 철학자 윌리엄 고드윈의 사이에서 태어났으며 런던의 자택에서 사교육 위주의 수업을 받았다.

19세에 시인 퍼시 비시 셸리와 결혼하여 영국을 떠나게 된다. 2년 후 소설 《프랑켄슈타인》을 발표하면서 당시 독자들에게 큰 인기를 얻었는데, 이는 사실 우연히 만들어진 작품이라 해도 과언이 아니다. 셸리 부부가 스위스의 제네바에 머물 당시 영국의 낭만파 시인 바이런 경과 함께 지낸 적이 있었다. 바이런은 부부에게 공포소설을 각자 한 편씩 써보도록 종용했고 그녀는 그곳에서 이 작품을 집필했다.

《프랑켄슈타인》이 성공한 후 셸리는 에세이와 단편소설, 시를 비롯하여 소설 네 권을 집필했다. 남편이 사망한 후에는 그가 남긴 작품들을 알리는 데에도 애썼다. 《프랑켄슈타인》은 이후 연극, 영화, 드라마 등으로 제작되었고 지금까지도 많은 사랑을 받고 있다.

메리 셸리 Mary Shelley, 영국 런던 1797~1851

주요 작품

프랑켄슈타인 Frankenstein or the Modern Prometheus, 1818
마지막 사람 The Last Man, 1826
로도어 Lodore, 1835
셸리 시집 Poetical Works of P. B. Shelley, 1839

문구 및 명언

창작이라, 나는 그것이 질서에 의해서 창조된 것이 아니라 혼돈에서 만들어졌다는 사실을 겸허히 인정해야 한다.

영혼을 찬찬히 훑어보려는 견고한 목적처럼 마음을 편안하게 해주는 것은 없다.

지혜란 신이 인간에게 부여한 능력이다.

나는 여성들이 남성에 의한 것이 아닌 그들 자신만의 능력을 갖추길 원한다.

페미니즘이란 인류의 양심에 호소하는 것이다.

좋은 의도에서 시작된 정책이라도 극에 달하게 되면 피해를 끼치는 법이다.

평범한 남자가 악한 빈민으로 전락하는 모습조차도 사회에 좋은 영향을 줄 수 있다. 단, 제대로 조직된 사회라는 전제하에서 말이다.

나는 항상 내 꿈들에 사로잡혀 있었고 그것을 아무에게도 알리지 않았다. 꿈은 근심에 빠진 내게 피난처였고 자유보다 더 달콤한 기쁨이었다.

인생이란 얼마나 집요한가. 이를 미워할수록 우리를 더 바짝 뒤쫓아 오니 말이다.

내가 배우길 바랐던 것은 하늘과 땅의 비밀이었다…….

여성들이 내면보다 외모를 꾸미는 것에만 신경 쓰는 것이 이상하게 느껴지지 않는 이유는, 내면을 눈여겨보기엔 아직 머릿속에 많은 것을 채울 수 없었기 때문이리라.

나를 공포에 떨게 하는 일이라면 다른 이들도 그렇게 느끼리라. 나는 단지 한밤중 내 베개에 술수를 부렸던 유령에 관해 이야기를 하려는 것뿐이다.

프랑켄슈타인 Frankenstein or the Modern Prometheus

나는 베개에 머리를 뉘였지만 잠이 오지 않았다. 고삐가 풀린 상상력이 나를 사로잡더니 평소 해왔던 공상보다 더 생생하게, 연속적인 영상들을 내 머릿속에 펼치며 나를 이끌었다. 나는 보았다. — 눈은 감고 있었지만 마음속에 또렷한 영상이 새겨졌다 — 불경스러운 예술 감각을 지닌, 얼굴이 창백한 학생이 자기가 조립한 것 옆에 무릎을 꿇고 있었다. 몸을 뻗고 누운 남자의 혐오스러운 환영이 보이는가 싶더니 그는 어떠한 원동력으로 인해 서툴면서도 반쯤 살아있는 듯한 몸짓으로 꿈틀거리며 생명의 징후를 보이기 시작했다.

(중략)

혐오스러운 괴물. 파렴치한 살인자! 지옥의 고통조차 네가 저지른 짓에 비하면 지나치게 인자한 벌일 게다. 이 더럽고 역겨운 악마 같으니! 너를 만들어 낸 나를 책망하는 것이냐? 그래 좋다, 가까이 오너라. 너로 인해 밝혀진 나의 광기로 그 생명의 불꽃을 소진시켜 버릴 테니.

1931년에 제임스 웨일이 제작한 영화 〈프랑켄슈타인〉.

Georges Simenon

본명은 조르주 조제프 크리스티앙 심농이다. 15세 무렵부터 아버지의 건강 악화로 학업을 포기하고 생업에 뛰어들었다. 1919년에 16세의 나이로〈가제트 드 리에주〉지의 기자가 되었다.

심농은 누아르 소설의 대가라는 것 외에 수없이 많은 작품을 남긴 것으로도 유명하다. 그는 20여 개의 필명으로 700여 편 이상의 소설을 남겼는데 더욱 놀라운 것은 그 많은 작품의 수준이 고르게 훌륭하다는 사실이다.

추리소설 역사상 가장 사랑받는 주인공 중 하나인 매그레 반장은 섬세하고 예리한 추리력으로 사건 이면에 숨어 있는 진실을 파헤쳐 나가며 독자들을 사로잡는다.

평생 작가로서의 슬럼프를 겪지 않고 왕성한 집필 활동을 하던 그는 69세에 이르러 처음으로 슬럼프 비슷한 감정을 느꼈다고 하며 그날로 집필 활동을 중단했다. 또한 그는 여성 약 1만 명과 잠자리를 했고, 그 중 8천 명 정도는 매춘부였다는 사실을 1974년에 기사로 밝히며 일대 스캔들을 일으키기도 했다.

조르주 심농 Georges Simenon,
벨기에 리에주 1903~스위스 로잔 1989

주요 작품

수상한 라트비아인 Pietr-le-Letton, 1931
누런 개 Le chien jaune, 1931
네덜란드 살인 사건 Un crime en Hollande, 1931
갈레 씨, 홀로 죽다 Monsieur Gallet, décédé, 1931
생폴리앵에 지다 Le pendu de Saint-Pholien, 1931

문구 및 명언

글을 쓰는 것은 직업이 아닌 불행한 재능일 뿐이다.

작가의 과제는 이해하는 것이지 판단하는 것이 아니다.

내가 글을 빨리 쓰는 이유는 글을 천천히 쓸 재간이 없기 때문이다.

내 작품을 연구한 이들은 내가 소설을 쓸 때 단어를 단지 2,000개만 사용한다고 말한다. 내 생각은 그보다 더 적으리라 본다. 라신(프랑스의 극작가)은 단어를 800개 정도만 사용했다.

인생을 사랑하지만 죽음이 두렵진 않다. 나는 오로지 가능한 한 삶을 늦게 마감하는 것만을 원할 뿐이다.

요컨대, 세상은 개개인에게 합당한 것만을 얻을 수 있게 되어 있다. 문제는 단지 성공한 자들만이 그것을 깨닫는다는 것뿐.

광적인 성교 덕분에 여자에 대한 모든 사실을 알 수 있었다.

누군가는 세세하거나 무의미한 일에서 예기치 않게 위대한 진리를 발견하기도 한다.

절대로 심심해서는 안 된다. 그렇지 않다면 다른 이들이 심심해할 것이다.

모든 인간은 기분이 안 좋을 수 있는 권리가 있다. 이를 헌법에 반영할 것을 고려해야 한다.

우리 인간이 몇 백만 명인지 그 여부와는 상관없이 두 사람 사이의 완전한 의사소통조차 불가능한 것이 현실이다. 그리고 이것이 세상의 가장 큰 비극이 아닐까 한다.

모든 속담은 서로 모순적이다.

죽음의 고통 Sous peine de mort

직관이나 확신으로는 부족했다. 증거물만이 유일하게 법적 효력을 지닌다는 사실을 아는 매그레는 누가 이기는지 보자는 식으로 밤낮을 정처 없이 실마리를 찾아다니기 바빴다. 커플들 뒤를 따라 식물원을 산책했으며 영화관에서 밤을 새웠고 근사한 호프집에서 먹고 마시며 늘 그렇듯 맥주를 들이부었다. 흐물흐물한 눈빛이 비로 바뀌어 갔다. 화요일, 경찰서장은 여윳돈이 300 벨기에 프랑밖에 남지 않은 것을 확인하고는 뒷돈이 필요하다는 사실을 피해자들에게 넌지시 말한 듯했다. 생활비는 바닥났고, 밤에는 최대한 옆방에 피해를 주지 않고 조용히 일어나야 했다. 그러나 사실상 그의 추적은 뒷걸음치는 것보다는 차라리 바닥에 납작 엎드려 늘어져 있는 편이 낫다고 여기는 개들의 그것과 별반 다를 게 없었다.

영화 〈살인 혐의〉의 한 장면.

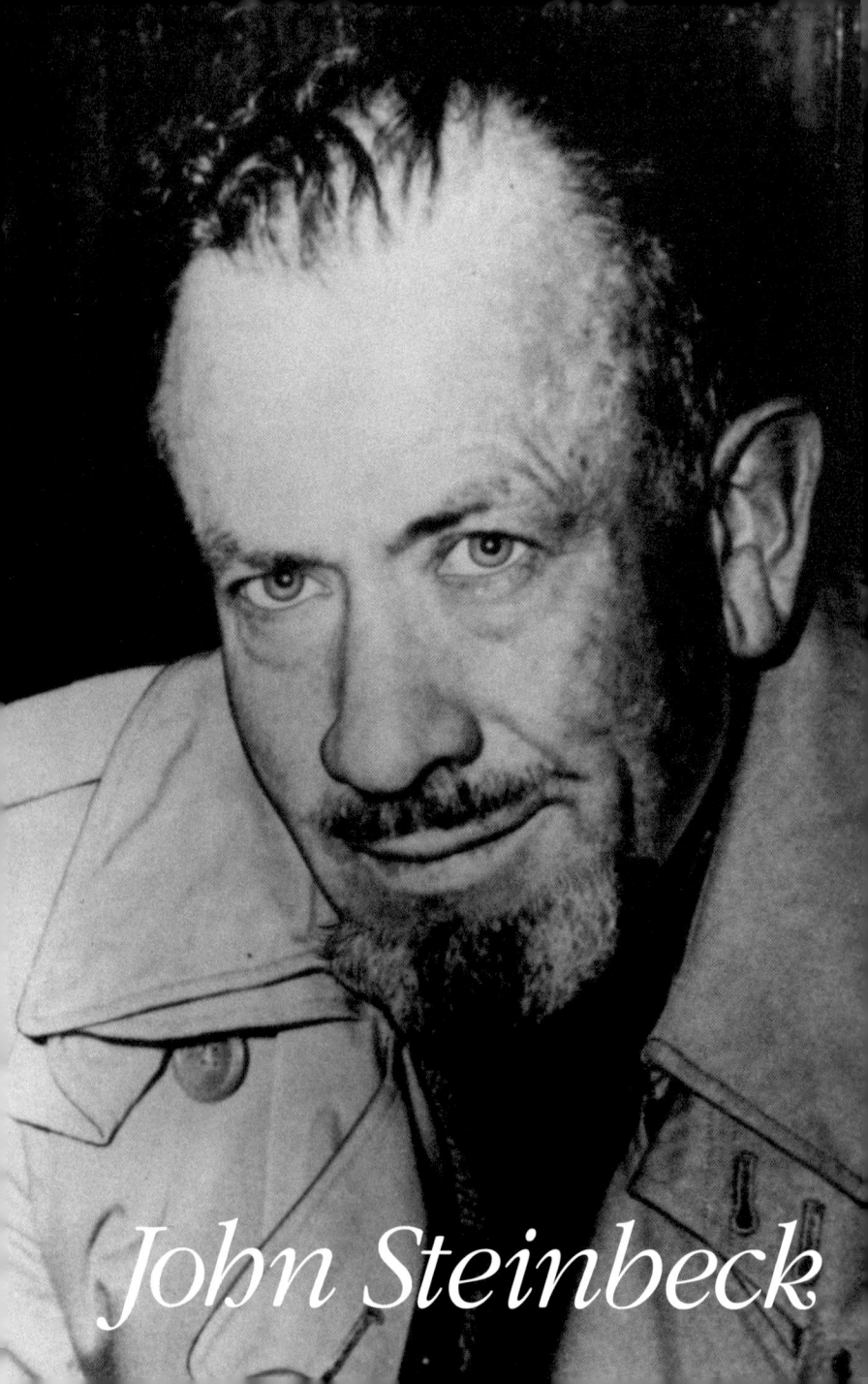

어려운 가정 형편 때문에 고학으로 입학한 스탠퍼드 대학을 중퇴하고 갖가지 육체노동으로 생계를 이어 나갔다. 1929년부터 꾸준히 작품을 발표하였으나 큰 주목을 받지 못하다가, 1936년《승부 없는 싸움》과 그 이듬해《생쥐와 인간》이 출간되면서 명성을 얻게 되었다. 1940년에는《분노의 포도》로 퓰리처상을 받았다.

주로 하급 계층의 삶을 다룬 그의 소설들은 여러 편의 영화로 제작되었고, 때때로 그가 직접 시나리오 작업에 참여하기도 했다. 1952년에 발표한 최대의 역작《에덴의 동쪽》은 제임스 딘 주연의 영화로도 제작되어 큰 성공을 거두었다. 그는 자신이 직접 설계한 캠핑카에 애완견 '찰리'를 태우고 미국 횡단에 나서기도 했는데, 이때의 경험은《찰리와 함께한 여행: 존 스타인벡의 아메리카를 찾아서(Travel with Charley in search of America)》라는 작품으로 탄생했다.

열심히 일해도 굶주리는 도시의 노동자들과 땅을 빼앗기고 거리로 내몰리는 농민들의 삶을 사실적으로 묘사했던 그는 사회주의 리얼리즘을 대표하는 작가이다. 1962년에 노벨문학상을 받았다.

존 스타인벡 John Steinbeck, 미국 설리너스 1902 ~ 뉴욕 1968

주요 작품

분노의 포도 The Grapes of Wrath, 1933
승부 없는 싸움 In Dubious Battle, 1936
생쥐와 인간 Of Mice and Men, 1937
긴 골짜기 The Long Valley, 1938
진주 The Pearl, 1947
에덴의 동쪽 East of Eden, 1952

문구 및 명언

작가는 세상에서 가장 중요한 일을 하는 사람이라는 것을 믿어야 한다. 그렇지 않다고 여겨지더라도 이 환상을 반드시 붙들고 있어야 한다.

———

작가는 보는 사람이 아니라 읽는 사람이라고 항상 생각해왔다.

———

공립도서관의 책에 쌓인 먼지의 두께를 보면 그 지역의 문화를 가늠할 수 있다.

———

인간은 비열한 껍데기에 숨어 자비와 애정을 갈구한다. 만일 악행의 길을 걷는다면 사랑으로 향하는 지름길이라 믿기 때문이리라.

———

여행은 결혼과도 같다. 그대 자신을 통제할 수 있다고 생각할수록 더 큰 실수를 하게 될지 모르니 말이다.

———

관리인의 병은 시곗바늘에서 발생하고 수첩에서 전달된 일종의 전염병이다.

———

창조된 모든 동물 중에서 인간만이 유일하게 갈증 없이도 마시고, 허기 없이도 먹으며, 할 말이 없어도 말한다.

———

휴식의 여유를 갖는 것 또한 예술 작업의 일부분이다.

———

오로지 인간만이 덫을 쳐서 미끼를 놓고 얼빠진 짓을 하는 유일한 여우다.

———

과거 인간은 자신이 가진 지식의 주인이었다. 오늘날 인간에게 지식은 재산이다.

———

아직 우리와 아무런 관련이 없는 먼일에 불행함을 느끼는 것은 이상하다.

———

비가 올 때면 여기저기 아픈 곳을 발견하는 사람도 있다.

———

한 남자가 내게 화를 내며 이렇게 말했다. "충고하건대, 살아서 세상에 나오지 못하게 될 거야."

———

진주 The Pearl

모든 사람의 관심이 점점 키노에게 집중되었다. 키노가 지상 최고의 진주를 발견했던 것이다. 진주의 본질과 인간의 본질이 뒤섞이는 순간 기묘한 검은 찌꺼기가 침전되었다. 갑자기 모든 사람이 키노의 진주와 관계를 맺게 되었다. 키노의 진주는 모든 이의 꿈이며 사색이자 음모와 계획, 결실과 소원, 필요와 갈망, 탐욕이 되었으며 그것을 가로막는 유일한 사람이 바로 키노였다. 그로 인해 키노는 기묘하게도 공공의 적이 되어버렸다.

키노의 소식은 마을에 매우 사악하고 검은 무언가를 깨운 듯했다. 검은 빛깔은 마치 전갈이 가진 독과 닮았고, 음식 냄새를 맡을 때의 허기 혹은 사랑에 거부당했을 때의 고독과도 같았다. 마을의 독샘은 그 치명적인 독을 분비하기 시작했으며 모든 주민이 감염되고 말았다.

영화 〈에덴의 동쪽〉에서 주인공으로 열연한 제임스 딘.

Stendhal

본명은 마리 앙리 벨이다. 유복한 가정에서 태어났으나 7세 때 어머니를 잃고 완고한 아버지 밑에서 우울한 어린 시절을 보냈다. 뛰어난 관찰력과 타고난 사교성으로 영향력 있는 인물들과 어울릴 기회가 많았던 그는 1830년에 이탈리아 주재 영사로 역임되어 사망할 때까지 트리에스테와 치비타베키아에서 공직을 수행했다.

그는 다양하고 독특한 소설과 에세이를 발표했으나 당시에는 주목을 받지 못하다가 사후에 인정받기 시작하여 발자크와 함께 프랑스 근대소설의 창시자로 불리게 된다. 이탈리아를 제2의 고향으로 생각할 만큼 사랑했던 그는 생전에 직접 "밀라노인 베일레, 살았노라, 썼노라, 사랑했노라"라는 묘비명을 남기기도 했다. 1842년, 휴가를 얻어 파리로 돌아온 그는 길을 걷다 뇌졸중으로 쓰러져 사망했다.

그가 이탈리아 피렌체 산타크로체 성당에서 미술 작품을 감상하던 중 감동하여 무릎에 힘이 빠지고 가슴이 뛰는 황홀경을 경험한 데서 유래한 '스탕달 신드롬'이라는 용어는 예술 작품을 감상하고 나서 정신이 혼미해지거나 각종 분열증세를 일으키는 현상을 일컫는 용어로 널리 쓰이고 있다.

스탕달 Stendhal, 프랑스 그르노블 1783~파리 1842

주요 작품

로마, 나폴리, 피렌체 Rome, Naples et Florence, 1817

연애론 De L'amour, 1822

적과 흑 Le Rouge et le Noir, 1830

파르므의 수도원 La Chartreuse de Parme, 1839

문구 및 명언

세상에 존재할 법한 그 어떤 재앙이라도 책이 도와주지 못하는 것은 없다.

우리는 기삿거리로 추대되며 많은 돈을 창출하는 것을 두고 아름답다고 부른다.

종교는 다수의 두려움과 소수의 영악함으로 만들어졌다.

만족을 위한 탈출구는 오로지 상상뿐이다.

사랑은 지극히 아름다운 꽃이지만, 벼랑 끝까지 가서 이를 꺾을 자신이 있어야 얻을 수 있다.

지나치게 아름다운 여인들을 그 이튿날 볼 땐 감흥이 덜하다.

술을 마시면 마시는 만큼 취하듯, 사랑 또한 그것이 지닌 열정만큼 표현되는 법이다.

사랑이 없는 인생이란 책 한 권 없이 여행을 떠나는 것과 같으며, 길을 안내하는 별빛 없이 밤바다로 향하는 것과 같다.

열정이 있는 한 절대 지루할 수 없다. 열정이 없는 생활은 사람을 우둔하게 만드는 법이다.

눈물이 사랑의 마지막 미소가 되는 경우는 매우 많다.

사랑은 열병과 같다. 우리의 의지와는 상관없이 시작되어 걷잡을 수 없이 열이 오르기 때문이다.

상대가 저지르는 불륜에 대한 남녀의 생각 차이가 있다면, 사랑에 빠진 여자는 남자의 불륜을 용서할 수 있어도 남자는 그것이 불가능하다는 사실이다.

열정적으로 누군가를 사랑해본 적이 없는 자는 인생의 절반을 모르는 것이다.

소설은 거울이 되어야 한다. 길을 따라가는 거울.

연애론 De L'amour 중 사랑의 탄생 La naissance de l'amour

길고 길었던 한 달 내내, 자기 자신의 경멸에서 비롯된 깊은 슬픔 외에는 어떤 감정도 가질 수가 없었다. 그녀는 인생에 경험이라고 할 만한 일이 전혀 없었다. 그런 이유로 세상 그 누구도 그녀의 심장에서 일어난 일을 가늠할 수 없을 것이란 생각이 들었고 자신을 위로할 방도가 없었다. 그리고 아마도 그렇게나 그녀에게 중요했던 잔인한 남자는 그 때문에 느끼는 감정의 100분의 1도 짐작하지 못하리라 생각했다. 그렇게 불행한 와중에도 용기에 부족함은 없었다. 슬픈 영문자로 쓰인 낯익은 편지 두 통을 읽지도 않고 불에 던져 버리는 것에는 일말의 노력도 필요 없었으므로.

몽마르트르에 위치한 스탕달의 무덤.

Robert L. Stevenson

토목기사인 아버지의 뒤를 잇기 위하여 에든버러대학 공과에 입학했으나 허약한 체질 때문에 법학으로 전공을 바꾸었다. 변호사가 된 후 폐결핵으로 건강이 악화되자 요양을 위해 유럽 각지로 여행을 떠났다. 여행은 그가 수필과 기행문을 쓰는 데 많은 도움이 되었다.

입양한 아들을 위해 쓰기 시작한 《보물섬》이 청소년 잡지에 2년간 연재된 후 1883년에 단행본으로 출간되었다. 이 작품으로 인기 작가로서의 명성을 얻게 된 그는 인간 내면의 이중성을 극명하게 표현한 《지킬 박사와 하이드 씨》를 연이어 출간했다. 이 두 작품은 그의 대표작으로 현재까지도 많은 사랑을 받고 있다. 그는 주로 모험과 환상을 주제로 한 소설을 집필했으며, 다양한 문체를 개발하며 새로운 문학적 접근을 시도하기도 했다. 1888년, 건강이 악화되어 남태평양 사모아 섬으로 거처를 옮긴 그는 그곳에서 투시탈라(이야기를 해주는 사람)라는 애칭으로 불리며 따뜻한 인품과 포용력으로 사모아 주민에게 사랑을 받았다. 하지만 결국 44세의 짧은 일기로 생을 마감했다.

로버트 루이스 스티븐슨 Robert L. Stevenson,
영국 에든버러 1850~사모아 섬 1894

주요 작품

보물섬 Treasure Island, 1883
지킬 박사와 하이드 씨 The Strange Case of Dr. Jekyll and Mr. Hyde, 1886
검은 화살 The Black Arrow, 1888
발란트래경 The Master of Ballantrae, 1889
병 속의 꼬마 도깨비 The Bottle Imp, 1891

문구 및 명언

책은 그럭저럭 쓸 만하긴 하지만 결국 인생에 붙여진 자막에 지나지 않는다.

침묵함으로써 가장 끔찍한 거짓말을 하게 되는 경우가 종종 있다.

밖으로 한 말이나 쓰인 글은 이미 죽은 언어다.

10분간 일어나는 일은 셰익스피어가 사용한 모든 단어를 초월한다.

어떠한 악행도 저지르지 않고서는 그리 쉽게 유명해 질 수 없으리.

우리는 만들거나 글을 쓰는 일에만 급급해서 영원의 고요 속에서 우리의 목소리를 듣지 않고 있다. 이로 인해 정말 중요한 단 한 가지를 잊고 지낸다. 산다는 것을.

몸을 지킨다는 핑계로 방 안에서 하루하루 쇠약해져 가며 사는 것보다는 차라리 삶과 죽음을 동시에 해결해버리는 것이 낫다.

인간의 첫 번째 과제는 말하는 것이다. 이는 삶의 근본적인 이유다.

각 사물에는 두 단어가 공존한다. 그것을 확대시키는 단어와 그것을 축소시키는 단어.

매력이란 그것 없이는 모든 것을 쓸모없게 만드는 선한 미덕이다.

결혼은 현실이다. 장미꽃이 가득한 침대가 아닌 전쟁터다.

다른 것은 바라지 않으리. 하늘이 내 위에 있고, 내 발밑으로 땅이 있는 한은.

우리는 돈을 받는 대신 자유로 그 대가를 치른다.

행복해야 하는 과제만큼이나 우리가 소홀히 하는 것도 없다.

지킬 박사와 하이드 씨 The Strange Case of Dr. Jekyll and Mr. Hyde

범죄를 저지르고자 하는 이들은 자신의 안위와 평판을 보호하기 위한 일환으로 불량배들을 고용해왔다. 하지만 오로지 자신의 쾌락을 위해 그렇게 하는 이는 아마도 내가 처음일 듯하다. 사람들로부터 존경을 받으며 공인으로 살다가, 학교에 다녀온 아이 마냥 그 짐을 벗어버리고 자유의 바다로 뛰어올라 몸을 던져버릴 수 있는 첫 번째 사람이다. 보이지 않는 망토가 있는 한 나는 완벽히 안전하다. 생각해보라. 나는 존재하지도 않았으니! 어찌 됐든 나는 연구실 문으로 들어와서 준비해 놓은 성분들을 혼합해 순식간에 약을 마실 시간만 있으면 된다. 에드워드 하이드가 무엇을 했든 거울에 서린 김이 입김 한 번으로 눈 깜짝할 새 사라지듯 그는 더 이상 존재하지 않게 되리라. 그곳에는 헨리 지킬이 자신의 안락한 집에서 서재의 램프를 정돈하는 모습으로 의심쯤은 가볍게 웃어넘기게 될 것이다.

그러한 방도를 찾게끔 나를 재촉하는 쾌락이란 이미 이야기한 것처럼, 발칙한 일이다. 이보다 더 강한 종국은 가치가 없다. 그러나 이러한 쾌락은 하이드의 손에서 곧 괴물처럼 변모했다.

1883년에 제작된 《보물섬》 지도.

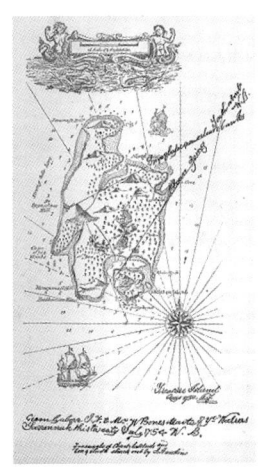

Jonathan Swift

아일랜드에서 출생한 영국인이며 아버지는 그가 태어나기도 전에 사망했다. 어머니마저 영국으로 귀국하자 어린 그는 홀로 남겨져 백부의 보살핌을 받으며 자랐다.

아일랜드 더블린의 트리니티대학에서 학업을 마친 후 유명한 영국인 정치가였던 윌리엄 템플의 비서로 고용되면서 템플 경의 자택에서 기거했다. 그는 대부분의 시간을 런던에서 지내며 정치와 문화 활동을 왕성하게 전개했다.

조너선 스위프트는 영국 제도의 폐단에서 아일랜드인들을 지켜내기 위해 열성적이었고, 정치와 문학을 통해 이를 실현하려 애썼다. 덕분에 아일랜드 국민에게 영웅적인 인물로 추대되었다. 그러나 아내가 죽고 난 뒤부터 그는 점점 쇠약해졌으며 결국 정신 질환을 앓게 된다. 그는 죽기 전 유산의 일부는 정신병원에 기탁하고 나머지는 가난한 이들을 위해 기부했다.

1726년에 발표된 작품 《걸리버 여행기》는 당시 영국의 아일랜드에 대한 착취 문제와 보편적 인간의 삶에 대한 풍자적 소설이었다.

조너선 스위프트 Jonathan Swift, 아일랜드 더블린 1667~1745

주요 작품

책의 전쟁 The Battle of the Books, 1704
통 이야기 A Tale of Tub, 1704
스텔라에게의 일기 The Journal to Stella, 1710-1713
걸리버 여행기 Gulliver's Travels, 1726

문구 및 명언

이 세상에 수호신이 나타났을 때 모든 몽매한 자들이 그를 따돌리고 내쫓으려 한다면, 이는 그가 진정한 수호신이라는 일종의 신호가 될 것이다.

인간은 자신의 잘못을 인정하는 것에 부끄러움을 느껴서는 안 된다. 이는 곧 오늘이 어제보다 더 현명하다는 뜻이기 때문이다.

지혜로운 자는 결코 젊음을 되돌리길 원하지 않는다.

머리를 가장 중요한 것으로 생각지 않는 이들에게 머리란 대부분 브로치와 다를 바 없다.

현존하는 종교가 아무리 많아도 우린 서로 미워할 뿐이니, 종교가 서로를 사랑하게 하기엔 아직 역부족인 셈이다.

무의식을 제외하고 이 세상에서 지속되는 것은 없다.

제대로 속을 수 있는 이들에게 주어지는 특권이 바로 행복이다.

세상에서 가장 훌륭한 세 의사는 체중조절을 달성하게 해주는 의사, 평온하게 만들어주는 의사, 기쁨을 갖게 해주는 의사다.

밥은 삶의 지팡이다.

야망은 인간에게 비굴함을 요구하기 때문에 야망을 이루기 위해선 기어가는 자세를 취하게 한다.

날마다 그대의 삶을 살 수 있기를!

적합한 자리에 놓인 적합한 말은 문체를 규정하는 진정한 정의다.

걸리버 여행기 Gulliver's Travels

숭고하신 폐하께서 우리 천상의 왕국에 방금 도착한 산처럼 거대한 사람에게 그가 지켜야 할 의무사항에 관해 다음의 조항을 통해 엄숙하게 선언하는 바이다.

첫째, 산처럼 거대한 사람은 우리의 도장이 찍힌 위대한 허가서 없이는 우리 왕국을 나갈 수 없으리라.

둘째, 우리의 엄명 없이는 우리 왕국의 대도시에 발을 들이는 것을 허용할 수 없노라. 이러한 일이 벌어질 시엔, 모든 주민이 집에 들어가 숨어있을 수 있도록 두 시간의 여유를 두고 공지할 것이다.

셋째, 꽁꽁 묶인 산처럼 거대한 사람은 우리 왕국의 주요 도로를 진입함에 제한이 있을 것이며 우리 왕국의 목장이나 밭을 산책하거나 사용하는 일을 금한다.

넷째, 상기 도로를 산책하게 될 시에는 우리의 귀한 국민의 몸이나 그들의 말과 마차를 밟는 일이 없도록 최대한 주의를 기울여야 할 것이며, 그저 자신의 호기심만으로 동의도 없이 우리 국민 중 그 누구라도 손으로 집는 일이 있어서는 안 될지어다.

〈걸리버 여행기〉의 오리지널 일러스트.

Rabindranath Tagore

아버지는 힌두교 개혁가였던 데벤드라나트 타고르이며, 유명한 예술가와 사상가들을 많이 배출한 브라만 가문에서 태어났다. 16세에 첫 책을 발간했고 이후 영국으로 유학을 떠나 법률을 전공했다. 1901년, 타고르는 사재를 털어 산티니케탄 학교를 건립하고 동양식 가르침에 서양식 교육을 접목하여 운영했다. 이 학교는 이후 비스바바라티 국제대학으로 명칭이 바뀌었다. 또한, 1912년에는 스리니케탄에 농업 공동체를 설립하기도 했다.

1910년에 시집 《기탄잘리》를 발표하고 이 작품으로 1913년에 노벨문학상을 받았다. 이후 타고르는 전 세계를 돌며 강의를 하고, 영국 왕 조지 5세에게 기사 작위를 받기도 했다. 그러나 인도의 암리차르에서 인도 시위자 400여 명이 영국군의 총격으로 사망하자 작위를 반납했다.

타고르는 간디에게 마하트마(위대한 영혼)라는 이름을 붙여준 장본인이며, 문학 외에도 교육가와 철학가로서의 역량도 세계에 널리 알렸다.

라빈드라나트 타고르 Rabindranath Tagore,
인도 캘커타(현, 콜카타) 1861~1941

주요 작품

기탄잘리 Gitanjali, 1910
고라 Gora, 1910
정원사 The Gardener, 1913
초승달 The Crescent Moon, 1913
우체국 The Post Office, 1914
암실의 왕 The King of the Dark Chamber, 1914

문구 및 명언

비록 꽃잎들을 다 뜯어버릴 수는 있을지언정, 그것의 아름다움은 짓밟을 수 없으리라.

'잘 해내기' 위해 지나치게 바쁜 사람은 '좋은 사람'이 될 시간이 없다.

삶이란 강과 같이 흐르는 것이라 그 누구도 같은 물에 두 번 씻을 수는 없다.

우리는 세상을 제대로 읽지 못한다. 그리고 세상이 우리를 속이고 있다고 말한다.

내 가슴을 짓누르는 이것의 정체는 무엇인가? 무한한 곳으로 나오고자 하는 나의 영혼인가, 아니면 내 가슴으로 파고들길 원하는 세상의 영혼인가?

역사는 단 하나만이 존재한다. 오로지 인간의 역사만이. 모든 국가의 역사는 그저 그것에 속한 장(章)들에 불과하다.

내가 권력이라는 바퀴의 하나가 아닌, 그것에 짓이겨진 희생물 중 하나라는 사실에 감사한다.

인간을 이끄는 것은 참으로 어려운 반면 밀어내버리는 것은 얼마나 간단한가.

짐승이 된 인간은 짐승 이하다.

어떤 수를 써서라도 수면에 떠있어야 한다. 그러나 그것이 마땅치 않다면, 차라리 소리 없이 잠길 수 있는 용기를 가져라.

어린 강아지들은 세상의 모든 사람이 자기를 붙잡아 가두리라고 의심한다.

만일 그대가 지는 해 때문에 운다면 눈물에 가려 별들을 볼 수 없게 될 것이다.

모욕당한 땅은 대답의 의미로 자신의 꽃들을 내보인다.

진정한 우정은 빛과 같아서 깜깜할 때야말로 그 진가를 발휘한다.

새들의 노래를 듣는 것만이 가장 큰 기쁨이라면 숲은 매우 슬플 것이다.

사랑은 제가 아니라고 하는데

사랑은 제가 아니라고 하는데, 여전히 해가 뜨는 이유는 무엇이고,
남쪽 바람이 어린 잎사귀들 속에서 속삭이는 이유는 무엇입니까?
사랑은 제가 아니라고 하는데, 어찌하여
밤은 별을 향해 조용히 그리워하며 슬퍼한단 말입니까?
또한, 어찌하여 이 어리석은 심장은 끝없는 바다를 숨죽여 지켜보며
기다리고 기다리는 이 광기를 멈추지 못한단 말입니까?

캘커타의 모습.

John Ronald Reuel Tolkien

영국의 식민지였던 남아프리카에서 태어났다. 3세 때 어머니는 톨킨 형제를 데리고 영국으로 귀국했고, 아버지는 곧이어 귀국하기로 했으나 질병으로 이듬해에 사망했다. 어려운 생활을 꾸려가던 어머니마저 톨킨이 12세에 세상을 떠나고 남겨진 형제는 오라트리오회 수도원에서 살다시피 하며 외롭게 성장했다.

장학생으로 입학한 옥스퍼드대학에서 영문학을 전공했으며, 학과 공부 외에 언어와 신화에 심취하여 자신만의 언어인 '엘프어(elvish)'를 만들기도 했다. 그는 자녀들에게 재미있는 이야기를 많이 들려주었는데, 그 이야기가 1937년에 《호빗》으로 발표되면서 세상에 알려지기 시작했다. 이후 1954년부터 발표한 《반지의 제왕》 3부작은 판타지소설의 고전으로 불리며 톨킨을 거장의 반열에 올려놓았다.

톨킨은 중세 역사와 문헌학 연구에서도 두각을 나타냈다. 말년에는 젊은 시절부터 연구해 온 신화연대기 《실마릴리온》 편집에 전념했으나 아들에게 마무리를 부탁하고 1973년에 세상을 떠났다.

존 로널드 톨킨 John Ronald Reuel Tolkien,
남아프리카 블룸폰테인 1892~영국 번마우스 1973

주요 작품

호빗 The Hobbit, 1937
반지의 제왕 The Lord of the Rings 3부작 :
- 반지 원정대 The Fellowship of the Ring, 1954
- 두 개의 탑 The Two Towers, 1954
- 왕의 귀환 The Return of the King, 1955

실마릴리온 The Silmarillion, 1977

문구 및 명언

가치는 예기치 않은 곳에서 발견된다.

모퉁이 뒤쪽에서 새로운 길이나 비밀의 문을 기대해 볼 수 있다.

자기 스스로 이루는 것은 지극히 작다. 대부분은 그저 삶과 그 환경에 의해 이루어진다.

만일 비천한 황금 따위가 아닌 음식, 기쁨 그리고 음악의 가치를 아는 사람들이 더 있었더라면 우리네 인생은 조금 더 행복할 수 있었으리라.

우리의 육신과 마음과 영혼 사이에 그 어떤 조화로움도 없는 이곳은 몰락한 세상이다.

조언을 구하기 위해 그들을 찾아가지 마라. 그들은 네게 '그렇다'와 '아니다'를 동시에 말할 것이다.

배신자는 언제나 신뢰받지 못한다.

우리가 일명 '동화책'이라 부르는 서적들은 실수로 아이들에게 전달된 문학의 가장 위대한 장르다.

밤이 깊어가는 것을 본 적이 없는 자는 어둠 속을 걷겠다는 약속을 해서는 안 된다.

알기 위해 무언가를 깨뜨리는 자는 지혜의 길을 잃게 된다.

내겐 항상 이루지 못한 소망이 있었다. 활을 한번 제대로 쏴 보는 것.

여자들은 깡패 같은 남자를 만나 자신이 그를 변화시킬 수 있다는 환상에 빠진 나머지 그것이 실패로 끝날지라도 그를 계속 사랑한다.

바닥의 작은 구멍에서 호빗이 살고 있었다.

당신들의 절반도, 내가 원했던 것의 절반도 알 수 없다. 그리고 내가 원했던 것은 당신들에게 합당한 몫의 절반의 절반에도 미치지 못한다.

반지의 제왕 The Lord of the Rings

번쩍이는 모든 것이 금이 아니듯, 떠도는 모든 사람이 길을 잃는 것은 아니다. 깊이 박힌 뿌리에는 서리가 닿지 않고, 강건한 노인은 늙거나 야위지 않는다. 잿더미에서 불길이 솟아오르고, 빛이 그림자 위에 모습을 드러내기 시작할 것이다. 부러진 칼날을 다시 세우게 될 때, 왕관을 잃었던 자가 다시 왕이 되리라.

영화 〈반지의 제왕〉 중 한 장면.

Lev Tolstoi

러시아 남부의 명문 가문에서 다섯 남매 중 넷째로 태어났다. 카잔대학에서 철학과 법률을 공부했으나 대학 생활에 회의를 느껴 중퇴하고 이후 형의 권유로 군대에 입대해 1856년에 제대했다. 이 시기에 이미 그는《유년시대(Detstvo)》등을 통해 작가로서의 위치를 확립했다.

1857년부터 여행을 다니며 독일과 프랑스 학교에서 영감을 받은 그는 러시아로 돌아와 농민 아이들을 위한 근대적이고 진보적인 교육 기관을 설립했다. 1862년에 소피아 안드레예브나 베르스와 결혼하고 본격적으로 작품 집필에 몰두하여《전쟁과 평화》,《안나 카레니나》등을 완성했다.

중년기에 접어들면서 톨스토이는 금욕과 청빈, 자비, 비폭력을 강조하는 새로운 기독교를 주장했고 이는 '톨스토이주의'라는 사상으로 체계화되었다. 사유재산을 부정하는 그의 사상적 변화는 가족들과 끊임없는 분쟁을 일으켰고, 결국 그는 가출을 하게 된다. 그러나 여행 도중 걸린 감기가 폐렴으로 악화되어 1910년 82세를 일기로 세상을 떠났다.

레프 톨스토이 Lev Tolstoi,
러시아 야스나야폴랴나 1828~아스타포보 1910

주요 작품

전쟁과 평화 Vojna I Mir, 1869
안나 카레니나 Anna Karenina, 1876
톨스토이 참회록 Ispoved', 1882
이반 일리치의 죽음 Smert Ivana Ilyicha, 1886
부활 Voskresenie, 1899

문구 및 명언

어리석은 자들의 의견도 존중해야 한다. 대부분이 그렇기 때문이다.

남들과 다른 목적을 추구하는 이들이 있다. 비록 그들이 이를 은폐하려 할지라도 삶 앞에 놓인 그들의 태도가 이를 폭로한다.

어떤 이는 숲을 가로지르면서도 단지 불을 지필 땔감만을 본다.

종교를 무시하는 사람은 심장이 있다는 사실을 모르는 것과 같다. 종교가 없다면 심장이 없는 것이기에 인간은 존재할 수가 없다.

신앙 없이는 살아갈 수 없다. 신앙은 인생의 의미를 아는 것이요, 삶의 힘이다. 인간이 산다는 것은 무언가를 믿고 있기 때문이다.

자비를 갖고 있지 않은 자가 어찌 그것을 행할 수 있겠는가.

무지한 무기 중에 가장 위력적인 것은 인쇄된 종이의 유포다.

불쾌한 감정을 유발할 수 있는 조언은 위험하다.

인간을 하나의 분수로 보면 분자는 자신에 해당하고 분모는 자신이 되고자 하는 것을 말한다.

나 또한 사랑에 빠진 적이 있다. 그러나 이 열정의 깊은 곳에는 엄마와 재봉사들이 존재했다. 만일 나의 아내가 펑퍼짐한 자루를 입은 여인네였다면 결코 그녀를 사랑하지 않았으리라.

어떤 이는 아름다움을 선의 유의어로 곧잘 생각한다. 아름다운 여인이 멍청한 소리를 할지라도 지혜로운 이야기라고 믿으며, 그녀가 바보처럼 행동할지라도 그저 매혹적인 몸짓으로 느낄 뿐이다.

행복의 비법은 좋아하는 일만 하는 것이 아니라 하는 일을 좋아하는 것이다.

남을 위해 사는 것만이 자신이 행복해 질 수 있는 유일한 방법이다.

죽음이란 그저 임무가 바뀌는 것뿐이다.

세 명의 수행자

대주교는 배의 뒤쪽에 걸터앉아 섬을 주의 깊게 응시했다. 아직은 수행자 세 명이 어렴풋이 시야에 잡혔다. 이내 그들은 사라지고 섬만 남았고, 섬마저도 멀리 자취를 감추며 결국 달빛 아래서 반짝이는 바다만이 존재했다. 순례자들은 잠을 청하러 들어갔고 침묵만이 선교를 감쌌으나 대주교는 잠이 오지 않았다. 그저 선미에 앉은 채 섬이 있던 방향의 바다를 주시하며 선한 수행자들에 대한 생각에 잠겼다. 그들이 기도 하는 법을 배울 수 있도록 경험하게 해 준 것을 떠올리며 신성한 단어들로 하여금 그 고결한 어르신들을 가르칠 수 있게 해 주심을 신께 감사했다.

영화 〈안나 카레니나〉의 주연을 맡은 그레타 가르보.

본명은 새뮤얼 랭혼 클레멘스다. 가난한 개척민의 아들로 태어나 11세에 아버지가 세상을 떠나자 인쇄소 식자공이 되었다. 정규교육은 받지 못했으나 공립도서관에서 많은 책을 읽으며 독학으로 지식을 쌓았다.

1851년부터 신문사와 잡지사에 글을 기고하기 시작했다. 1867년부터는 마크 트웨인이라는 필명으로 《톰 소여의 모험》, 《허클베리 핀의 모험》 등 많은 걸작을 발표했는데 이 필명은 '항해하기 적당한 수심'을 뜻한다.

1884년, '찰스 웹스터 앤드 컴퍼니'라는 이름의 출판사를 개업했으나 10여 년 후 자동 인쇄기에 투자했다가 실패하는 바람에 재정난에 허덕이게 되었다. 그러나 강연과 작품 활동 그리고 친구였던 스탠더드오일의 회장 헨리 로저스의 도움으로 점차 어려움에서 벗어나게 된다.

그는 평생 제국주의, 식민주의, 인종차별, 여성차별에 반대했으며 진보주의 인사들과 교류하면서 적극적인 행동에 나서기도 했다. 그러나 1896년부터 딸들과 아내가 차례로 세상을 떠나자 우울한 말년을 보내던 그는 1910년 심장마비로 세상을 떠났다.

마크 트웨인 Mark Twain, 미국 플로리다 1835~레딩 1910

주요 작품

톰 소여의 모험 The Adventures of Tom Sawyer, 1876
왕자와 거지 The Prince and the Pauper, 1882
허클베리 핀의 모험 The Adventures of Huckleberry Finn, 1884
아서 왕 궁전의 코네티컷 양키 A Connecticut Yankee in King Arthur's Court, 1889
인간이란 무엇인가 What is Man?, 1906

문구 및 명언

사람들은 달과 같다. 아무에게도 보이지 않는 어두운 면을 항상 갖고 있기 때문이다.

금융업자들은 햇빛이 쨍쨍할 때 당신에게 우산을 빌려주고선 빗방울이 떨어지기가 무섭게 돌려달라고 요구하는 자들이다.

건강에 관한 책들을 읽을 때는 특히 주의해야 한다. 자칫하면 오타 하나로 죽을 수도 있기 때문이다.

죽어가는 개 한 마리를 거둬서 살찌우라. 그 개는 너희를 물지 않을 것이다. 이것이 개와 인간의 가장 두드러진 차이점이다.

당신이 만일 다수의 편에 서 있는 자신을 발견한다면, 이는 당신이 잠시 멈춰서 반성해야 할 순간임을 의미한다.

남의 습관만큼 고쳐야 할 것 같은 것이 또 있으랴.

70살이 되면서 내 삶을 위해 정한 나만의 규칙이 있다. 잠자는 동안에는 금연할 것. 깨어 있는 동안에는 흡연을 멈추지 말 것. 그리고 한 번에 담배 한 개비 이상은 피우지 말 것.

금연은 얼마나 쉬운지, 난 이미 백 번도 넘게 금연해봤다.

아담에게는 이브가 있는 곳이 천국이었으리라.

세 가지 부류의 거짓말이 있다. 거짓말, 못된 거짓말 그리고 통계.

만일 무덤을 파는 인부조차 그대의 죽음을 애통해한다면, 이것이 삶의 예술을 얻은 것이 아니고 무엇이겠는가.

책방에 가면 단돈 2달러로 살 수 있는 책을 쓰려고 6개월 이상을 소비한다는 것은 바보짓이 아닐까요?

영향력이 없는 사상을 지닌 인간은 자칫 미친 자로 취급될 수 있다.

괴상한 타관 사람 The Mysterious Stranger

사탄은 우리 인간이란 종자들은 끊임없이 자신을 기만하는 삶을 산다고 말했다. 요람부터 무덤까지 현실에서 취한 모략과 환상으로 자신을 속이다 보니 인생 자체가 하나의 속임수가 되어버린다고 했다. 가질 수 있을 법한 장점의 10분의 1조차 사실은 전연 소유하고 있지 않고, 스스로 금(金)이라 여기며 으스댈지 모르나 사실은 누런 동(銅)에 지나지 않는다는 것이다.

애니메이션으로 제작된 〈톰 소여의 모험〉.
영화로 제작되어 큰 성공을 거둔 〈허클베리 핀의 모험〉.

Miguel de Unamuno

마드리드대학에서 철학과 문학으로 학위를 취득했다. 이후 살라망카대학에서 그리스어 교수로 강단에 섰고, 1901년부터 총장을 역임했다. 그러나 국왕 알폰소 13세와 독재자였던 프리모 데 리베라를 강하게 비판한 것이 계기가 되어 직책을 박탈당하고 섬으로 유배되었다. 이후 프랑스로 망명한 그는 프리모 데 리베라의 전제 정권이 몰락하자 다시 해당 대학으로 복귀했다.

1936년, 스페인은 다시 내전으로 혼란에 빠졌고 우나무노는 프란시스코 프랑코가 이끄는 팔랑헤당을 강력하게 비난했다. 이로 인해 그는 모든 직책에서 해임되고 가택연금을 당했으며 그해 12월 31일에 세상을 떠나게 된다. 당시에 그는 "정복할 수는 있어도 승복시킬 순 없다!"라는 유명한 말을 남기기도 했다.

스페인의 근대 격동기를 살았던 우나무노는 소설가이자 극작가, 철학자로서 20세기 스페인 문학과 사상에 큰 영향을 주었다.

미겔 데 우나무노 Miguel de Unamuno,
　　　　　스페인 빌바오 1864~살라망카 1936

주요 작품

전쟁 속의 평화 Paz en la guerra, 1897
사랑과 교육 Amor y pedagogía, 1902
안개 Niebla, 1914
툴라 이모 La tía Tula, 1921
착한 성인 마누엘 San Manuel Bueno, mártir, 1933

문구 및 명언

우연히 표적을 맞히는 것은 자주 틀리는 행위와 다를 바 없다.

과거의 자식이 되기보다는 우리의 미래를 위한 아버지가 될 수 있도록 더욱 애써야 한다.

나는 혹여나 어떤 심연에라도 떨어지지는 않을까 근심에 차서 인생을 되새김질하는 불쌍한 인간들을 반추동물이라 부른다.

행복하지 않아서 좋은 점 중 하나는 행복을 꿈꿀 수 있다는 것이다.

책을 적게 읽는 사람일수록 책을 읽으면서 더 많은 상처를 받는다.

학자티를 내는 자는 학문으로 망가진 얼간이다.

이성만큼 편협한 것이 또 있을까.

문화의 부재로 공복감을 느끼는 자들은 극히 소수다. 그것을 느낀다고 믿는 자들보다도 훨씬 적다.

나는 무언가를 알고 있음에도 그것을 다른 이에게 전달하려 하지 않는 영적 탐욕을 가진 자들에게 넌덜머리가 난다.

명성의 하늘은 그다지 넓지 않다. 그러므로 명성을 얻는 이가 많아질수록 그곳에서 누릴 수 있는 자리는 점점 줄어들게 된다.

자유란 공공의 이익이다. 이를 하찮게 여기는 자들은 자유로울 수 없으리라.

인간은 돈 때문에 목숨을 바치기도 하지만 허세를 위해 돈을 바치기도 한다.

진정한 학문은 무엇보다도 의심을 품는 것을 가르쳐준다.

그대가 책을 쓰는 작가가 되기로 한 순간부터 책에 대해 더 많은 것을 이해하게 되리라.

착한 성인 마누엘 San Manuel Bueno, mártir

"그렇지만 신부님, 신부님께서는 믿으시나요?"

그는 일순 주저하며 내게 대답했다.

"믿지!"

"그렇지만 무얼 믿는다는 말입니까, 신부님. 무엇을요? 내세를 믿으시는지요? 죽음이 우릴 온전히 죽게 하지 않는다는 것을 믿으시는지요? 다음 생에 우리가 다시 만나서 서로 좋아하게 될 것을 믿으시는지요?"

가엾은 성자는 흐느끼며 말했다.

"여보게 자매여, 그만 할 수 없겠나!"

체코어로 번역되어 출간된 작가의 에세이 《삶의 비극적 감정》.

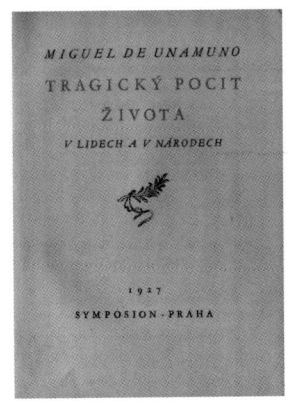

Paul

Valéry

몽펠리에대학에서 법률을 전공했고, 18세부터 시에 몰두하여 짧은 기간 동안 많은 작품을 발표했다. 이 시기에 소설가 앙드레 지드와 시인 스테판 말라르메에게 소개되어 지드와는 평생의 친구로, 말라르메는 평생의 스승으로 삼게 된다. 20세에 시의 완성을 경험한 그는 이후 20여 년간 절필하고 내적 탐구의 세계로 들어간다.

절필한 20년 동안 발레리는 생계를 위해 공직자로 근무하며 수학을 공부했다. 우연한 기회에 친구들의 간청으로 다시 시를 짓게 되었고, 1917년에 《젊은 파르크》라는 장시를 발간했다. 이후로도 여러 작품을 발표하여 상징시의 정점을 이루고 프랑스 문단에서 대시인의 칭호를 얻게 되었지만 그는 또다시 시 쓰기를 그만둔다.

그러나 사방에서 들어오는 요청으로 집필과 강연 활동을 계속하였으며, 문학, 예술, 철학, 과학 등에 걸친 다방면의 평론집을 발간했다. 1925년에 프랑스아카데미회원으로 선정되었고, 각종 단체와 학회의 회장과 의장을 역임했다. 1945년에 발레리가 세상을 떠나자 프랑스 정부는 국장으로 그를 예우했다.

폴 발레리 Paul Valéry, 프랑스 세트 1871~파리 1945

주요 작품

젊은 파르크 La Jeune Parque, 1917
구시첩 Album des vers anciens, 1921
매혹 Charmes, 1922
바리에테 Variété, 1924-1944
나의 파우스트 Mon Faust, 1940

문구 및 명언

누군가 당신의 구두 밑창을 핥으려 한다면 당신을 물기 전에 발을 바닥에 갖다 붙여라.

하찮은 분야에서는 일인자가 될 것이 아니라면 얼씬도 안 하는 게 상책이다.

시는 버려질 수는 있어도 결코 완성될 수는 없다.

편지에 쓰인 언어는 모든 것을 이야기하지 않음으로써 우리의 눈물샘을 터뜨린다.

전쟁이란, 인류를 이용하는 법을 알지만 살육하지는 않는 자와 인류의 이익을 모르는 자 사이에 일어나는 대규모 학살이다.

정치는 사람들이 그들 자신의 근심을 피하게 하는 예술이다.

믿고 있는 것이 시간과 경우에 상관없이 틀릴 가능성은 부지기수다.

맛은 불쾌한 맛 천 가지로 만들어진 것이다.

인간이란 우리 바깥에 갇힌 동물이다. 그리고 바깥에서 우리의 창살을 잡고 흔들어댄다.

모든 인간은 자신 안에 독재자와 무정부주의자를 품고 있다.

우리에게 가장 중요한 생각은 우리의 감정이 반론하는 그것이다.

사장이란 다른 이를 필요로 하는 사람이다.

지금 시대의 문제는 미래이지 과거가 아니다.

행복은 두 눈을 꼭 감고 있다.

창조하거나 생기를 주거나 원기를 북돋게 하는 문제들이 있다. 그리고 책 한 권은 그러한 문제의 개수와 그것이 주는 새로운 소식 때문에 가치가 있다.

찬미가

모든 것 중 가장 회의적인 것은
바로 시간이어서
부정이 긍정을 한들
증오와 사랑이 함께한들
그것이 반대가 된들
강이 근원으로 거슬러 오르지 않는다면
떨어진 사과가 뛰어들지 않고
본래 가지에 재결합하면
그건 그것을 믿으려는 그대의 인내가 부족하기 때문이리라.

소설가 앙드레 지드. 시인 스테판 말라르메.

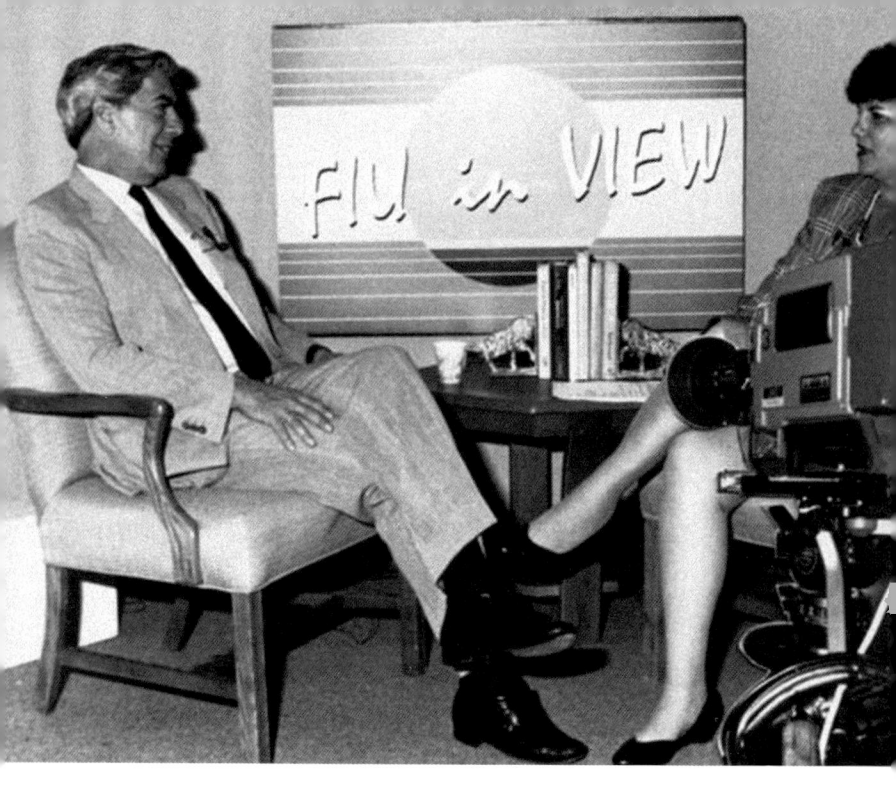

Mario Vargas Llosa

외교관 할아버지를 따라 볼리비아에서 유년시절을 보냈다. 1950년에 프라도 군사학교에 진학했다가 중퇴하고 산마르코스대학에서 문학과 법학을 공부했으며 마드리드대학에서 박사 학위를 받았다. 19세에 29세였던 고모와 결혼하여 큰 파문을 일으켰고 이후 10년간 결혼생활을 유지했다. 1959년에 파리로 건너가 방송인, 편집자, 저널리스트 등으로 활동했으며, 유럽과 미국의 대학에서 초청교수를 지내기도 했다. 1963년, 프라도 군사학교 시절의 경험을 바탕으로 페루 정치의 위선과 부패, 폭력 등을 풍자한 《도시와 개들》을 발표하면서 인지도를 높였고, 1966년에는 《녹색의 집》을 발표하여 페루국가상, 에스파냐비평상 등을 받았다. 1980년대 중반, 페루 군사정권이 총리직을 제안했으나 이를 거절하여 국민들의 큰 지지를 얻은 그는 1990년 페루 대선에 출마하여 알베르트 후지모리에게 패배한다. 이후 그는 후지모리의 독재에 반대하며 스페인 국적을 취득했다. 1994년에 세르반테스문학상을 받았으며, 2010년에 노벨문학상을 받았다.

마리오 바르가스 요사 Mario Vargas Llosa,
페루 아레키파 1936~

주요 작품

두목들 Los jefes, 1959
도시와 개들 La ciudad y los perros, 1963
녹색의 집 La casa verde, 1966
판탈레온과 특별봉사대 Pantaleón y las visitadoras, 1973
나는 훌리아 아주머니와 결혼했다 La tía Julia y el escribidor, 1977
세상 종말 전쟁 La guerra del fin del mundo, 1981
염소의 축제 La fiesta del chivo, 2000

문구 및 명언

문학이 비록 우리를 행복하게 해주지는 않을지라도, 적어도 불행에서 우리를 지켜내도록 도울 수는 있다.

모든 소설의 시초에는 욕망을 부르짖으며 꿈틀거리는 반체제성이 있다.

문학에의 열정은 다른 좋은 욕망들과 마찬가지로 시간과 세월의 흐름에 비례한다. 정말 중요한 것은 책을 쓰는 것이 아닌 책을 쓰게 하는 것, 즉 책을 향한 여로를 발견하는 것이다.

글을 쓰는 이유는 현실과 환경에 저항하고 그것에 대해 보상을 얻거나 공허함을 채우기 위함이다.

문학은 인간과 인간이 되고자 하는 것 사이에서 비롯된 한 걸음에서 시작한다.

어떤 일이든 글을 쓰기 위한 주제로 선택했다는 것은 그것이 매우 중요하고 은밀한 조직을 건드렸거나 본질적인 어떠한 문제와 연관되었기 때문이라고 생각한다.

백치만이 완전한 행복을 누릴 수 있으리라.

나는 자유를 굉장히 동경하며 자유만이 삶을 진실로 살 만하게 해주는 절대적인 기본 요소라고 생각한다. 이는 개개인이 자신의 잠재능력을 성장시킬 수 있도록 해주며 자신의 자질과 취향에 따라 어떤 삶을 살지 선택할 수 있게 해준다.

완벽한 사회란 존재하지 않는다.

어떤 꿈이 기억난다고 해도 그것은 꿈같거나 에로틱하거나 환상적인 것이 아닌 그저 시시한 현실의 모습일 뿐이다. 그저 그런 내 일상의 단순한 연장 정도 말이다.

반신반의란 절대로 꽃잎이 끝까지 뜯기지 않는 데이지 한 송이와 같다.

인생 안에 실존하는 죽음에 대한 나의 견해는, 내가 가진 재능과 관련하여 어떤 계획이나 야망도 가질 수 없는 상태를 말한다.

도시와 개들 La ciudad y los perros

카바는 추위를 느꼈다. 화장실은 건물 모퉁이의 구석에 있었으며 그 모퉁이에서 나무로 된 얇은 문으로 분리되어 있었고 창문이 없었다. 지난해까지만 해도 겨울의 추위는 그저 견습 사관생들이나 견디면 그만이었다. 그들 숙소의 깨진 유리창과 그 틈으로 밀려오는 추위 때문이었다. 그러나 올해만큼은 날카로운 칼바람에 학교 어느 구석이든 추위에서 자유로운 곳이 없었고, 밤이 되면 찬 공기가 화장실까지 관통하여 낮 동안 누적되었던 악취를 풍기며 주변 공기를 오염시켰다. 그러나 고원지대에서 태어나고 자란 카바에게 겨울이란 대수로울 것이 없는 존재였다. 그럼에도 그의 피부를 경직시키는 것은 다름 아닌 두려움이었다.

영화로 제작된 〈판탈레온과 특별봉사대〉의 한 장면.

Manuel Vázquez Montalbán

프란시스코 프랑코의 전제 정권이 시작될 무렵 스페인의 바르셀로나에서 태어났다. 철학과 신문학을 전공한 그는 반(反)프랑코 정권의 대표적인 인물이었고 그로 인해 탄압을 받으며 3년 동안 수감 생활을 하기도 했다.

그의 많은 작품은 당대의 정치와 사회의 모습을 반영하고 있다. 그가 쓴 추리소설 시리즈는 다양한 언어로 번역되었으며 주인공인 카르발로 형사는 그의 작품의 가장 대표적인 인물이라 할 수 있다. 그는 문학적 활동 외에도 여러 스페인 기자들의 의견을 담은 칼럼집과 시집을 발간하기도 했다.

1991년에 국립문학상을 받았으며 이후 플라네타상, 프랑스국제추리문학상, 크리티카상 등을 받았다.

마누엘 바스케스 몬탈반 Manuel Vázquez Montalbán, 스페인 바르셀로나 1939~

주요 작품

감성 교육 Una educación sentimental, 1967
남쪽 바다 Los mares del sur, 1978
피아니스트 El pianista, 1985
온천장 El balneario, 1986
아트사바라의 유쾌한 청년들 Los alegres muchachos de Atzavara, 1987
갈린데스 Galíndez, 1990

문구 및 명언

작가들이란 지나치게 일찍, 혹은 잘못된 시대에 태어난 저주받은 동물들이다.

하나의 소설은 흡사 차진 재료들로 혼합된 마요네즈와 같다. 위대한 작품이 되기 위한 요점은 결국 소재가 제대로 혼합되느냐가 관건인 셈이다.

작가는 술집 여자이며 술집 여자의 애인이며, 깡패이며, 경찰이며, 동성애자이며, 파시스트이며, 마르크스주의자이며, 이성애자이며, 희생자이며, 살인자다. 내 소설의 살인자는 작가이므로 고로 나다. 만일 이런 폭로가 있었음에도 이후로 몇 시간 내에 내가 체포되지 않는다면 당신은 문학조차 믿어서는 안 된다.

우리를 파괴하는 것에 이름을 붙이는 것은 우리를 지키는 방법이다.

지성이 범할 수 있는 심각한 월권행위가 있다면, 언어를 늘어놓으며 어느 정도 정리할 줄 안다는 단순한 사실만으로 무언가를 이해했다고 믿는 데에 있다.

정치가들의 몸짓은 대중과 소통할 수 있게 하는 메시지적인 언어다. 그러나 몸짓만으로 살아갈 수 있는 것은 아니다. 내용을 바탕으로 정치와 국민 사이의 관계를 소생시켜야 한다.

아무도 부모 자식 간의 관계에서 벗어날 수는 없다. 비록 부모이길 거부하는 이들이 있을지라도 우리는 모두 누군가의 자식이기 때문이다.

역사는 몰수하는 자들이 아닌 연장하는 자들에게 속해 있다.

진실의 일부를 보고도 그것을 인식하지 못할 수는 있으나, 악을 응시하고도 그것을 알아채지 못하는 것은 불가능하다. 선은 존재하지 않아도 악은 존재하리라는 사실을 깨닫기 때문에 그것이 두렵기도 하다.

무엇이든지 먹을 수 있는 곳. 그곳이 카르발로가 절대로 먹으러 가고 싶지 않은 곳이었다……

온천장 El balneario

머릿속에서 산체스 볼린을 가능한 한 빨리 비워버리고 온전한 생각을 하거나 아니면 무언가를 하길 원했다. 아니다. 아무것도 하지 않고 그냥 객차의 편안한 고독 속에서 생각에 빠져 있는 편이 낫겠다. 그러면서 산체스 볼린이 공항에서 이륙하기도 전에 늘어놓은 마지막 대꾸가 짜증스런 잡음처럼 귀에 거슬렸다.

"시체 일곱 구. 말도 안 되지. 내가 소설에 시체를 일곱 구나 집어넣었고 편집자는 그 책을 내 머리통에 냅다 집어 던지더군."

카르발로가 처음으로 등장한 작품.

자수공의 아들로 태어나 예수교 학교에서 문법과 수사학을 공부했으며, 이후 왕립교육기관에서 수학과 천문학을 배웠다. 12세에 첫 희곡을 썼다고 전해진다. 17세 무렵, 아조레스 탐험대에 참가했다 돌아오는 길에 유부녀였던 엘레나 오소리오라는 여인을 만나 사랑에 빠졌다. 그녀가 남편과 헤어지자 그는 물심양면 그녀의 생활을 지원했으나 결국 그녀는 다른 남자와 인연을 맺는다. 이에 분개한 그는 증오심 가득한 한 편의 시를 보냈고, 시의 내용에 격분한 여인의 가족은 그를 마드리드에서 추방시키기에 이르렀다.

이후 그는 무적함대의 승무원으로 자진 입대했고, 1590년에 마드리드 추방령이 해제되면서 톨레도로 돌아온다. 그는 평생에 걸쳐 여러번 결혼을 했으며 그 외에도 많은 여성과 염문을 뿌렸다. 1614년에 사제가 되었으나 2년 후 다시 연애 사건에 휘말리는 등 다채로운 인생을 살았다.

로페 데 베가는 혁신적인 극작가로서 '스페인의 새로운 희극'의 드라마 구조를 정립한 장본인이었다. 평생에 걸쳐 2천여 편이 넘는 희곡과 시를 썼다고 전해지며 오늘날 약 500여 편이 남아있다.

로페 데 베가 Lope de Vega, 스페인 마드리드 1562~1635

주요 작품

라임 Rimas, 1602
과수원지기의 개 El perro del hortelano, 1615
푸엔테오베후나 Fuenteovejuna, 1619
라 도로테아 La Dorotea, 1632
라 가토마키아 La Gatomaquia, 1634
올메도 기사 El caballero de Olmedo, 1641

문구 및 명언

내가 카스테야노(카스틸야 지역의 방언)를 좋아하지 않는 이유는 카사도(Casado, 결혼한 남자)와 칸사도(Cansado, 피곤한 남자) 사이에 한 글자 이상의 차이가 있기 때문이다.

고백하건대 질투는 같은 사랑의 자식이라 해도 사생아에 가깝다.

사랑에 빠지긴 쉽지만 헤어나오기는 어렵다.

사랑이 있는 곳에 군주는 없다. 사랑 안에서는 모든 것이 동등하기 때문이다.

사랑을 가이드북 삼은 자는 엉뚱한 길로 가기 마련이다.

사랑에는 선택의 여지가 없다.

못난 여자들 또한 관계를 맺고 난 후엔 아름답게 보이는 경우가 있다.

웃는 낯에 독을 줄 수는 없는 법이다.

생각은 영원히 한 길을 따라서 세차게 흐르거나 바다에 도달하려는 강한 의지로 나아가는 강줄기가 아니다.

필연성이란 시인들의 자음과도 같은 존재라서, 주인이 그렇게 생각하지 않더라도 이성을 강요한다.

굳이 얇은 지갑을 갖고 다니며 빚을 기어이 청산하지 않았다. 내가 사용할 수 있는 것은 최대한 남에게 주지 않는 편이 낫기 때문이다.

한숨이란 영혼이 내는 반절의 목소리다.

눈물만큼이나 능수능란한 웅변가 혹은 효율적인 단어가 이 세상에 또 있을까.

성스러운 운율, 소네트 1 Rimas Sacras, Soneto I

가만히 서서 나의 모습을 응시하며
내가 어디로 걸어왔는지 살펴본다.
자신의 잘못을 알기 위해 찾아온
길 잃은 자의 모습에 겁이 난다.

지나온 시간을 가만히 응시하며
망각 속에 놓인 성스런 이유란
하늘이 준 경건함이 나를 그리 어리석고
성급하게 만들지 않았음을 알기 때문이다.

매우 기이한 미로에 들어섰고
삶의 가냘픈 실 가닥에 의지하며
환멸로 익숙한 오후

너의 빛으로 패한 나의 어둠
나의 맹목적 속임에 죽은 괴물은
이성을 잃고 고향으로 돌아온다.

영화 〈과수원지기의 개〉의 한 장면.

Paul
Verlaine

아버지는 레지옹도뇌르 훈장을 받은 대위였고, 어머니는 부농의 딸이었다. 어렵게 얻은 외아들이었던 그는 양친의 사랑을 듬뿍 받으며 행복한 유년시절을 보냈다. 파리대학 법학부에 입학했으나 중퇴하고 파리 시청에서 서기로 근무하여 시를 쓰기 시작했다.

1870년에 친구의 여동생과 혼인을 하나 얼마 지나지 않아 17세의 아르튀르 랭보를 만나 동성애에 탐닉하며 열정적인 관계로 발전했다. 그러나 그의 강한 기질과 집착은 질투로 변질되었고, 다툼 끝에 총을 쏴 랭보의 왼손에 상처를 입혔다. 이 일로 그는 감옥에서 2년을 보내게 된다. 출소한 후에는 프랑스의 레텔에 거주하며 프랑스어 교사로 근무했으나 또다시 제자와 동성애 관계를 갖고 그와 별장에서 동거하면서 술에 빠져 살았다. 이러한 와중에도 그의 문학은 꽃을 피웠고 많은 시를 발표해 프랑스 상징주의를 대표하는 시인이 되었다. 1894년에는 프랑스 문인들이 생존 시인 중 가장 훌륭한 시인을 직접 뽑는 '시인의 왕'에 뽑히기도 했다.

그러나 이러한 영광에도 그의 삶은 가난과 병마로 찌들어가고 있었고 결국 1896년, 파리의 한 낡은 집에서 52세를 일기로 생을 마감했다.

폴 베를렌 Paul Verlaine, 프랑스 메스 1844~파리 1896

주요 작품

말없는 연가 Romances Sans Paroles, 1874
예지 Sagesse, 1881
저주받은 시인들 Les Poètes maudits, 1884
은밀한 의식 Liturgies intimes, 1893
참회록 Confessions, 1895

문구 및 명언

나는 나의 모든 연인에게 충실하다. 그를 한 번 사랑한 이상, 항상 사랑하게 될 것이기 때문이다. 해 질 녘이나 새벽에 홀로 있을 때면 나는 눈을 지그시 감고 그들 모두를 떠올린다.

그녀는 고양이와 함께 놀고 있었다. 점점 환해지는 어스름 속에서 그것의 하얀 앞발과 그녀의 하얀 손이 서로 보듬고 있는 모습은 아름다웠다.

독립은 항상 나의 소망이며 운명이었다.

오직 너에게만 뛰는 내 심장이 여기 있다네.

난 항상 네게 열려 있는 늙은 암캐라네.

한 여인의 육신보다 영혼을 사랑하는 것은 그다지 중요한 일이 아닌가 싶다. 어찌 됐든 결국 영혼은 불멸하기 때문에 그것을 사랑할 시간은 충분하고도 남을 것이나 그 육신은……

시인은 자신의 모험에서 길을 잃은 광인이다.

나는 몰락의 끝자락에 있는 왕국이라네.

무엇보다 음악은 언제나 가장 불규칙한 것을 추구한다. 왜냐하면 음악은 워낙 게을러서 공기와 만나야 제대로 만들어지기 때문이다.

그의 슬픔을 가져가는 것만큼 영혼에 더한 기쁨은 없으리라.

나에게 영광이란 초라하고 허무한 압생트(프랑스산 독주)다.

……그리고 그 외 남은 것은 오로지 문학뿐이다.

나는 자줏빛과 금빛을 발하는 쇠퇴란 단어를 특별히 좋아한다네. 이는 마지막 문명의 섬세한 생각과 문학적인 고급문화와 강렬한 기쁨을 즐기던 영혼을 떠올리게 하지. 불꽃을 던지고 고운 돌들을 여기저기 흩뿌려보게나.

너의 이마를 나의 이마에 포개어

너의 이마를 나의 이마에, 너의 손을 나의 손에 포개어
내게 맹세를 해다오, 설령 그것이 내일 깨질지라도.
그리고 동틀 때까지 함께 울자꾸나, 나의 작은 열정이여.

1884년에 처음으로 발표한 작품집.

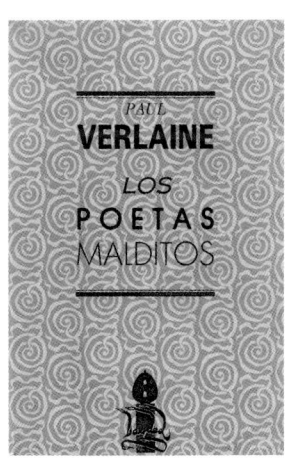

Jules Verne

변호사였던 아버지의 뒤를 잇기 위해 파리에서 법률을 공부했으나 문학을 동경해 20세 무렵부터 오페라 대본과 희곡을 쓰기 시작했다. 모험소설을 가지고 출판사를 전전했으나 계속해서 거절을 당하던 그는 1862년에 출판인 피에르 쥘 에첼을 만나면서 작가로서의 길이 활짝 열리기 시작했다. 이후 두 사람은 전속계약을 맺고 20년간 함께 하게 된다. 여행을 좋아했던 그는 바쁜 와중에도 꾸준히 여행을 다니며 견문을 넓혔다. 1872년에는 요트를 구입하여 영국, 스칸디나비아 반도, 북미를 여행했고, 여행을 마친 후에는 다시 파리에 머물며 오로지 집필에만 몰두했다. 쥘 베른은 뛰어난 상상력으로 평생 80여 편의 작품을 발표하였으며, 그 대부분이 과학모험소설이었다. 잠수함, 입체영상, 해상도시, 텔레비전, 우주여행, 투명인간 같은 개념들이 그의 소설 속에서 최초로 등장했으며 '공상과학소설의 아버지'로 불리게 되었다.

그의 작품들은 오랫동안 연극과 영화, 애니메이션 등으로 각색되어 꾸준한 사랑을 받고 있으며, 유네스코 집계에 따르면 세계에서 두 번째로 많이 번역된 작가로 알려져 있다.

쥘 베른 Jules Verne, 프랑스 낭트 1828~아미앵 1905

주요 작품

기구를 타고 5주일 Cinq semaines en ballon, 1863
지구 속 여행 Voyage au centre de la terre, 1864
지구에서 달까지 De la Terre à la Lune, 1865
해저 2만 리 Vingt mille lieues sous les mers, 1870
80일간의 세계일주 Le tour du monde en quatre-vingts jours, 1873
신비의 섬 L'Ile mystérieuse, 1874

문구 및 명언

내 소설에 여자가 절대로 등장하지 않는 이유는 간단하다. 왜냐하면 그들은 쉴 새 없이 말하고 말해서 다른 인물들이 말할 기회를 주지 않을 테니 말이다.

과학은 시행착오로 이루어져 있을지 모르지만 그것은 진실을 향한 발걸음이기도 하다.

잠수함의 발명으로 해군들이 전투하는 일은 더 이상 없을 것이며, 매번 더 완벽하고 무시무시한 전쟁 무기를 개발하는 일에 매달리게 되면서 전쟁 자체가 불가능해질 것이다.

만일 우리가 항상 냉정한 태도로 일관하길 원했다면 신은 우리의 혈관에 피 대신 물을 채우셨으리라.

과장된 기대 없이는 그 어떤 위대한 것도 해낼 수 없었으리라.

한 사람이 상상할 수 있는 모든 것을 어떤 이들은 실제로 해낸다.

내 생각에 고양이들은 지상으로 내려온 영혼 같다. 단언컨대 고양이는 구름을 관통하지 않고 그 위를 사뿐히 걸어 다닐 수 있을 것이다.

바다는 전부다. 지구의 10분의 7을 뒤덮으며 그 숨결은 순수하고 건강하다. 바다는 사방에서 생명이 고동치며 인간이 결코 혼자가 될 수 없게 만드는 광활한 사막이다.

인간의 법은 해칠 수 있을지라도 자연의 법은 그럴 도리가 없다.

미국인에게는 놀라울 일이 없다.

야망이란 파괴를 위해서는 쉽게 뭉친다.

스트롬볼리!(이탈리아령의 섬) 이 예상치 않던 이름이 내 상상 속에 어떠한 영향을 주었던가…….

지구에서 달까지 De la Terre à la Lune

머치슨은 즉시 컬럼비아호의 전류를 복구하고 도화선 불꽃을 방출시키며 전기 충전기의 전원을 눌렀다. 위력적이고 기이한 폭발음이 터졌다. 이것이 낙뢰가 터지며 나는 소리인지, 폭풍우의 소름 끼치는 굉음인지, 분화구에서 무언가 분출되면서 나는 소음인지 이유를 알 수가 없었다. 마치 지구가 하나의 분화구인 것처럼 내부 깊은 곳에서 거대한 불꽃 줄기를 토하듯 분출되었다. 땅이 위로 솟았는데, 순간적으로 거대한 방사물이 불꽃처럼 너울거리는 증기의 광환을 통해 성공적으로 공기를 관통했다. 그리고 몇몇 사람들만이 이를 눈으로 확인할 수 있었다.

1958년에 출판된 〈80일간의 세계일주〉.   영화로 제작된 〈지구 속 여행〉의 포스터.

Boris Vian

어려서 앓은 심장질환으로 평생 고생했다. 소설가이자 엔지니어, 작사가, 트럼펫 연주자, 재즈평론가, 가수, 배우, 극작가 등 다양한 방면에서 재능을 보였다.

1945년에 첫 소설을 출간하면서 프랑스 문단의 주목을 받기 시작했다. 1946년, 버넌 설리번이라는 미국 작가가 쓴 《너희들 무덤에 침을 뱉으마》라는 책을 번역하여 출간했는데 이는 사실 그가 버넌 설리번이라는 필명으로 직접 쓴 소설이었다. 이 소설은 출간 즉시 폭발적인 인기를 얻었지만 한편으론 죽음, 에로티시즘, 폭력, 환상 등으로 가득한 소설의 내용이 비도덕적이라는 이유로 우익단체로부터 고소를 당하기도 했다.

그는 다양한 장르를 포용하여 작품 활동을 했으며, 그가 구상한 연극은 부조리극의 대가였던 에우제네 이오네스코의 영향을 많이 받았다. 1954년엔 반전가요로 유명한 샹송 〈탈영병〉을 발표하여 당국으로부터 금지처분을 받기도 했다. 1959년, 그의 작품을 영화화한 〈너희들 무덤에 침을 뱉으마〉의 시사회장에서 영화가 시작되자마자 쓰러져 자신의 인생만큼이나 드라마틱한 죽음을 맞이했다. 그의 나이 39세였다.

보리스 비앙 Boris Vian, 프랑스 파리 1920~1959

주요 작품

너희들 무덤에 침을 뱉으마 J'irai cracher sur vos tombes, 1946
세월의 거품 L'Écume des jours, 1947
북경의 가을 L'automne à Pékin, 1947
못난 자들은 죽어버려라 Et on tuera tous les affreux, 1948
제국의 건설자들 Les bâtisseurs d'Empire, 1959

문구 및 명언

무엇에든, 어떻게든 권리 부여를 하려 애쓰는 것은 쓸모없는 감정이다. 그래서 나는 이 감정을 부정한다.

세상 모든 행복이 아닌 각자의 행복이 중요하다.

일이란 결국 마약과도 같다. 그리고 난 마약에 중독되어 죽고 싶지 않다.

바보 천치의 손에 문학을 넘겨주는 것은 흡사 군인들에게 과학을 전하는 것과 같다.

기교는 영감을 고취하는 데 장애가 될 수 없다……. 그리고 셰익스피어는 글을 쓸 때 (혹자의 말에 의하면) 단어 2만 2,000개를 아무런 문제 없이 사용하고 표현했다……. 그가 사용한 다양한 표현 때문에 문제가 되는 자들은 고작 3,000개 혹은 4,000개 정도의 단어만을 사용하는 얕은 지식을 가진 가엾은 번역가들일 것이다.

역사책 한 권이 놓여있는 곳이란 사람을 난폭하게 만들기 마련이다. 그리고 이러한 장소야말로 사랑을 배우기에 가장 적합하다.

나는 단 한 번도 나를 남자로서 시시하게 여기는 여자를 본 적이 없다네. 그러니 당부하건대, 대단한 것을 이룬 것 마냥 굴지 마시게.

여자들에게 아름다움은 겸양의 상징이다.

사형집행인에게 정당성을 부여하는 것은 현존하는 가장 위선적인 자살 행위로 볼 수 있다.

우린 항상 좋은 순간 중 최고의 것을 기억하기 마련이다. 그러니, "나쁜 것들은 대체 어디에 쓸모가 있으랴?"

성적인 것은 이를테면, 내 영혼과 함께 있다.

나는 경찰과 군대에 소속된 무리에 압류되는 것을 혐오한다.

첫사랑 Premier amour

남자가 여자를 사랑할 때, 단번에 그녀를 자신의 무릎 위에 앉히는데, 이때 천끼리 서로 마찰하여 바지가 상하는 일이 없도록 그녀의 원피스를 조심스럽게 들어올린다. 곧바로 혀를 이용하여 혹시 그녀가 편도선 수술을 하진 않았는지 확인하고 전염될까 따져보며 두 손을 놓을 곳을 되도록 재빠르게, 가급적 먼 곳으로 찾아낸다. 피로 얼룩진 흰 쥐 엉덩이의 실체를 확인하고 부드럽게, 탐폰을 삼키고 있는 가느다란 실을 잡아당긴다.

80년대 대중가요에 영감을 준 보리스 비앙의 소설.

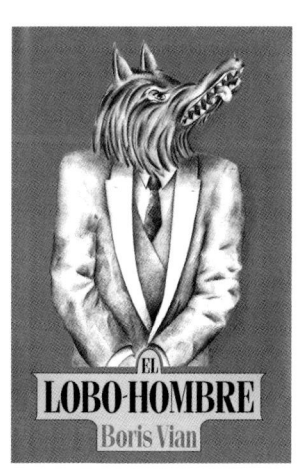

Herbert George Wells

가난한 상인 집안에서 태어나 고학으로 대학에 다니며 천문학, 생물학, 물리학, 화학, 지질학 등을 공부했다. 졸업 후 교사로 근무하던 중 폐출혈로 요양을 하게 되고, 이때부터 본격적인 집필 활동에 몰두하여 1895년에 첫 소설집 《기이한 방문》을 출간했다.

환상문학 작가로 명성을 얻은 웰스는 총 100여 권이 넘는 책을 출간했으며 그중 다수의 작품이 성공을 거두었다. 그는 주로 자연과학적인 넓은 교양과 상상력을 결합하여 《타임머신》, 《투명인간》 등의 공상 과학소설을 발표했다. 화성인이 지구를 침공한다는 줄거리의 《우주전쟁》은 오손 웰스에 의해 라디오 방송극으로 제작되었는데, 당시 미국 시민들은 이 이야기를 실제 상황으로 인식하여 정신적 공황에 빠지기도 했다는 일화가 있다.

그는 국경이 없는 '단일 세계국가'를 만들어 민족 간의 싸움을 없애고 평화를 추구하자는 주장을 하기도 했으나, 제2차 세계대전의 참화를 겪으며 그의 문명비평의 방향은 차차로 어두워지게 된다. 1946년, 80세를 일기로 런던의 자택에서 생을 마감했다.

허버트 조지 웰스 Herbert George Wells,
영국 브롬리 1866~런던 1946

주요 작품

타임머신 The Time Machine, 1895
투명인간 The Invisible Man, 1897
우주전쟁 The War of the Worlds, 1898
다가올 세상 The Shape of Things to Come, 1933
사람의 운명 Fate of Homo Sapiens, 1939

문구 및 명언

만일 우리가 전쟁을 끝내지 않으면 전쟁이 우릴 끝낼 것이다.

우리의 참된 국적은 인류다.

만일 어제 그대가 무력감을 느꼈다면 오늘은 일어나야 할 때다.

오늘의 위기는 내일의 농담거리다.

자전거를 탄 어른을 볼 때마다 다시금 인류라는 종족의 미래를 신뢰하게 된다.

광고는 합법적인 농간이다.

사랑이란 모든 것을 능가하며 원래 그것이 지닌 명성보다도 위대하다.

불을 갖고 노는 것은 우리가 그것에 데지 않는 기술을 터득하게 해준다.

생물학적으로 종(種)이란 일련의 실험에 성공을 거둔 개체들로 형성된 집합체를 일컫는다.

국제주의는 개개의 국가들의 종말을 의미하지 않는다. 오케스트라가 바이올린의 끝이 아니듯.

방해물이 적은 오솔길은 패자의 길이다.

사회적으로 출세하는 길은 항상 금이 간 우정에서 싹트며 앞으로도 그럴 것이다.

우리는 사회의 범죄와 악을 보며 실패에 대한 대책을 준비할 수 있다. 모든 범죄는 결국 한 공동체의 범죄다.

무언가를 배울 때, 처음에는 항상 무언가를 상실한 듯한 느낌을 받는 법이다.

만일 당신이 어떤 사람을 파괴하길 원한다면, 체스로 그를 이겨라. 이는 독극물을 사용하는 것보다 더 확실하다.

풍요는 아름다움이다.

우주전쟁 The War of the Worlds

낮 동안 우리는 피곤한 일상에 시달리느라 누군가가 위에서 우리의 행동이나 규칙적인 모습을 감시하며 지구를 정복할 계획을 세우고 있다는 생각을 하기가 불가능하다. 하지만 밤이 되면 그러한 생각이 든다. 밤의 어둠과 고요함이 화성인이나 달에 거주하는 사람들, 그 밖의 우주에 거주하는 생물체에 대해 상상해볼 수 있는 분위기를 조성하기 때문이다.

1953년에 영화로 제작된 〈우주전쟁〉의 포스터.

가정 형편 때문에 학교를 중퇴하고 인쇄소에서 견습공으로 일하며 독학으로 지식과 교양을 쌓았다. 뉴욕에서 일간지의 편집자로 일했으나 그의 논설이 민주당 보수파의 분노를 사게 되어 해고되었다. 이후 주간신문 〈자유민(Freeman)〉을 창간하여 주필로 활약하였지만 또다시 민주당 보수파의 공격을 받아 1년 만에 사임한다.

1850년대부터는 부친의 목수 일을 도우며 많은 시간을 독서와 사색으로 보냈다. 1855년에 시집《풀잎》을 자비로 출판하였으며, 이후 이 시집은 수차례 내용을 수정하면서 재출간 되었다. 전통적 시풍에서 벗어나 독창적인 시어로 미국의 적나라한 모습을 노래한 이 시집은 판을 거듭하면서 사랑과 연대를 주장하며 '예언자 시인'의 면모를 드러냈다. 또한 논문《민주주의의 미래상》을 통해 미국사회의 물질주의적 경향을 비판하였다.

남북전쟁 중에는 남부 군사병원에서 부상당한 병사들을 돌보았으며, 링컨 대통령에 대한 추도시《앞뜰에 라일락이 피었을 때》를 발표하기도 했다. 1873년부터 중풍으로 고생하다 77세가 되던 해인 1892년에 뉴저지에서 숨을 거두었다.

월트 휘트먼 Walt Whitman, 미국 뉴욕 1819~뉴저지 1892

주요 작품

풀잎 Leaves of Grass, 1855-1892

북소리 Drum-taps, 1865

민주주의의 미래상 Democratic Vistas, 1871

나 자신의 노래 Specimen Days and Collect, 1882-1883

문구 및 명언

하찮은 것 또한 다른 것들처럼 중요하다.

단지 머리에서 발끝까지로 파악되는 것이 인간의 전부는 아니다.

내 판단에 의하면 좋은 정부란 사람들이 얼마나 오랜 시간 평온을 느끼도록 하느냐에 달린 듯하다.

누군가를 알게 될 때 내겐 그가 백인인지, 흑인인지, 유대인인지 아니면 이슬람교도인지는 중요치 않다. 그가 인간인 것을 아는 것만으로도 충분하므로.

모든 것이 성스럽다면 인간의 육체 또한 그러하다.

신앙은 영혼의 살균제다.

만일 지금 당장 나의 운명의 날이 다가온다면, 이를 기쁨으로 받아들이리라. 그리고 만일 천만 년이 흘러도 그날이 오지 않더라도 그 역시 기쁨으로 기다리리라.

반대로 말해도 될까요? 좋아요, 그럼 반대로 말해보지요. 전 광대한 사람으로서 군중을 품고 있지요.

나는 나를 좋아하는 그들과 함께 있는 것으로 충분하다는 사실을 깨달았다.

나는 줄 때는 전부 준다.

좋은 사람이 되기 위한 비결이 있다면 열린 공간에서 성장하고, 음식을 먹고, 땅에서 잠드는 것이다.

죽음까지 우리에게 남은 삶은 적다.

존재하는 모든 공간은 기적이다.

우린 함께 있었으나, 그 후 난 그를 잊었다.

풀잎 Leaves of Grass

풀잎 하나가 별들의 운행에 못지않다고 나는 믿는다.
개미 역시 똑같이 완전하고
모래알 하나, 두꺼비조차도 고고한 취향에 부합하는 걸작이며
내 손의 가장 작은 관절이라도 모든 종류의 기계를 조롱할 수 있다.
나와 함께 오늘 하루, 오늘 밤을 보낸다면, 모든 시의 근원을 갖게 되리라.
나는 그대를 믿는다, 내 영혼이여,
타인인 나 자신은 그대에게 몸을 낮추지 않을지니
그대 역시 타인에게 몸을 낮추지 마라.
나와 함께 풀밭을 뛰놀며, 그대 목구멍에 맺힌 억눌림을 벗어내라.

(…)

저자가 오랜 시간을 보냈던 브루클린의 모습. 1977년에 멕시코에서 출간된 《풀잎》.

Oscar Wilde

아일랜드 더블린에서 유명한 의사 아버지와 시인 어머니 사이에서 태어났다. 더블린의 트리니티칼리지와 옥스퍼드대학에서 공부했다. 1884년에 아일랜드 명문가 출신의 여인을 만나 결혼하여 두 아이를 낳았고, 1888년에 자신의 아이들을 위해 동화《행복한 왕자》를 출간했다. 이후 장편소설《도리안 그레이의 초상》을 비롯하여 다양한 작품을 발표했다.

1895년, 오스카 와일드는 퀸즈베리 후작의 아들과 동성애 관계에 빠진다. 이 때문에 그는 소돔죄(남색죄)로 고소당했고 결국 2년 동안 감옥에 갇혀 중노동을 하게 된다. 감옥에서 써내려간《옥중기》는 자신의 과거를 되돌아보는 회고록으로 유명하다. 그는 출옥한 후 세바스티앙 멜모스라는 이름으로 개명하고 파리에서 숨어 지냈지만, 수감 중 얻은 병 때문에 얼마 못 가 결국 세상을 떠나고 만다. 와일드가 살던 시기는 엄격한 청교도적 정신이 사회를 지배하던 빅토리아 시대였기 때문에 그는 반사회적인 인물로 오인되어 억압당했고 존재 자체가 묵살되는 불행한 삶을 살았다.

오스카 와일드 Oscar Wilde,
아일랜드 더블린 1854~프랑스 파리 1900

주요 작품

행복한 왕자 The Happy Prince and Other Tales, 1888
도리안 그레이의 초상 The Picture of Dorian Gray, 1891
하찮은 여인 A Woman of No Importance, 1893
이상적인 남편 An Ideal Husband, 1895
진지함의 중요성 The Importance of Being Earnest, 1895
옥중기 De Profundis, 1897

문구 및 명언

세상의 치부를 드러내는 책들에 대해 사람들은 '비윤리적'이라고 말한다.

예술은 절대 대중적이 되어서는 안 된다. 오히려 대중이 예술적으로 되돌아가야 한다.

우리는 여태껏 잘못해왔던 일들을 경험이라 이름 지었다.

위험하지 않은 아이디어는 '아이디어'로 불릴 자격이 없다.

진정으로 살아가는 자들은 이 세상에 흔치 않다. 대부분은 그냥 존재할 뿐이다.

그러니까 유행이란 무엇인가? 예술적인 관점에서 보면 6개월마다 바꿔야만 하는 견딜 수 없이 흉한 것이다.

지나치게 현대 지향적이라면 경계할 필요가 있다. 무언가를 한순간에 구닥다리로 전락시킬 수 있기 때문이다.

자연스러운 척하는 게 가장 어렵다.

가끔은 신이 인간을 창조할 때 자신의 실력을 조금 과신한 것은 아닌가 하는 생각이 든다.

변덕과 열정 사이에 차이점이 있다면, 적어도 변덕은 조금 더 오래 지속된다는 점이다.

인간은 '불가능'은 믿을 수 있을지언정, 있을 법하지 않은 일은 절대 믿으려 하지 않는다.

글을 쓰기 위한 조건은 두 가지면 충분하다. 이야깃거리를 만드는 것, 그리고 그것을 이야기하는 것.

직장은 할 일이 아무것도 없는 자들의 도피처다.

자신을 사랑하는 것은 평생에 걸쳐 계속될 모험의 시작이다.

옥중기 De Profundis

나는 아직도 영혼의 참된 성지에서 멀리 떨어져 있다네. 이 편지는 수시로 변하고, 불안정한 기분과 빈정거림, 씁쓸함, 어떠한 열망들과 그 열망을 이루지 못하는 무능력함을 있는 그대로 표출하지. 그렇지만 넌 지금 내가 얼마나 형편없는 학교에서 공부하고 있는지 잊지 말길. 나는 비록 완벽한 듯 불완전하나 넌 아직도 내게 배울 것이 많지. 넌 내게 삶의 희열과 예술의 기쁨을 배우러 왔지만, 난 너에게 아마도 더 근사한 것을 알려주려 한다. 고통과 그것의 아름다움을 말이다.

영화 〈임포턴스 오브 비잉 어니스트〉의 한 장면. 더블린 공원의 작가상.

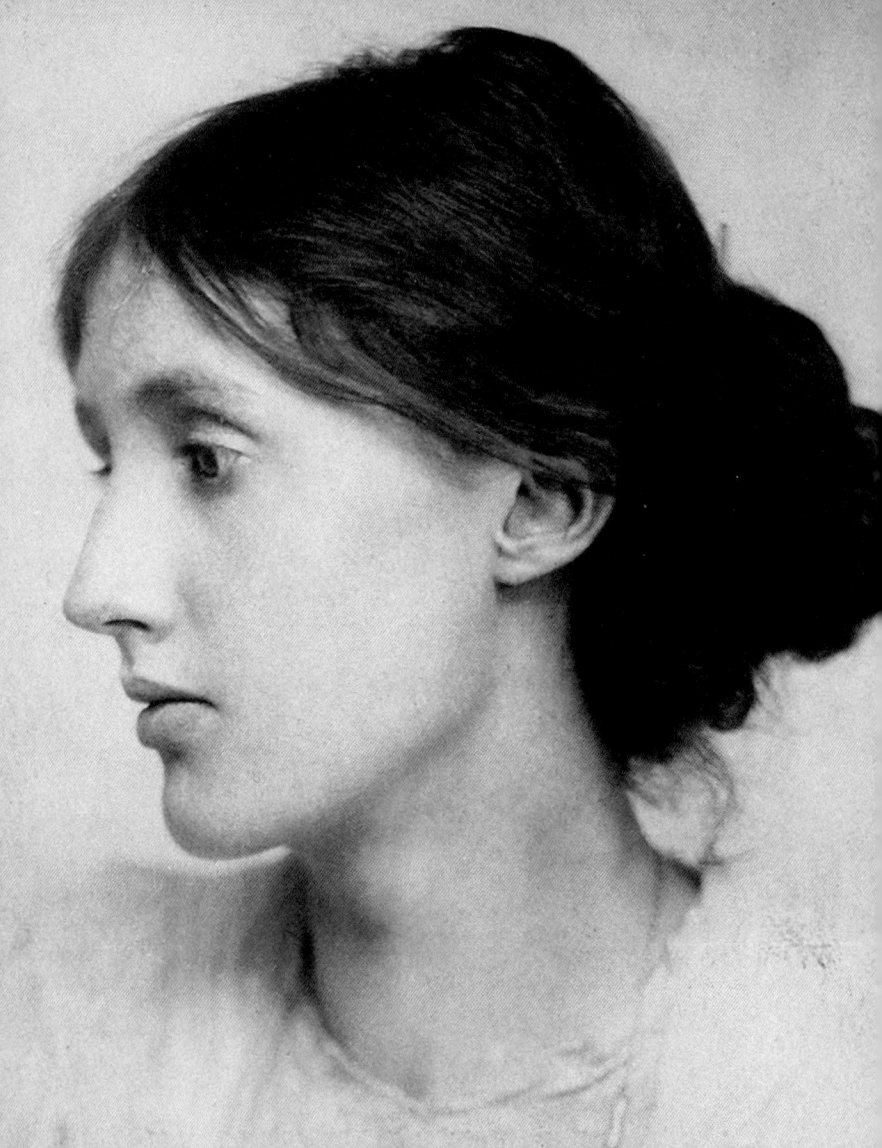

본명은 아델린 버지니아 스티븐이며, 아버지는 저명한 문학평론가이며 철학자인 레슬리 스티븐이다. 부모님이 돌아가신 후 형제들과 함께 블룸즈버리로 이사한 후 여러 지식인들과 예술가들이 그들의 집에 모여 문학, 예술, 정치, 사회 문제 등에 대해 자유롭게 토론하는 '블룸즈버리 그룹'을 조직했다. 그녀는 당시 여성에 대한 사회적 규범 때문에 정규교육을 받은 적은 없지만 주로 독학으로 얻은 지식과 뛰어난 지성으로 그룹의 일원이 될 수 있었다. 그 모임에서 알게 된 레너드 울프와 1912년에 결혼했고, 그들은 5년 후 호가스 출판사를 개업했다.

울프는 어릴 적부터 그녀를 괴롭히던 정신질환에도 불구하고 남편의 지극한 정성으로 원만한 결혼생활을 유지하며 왕성한 작품 활동을 이어갔다. '의식의 흐름' 기법으로 작업한 《댈러웨이 부인》은 비평과 판매에서 모두 좋은 성과를 이루었으며, 에세이 《자기만의 방》은 훗날 페미니즘의 교과서로 불리게 된다.

제2차 세계대전이 발발한 후에 정신질환 증세가 더욱 심해진 그녀는 결국 59세가 되던 해에 우즈 강에서 투신자살하여 생을 마감했다.

버지니아 울프 Virginia Woolf, 영국 런던 1882~로드멜 1941

주요 작품

댈러웨이 부인 Mrs. Dalloway, 1925
등대로 To the Lighthouse, 1927
올랜도 Orlando, 1928
자기만의 방 A Room of One's Own, 1929
파도 The Waves, 1931

문구 및 명언

마치 일류 작가들만이 세상에 존재하는 듯 이류 작가들을 향한 사람들의 무관심만큼이나 가슴 아픈 것이 또 있을까.

오랜 세월에 걸쳐 여자들은 달콤하고 매력적인 거울처럼 남자들의 모습을 비추었다. 그러나 실제보다 두 배는 족히 풍만하게 비추는 거울이다.

만일 우리가 조금씩 서로 거리를 두고 지낸다면, 살롱 안에서는 절대 이룰 수 없는 친밀함을 얻을 수 있으련만.

거의 모든 것이 나를 매료시킨다. 그럼에도 내 안에는 지치지 않는 탐험가가 둥지를 틀고 있다.

내 마음의 자유를 저지할 만한 장벽이나 자물쇠 혹은 빗장은 있을 수 없다.

나는 조국이 없는 여자다. 나란 여자의 조국은 완전한 세상이다.

모든 사람은 책 한 권에 담긴 페이지들처럼 내면에 닫힌 과거를 지니고 있다. 자신들은 이를 기억하고 있지만 친구들의 것은 단지 제목만 읽을 수 있을 뿐이다.

누군가는 사제에게 달려가고 어떤 이들은 시 안으로 도피하며 나는 친구들에게로 향한다.

인생은 꿈이고 깨어나는 순간 우린 죽게 된다.

문자는 글자가 아닌 리듬이다.

시는 우리에게 본질을 전달해준다. 그러나 소설은 육체와 정신의 형상을 지니고 있다.

사람보다 유령을 죽이는 것이 훨씬 어렵다.

우리의 인생은 모호하다. 만일 어느 눈먼 자가 더 좋은 세상을 찾아 허공을 훨훨 난다면 우린 그 존재를 단지 추측할 수밖에 없다.

파도 The Waves

태양은 떠오르지 않았고 아직 하늘과 바다를 구분하는 것은 불가능했다. 바다는 구겨진 천과 닮은 가벼운 물결들이 수없이 주름져 있을 뿐이었다. 하늘이 점차 창백해질수록 수평선 위로 검은 선이 조금씩 짙어지면서 바다와 하늘은 분리되었다. 수면 아래로는 회색의 광활한 천이 끊임없이 춤추듯 흔들리며 거대한 줄무늬를 만들고 있었다. 해안에 도달한 파도는 부풀었다 부딪히고 부서지며 하얀 거품으로 된 얇은 면사포를 모래 위에 만들어냈다. 파도는 무의식적으로 숨을 쉬는 잠든 사람처럼 움직임을 멈추다가도 한숨 짓듯 다시금 표면으로 솟아올랐다.

영화 〈디 아워스〉에서 버지니아 울프 역을 맡은 니콜 키드먼.
1929년에 출간된 《자기만의 방》의 초판본.

프랑스인 아버지와 벨기에 출신의 어머니 사이에서 태어났으며, 정규교육 대신 주로 개인교습을 받으며 자랐다. 아버지와 함께 어려서부터 여행을 많이 다녔고, 16세에 첫 시집을 출간했다. 어릴 적 미국으로 건너가 미국 시민권자가 되었지만 작품은 항상 프랑스어로 집필했다. 제2차 세계대전이 시작될 무렵 유럽에서 미국으로 돌아와 사라로렌스대학에서 비교문학 교수로 재직했으며, 버지니아 울프와 헨리 제임스 등의 작품을 프랑스어로 번역했다.

1951년에 《하드리아누스 황제의 회상록》을 출간하면서 페미나바카레스상과 아카데미프랑세즈소설상을 수상하며 세계적인 명성을 얻었다. 1981년에는 여성으로서는 최초로 아카데미프랑세즈에 입문하게 되었고, 1986년에 레지옹도뇌르 훈장을 수상하는 영예를 얻었다.

그녀는 고대 역사에 관한 해박한 지식과 인간의 동기 부여에 대한 섬세한 분석을 기반으로 작품 활동을 했다. 1987년에 마운트데저트 섬에서 84세를 일기로 생을 마감했다.

마르그리트 유르스나르 Marguerite Yourcenar,
벨기에 브뤼셀 1903~미국 메인 1987

주요 작품

알렉시스 또는 헛된 전투 Alexis ou le traité du vain combat, 1929
하드리아누스 황제의 회상록 Mémoires d'Hadrien, 1951
흑의 단계 L'oeuvre au noir, 1968
연극을 위한 희곡 Théâtre, 1971
미시마 혹은 공허한 비전 Mishima ou la vision du vide, 1981

문구 및 명언

오늘날 소설은 모든 형식을 파괴한다. 이는 우리가 통과해야 하는 의무에 가깝다.

나는 결코 소화를 돕겠다는 이유로 거짓의 조미료로 진실을 양념한 적이 없다.

운명을 건설하려면 가끔 약간의 광기가 필요하다.

어떤 시대든 남들처럼 생각하지 않는 사람들이 있다. 즉, 생각이 없는 자들처럼 생각하지 않는다는 것이다.

작가와 그가 창조한 인물들 간의 관계를 묘사하기는 어렵다. 이는 마치 부모 자식 간의 관계와 닮았다고 볼 수 있다.

역사는 단지 특권층에게만 흥미로울 뿐이다.

머리가 하는 소리를 듣되 심장이 말하도록 하라.

우리가 저지른 커다란 잘못은, 자신에게 없는 것을 얻으려고만 하고 이를 가진 자들의 수확을 업신여겼다는 데 있다.

사람들 대부분은 자신이 두 배는 더 생각할 수 있다는 사실을 과시하기 위해 지나치게 조금만 생각한다.

죽는 것이 자신의 감옥으로 돌아가는 것임을 인지하지 못하는 어리석은 자가 또 어디 있을까?

사랑은 혼자서는 감당할 수 없는 형벌이다.

다 잃을지라도 내겐 신이 있다.

'자아'는 문법적으로나 철학적, 심리적으로 그 쓰임이 유용하다.

금언시 Vers gnomiques

네가 나무로 자라나는 것을 보았지, 형언할 수 없는 영원함.
네가 대리석처럼 단단해지는 것을 보았지, 말로 다 표현할 수 없는 현실.
경이라는 말을 감출 수가 없구나, 씨앗이여, 굽히지 않는 강철 끝.
새들과 개가 함께 물을 마시며 공유되는 행복.
알아야 하고 알고만 있어야 하는 비밀이란, 견뎌야 하는 모든 것은 일시적이라는 것.
날쌘 별들의 하늘과 대지를 향해 외치고 싶다.
미소 지으라, 편안히 누운 고인들이여! 모두 지나갈 테지만 그럼에도 견뎌야 함을.
채소 줄기도 검은 바위 씨앗에서 태어나거늘.

작가의 에세이에 등장하는 일본 작가 미시마 유키오.
이탈리아에서 출판된 《하드리아누스 황제의 회상록》.

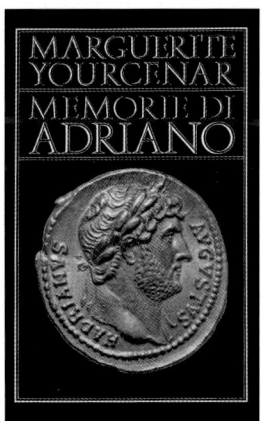

오스트리아에서 유대계 상인의 아들로 태어났다. 20세에 시집 《은(銀)의 현(絃)》을 발표했고, 빈대학에서 철학을 공부하여 23세에 박사 학위를 받았다.

제1차 세계대전 당시 스위스 취리히에 머물면서 평화주의를 접하게 된 츠바이크는 이때부터 줄곧 유럽의 통합을 지지하며 평화주의를 주장했다. 1919년에 잘츠부르크로 이주하여 글쓰기에만 전념하였으며 다양한 종류의 에세이를 비롯해 오노레 드 발자크, 찰스 디킨스, 표도르 도스토옙스키, 지그문트 프로이트 등의 인물에 관한 전기를 집필했다.

1934년에 히틀러의 나치 정권을 피해 영국으로 이주했으나 나치의 군대가 서유럽까지 진군하자 미국으로 도피했다가 결국 브라질까지 당도하게 된다. 나치에 의한 핍박과 어두운 유럽대륙의 미래로 인해 우울증이 심해진 그는 아내와 함께 자살로 생을 마감했다.

츠바이크는 역사에 대한 깊은 통찰과 인물에 대한 심도 있는 탐구로 많은 전기와 평전을 출간했으며 다양한 수필과 희곡을 남겼다.

슈테판 츠바이크 Stefan Zweig,
오스트리아 빈 1881 ~ 브라질 리우데자네이루 1942

주요 작품

은의 현 Silberne Saiten, 1901
로맹 롤랑 Romain Rolland, 1921
마리 앙투아네트 Marie Antoinette, 1932
에라스무스 평전 Triumph und Tragik des Erasmus von Rotterdam, 1934
어제의 세계 Die Welt von Gestern, 1942

문구 및 명언

인생의 완전함에만 이끌려 스스로 만든 과제나 숙제에 얽매이는 것. 무의미하거나 정리된 것에 집착하는 행위. 이러한 일들이 바로 지성에서 비롯된 비극이다.

―

인생을 살면서 진정으로 기쁨을 느끼는 자는 살기 위해 사는 자들과 자유로운 삶에 온전히 몸을 내맡기는 자들이다. 하나의 목표에 얽매인 이들은 모두 인생을 스쳐 갈 뿐이다.

―

모든 학문은 고통에서 온다. 고통은 항상 그것의 원인을 찾는 반면 평정은 가만히 있기를 좋아하며 뒤돌아보지 않는다.

―

신을 위해 싸운다고 공표하는 자들은 항상 지상에서 덜 평화로운 자들이며, 그들은 자신들이 천상의 메시지를 인지한다고 믿기 때문에 정작 세상이 하는 말엔 귀가 닫혀 있다.

―

자신의 영혼을 설득할 수는 없으니 다른 이들의 영혼을 설득하기라도 하라. 자기 자신은 변할 수 없으니, 인류를 변화케 하라.

―

정치인의 참된 자질 중 첫 번째 덕목은 자신이 달성할 수 없는 것은 처음부터 단념하는 것이다.

―

끝이 없이 계속되는 나태함만큼이나 사람을 비인도적이고 반항적으로 만들어버리는 것은 없다.

―

만일 당신이 오랜 시간 심연을 바라본다면 마치 심연이 당신을 바라보는 것처럼 느끼게 될 것이다.

―

부조리하고 광기 어린 말들이었다. 사랑은 그렇듯 비논리적이고 기묘하며 어리석고 미친 행위들을 만들어 낸다.

―

노쇠함은 과거에 대해 괴로워하는 것을 그만두는 것 이상의 의미가 없다.

―

영원한 형제의 눈 Die Augen des ewigen Bruders

왕국의 감옥, 장밋빛 견고한 계단의 가장 높은 층계참부터 비라타는 일몰이 될 때까지 왕의 이름으로 법을 집행했다. 그의 날카로운 시선은 죄인의 양심을 꿰뚫어보는 듯했으며, 범죄 사실을 추궁할 때는 마치 어두컴컴한 소굴 안 오소리와 같은 근성과 깊이가 있었다. 엄중하면서도 결코 경솔하지 않았으며, 문초와 판결 사이에는 하룻밤의 여유를 두고 냉정한 시간을 가졌다. 때때로 해가 뜰 때까지 오랫동안 그들의 이야기에 귀를 기울였고, 옥상 위를 초조하게 서성이면서 정당함과 부당함을 따져보며 깊은 상념에 빠졌다. 또한 재판에 앞서 그의 판결문이 격정적인 열기를 정화하길 바라며 손과 이마를 물에 적셨다. 결과가 정해진 후에는 혹여 자신이 착오를 저지르지는 않았는지 죄인에게 묻는 것을 절대 잊지 않았으나 죄인이 그의 판결에 반론하는 경우는 극히 드물었다. 그들은 그저 말없이 강단 문턱에 입을 맞추고 마치 신의 심판을 받은 듯 고개를 푹 떨어뜨린 채 처벌을 받아들였다.

슈테판 츠바이크의 작품 《마리 앙투아네트》.

부록

작가 지망생들을 위한 125가지 제안

1 당신이 처음으로 사랑에 빠졌던 사람과의 사이에서 일어났던 일을 실제와는 다른 방식으로 써보시오.

2 라이벌 관계인 두 친구가 세월이 지남에 따라 비극적인 결말로 치닫는 내용의 이야기를 써보시오.

3 자살하기 직전인 사람이 떨어뜨린 일기장을 주웠다고 상상해보시오.

4 한 어린아이가 갖가지 소문들로 무성한 남자의 집 정원 담장을 뛰어내렸을 때 생길 수 있는 일에 관해 이야기해보시오.

5 사진이나 엽서를 무작위로 고른 후 그와 관련된 주제로 이야기를 구성해보시오.

6 킬러를 고용해 이전에 죽였다고 믿고 있던 인물을 지하철에서 보게 되었을 경우 그다음 상황에 관해 이야기해보시오.

7 과거에 경험한 가장 두려웠던 순간을 구체적으로 설명해보시오.

8 제삼자가 묘사하는 스토리의 주인공이 되어보시오.

9 대단한 가치가 있는 예술 작품을 훔치기 위한 준비과정과 그 계획을 어떻게 수행할 수 있는지 명확하게 묘사해보시오.

소수파 문학? 혹은 다수파 문학?

천천히 민중을 선동하는 힘이 있는 모든 위대한 작품을 다수파라고 칭한다. 그리고 그와는 상이한 것을 추구하지만 역시 훌륭한 작품들도 있다. 아래 설명을 통해 둘 사이의 정밀한 목표를 이해할 수 있을 것이다.

1. 위대하지만 소수파인 문학 : 카프카
2. 소수파지만 형편없는 문학 : 그저 입씨름이나 수수께끼 같은 문자들로 적어 내려간 대다수의 시들.
3. 위대하고 다수파이기도 한 문학 : 노인과 바다
4. 다수파지만 형편없는 문학 : 역사소설, 사진소설, 연애소설, 거의 모든 종류의 추리소설 혹은 형사물.

— 에르네스토 사바토, 《작가와 그의 유령들 El escritor y sus fantasmas》

10 당신의 기억에서 가장 험악했던 운전기사의 모습을 독자들도 느끼게 해보시오.

11 살면서 가장 놀랍다고 느낄만한 우연한 상황에 관해 이야기를 만들어보시오.

12 오래전부터 적대시하던 사람과 단둘이 엘리베이터에 두 시간 동안 갇혀 있다고 상상해보시오.

13 사형수가 죽기 전 마지막으로 떠올릴 만한 생각들을 묘사해보시오.

14 낯선 이를 통해 전달된 기묘한 노트를 발견하면서 일어나는 이야기를 시작해보시오.

15 당신이 기억하는 최고로 행복했던 순간에 대해 자세히 묘사해보시오.

16 대화체에 특별히 신경 쓰며, 상상할 수 있는 가장 파란만장하고 요란한 유혹을 시도하는 이야기를 적어보시오.

17 키우는 개가 정원에서 협박을 상징하는 끔찍한 무언가를 파냈다고 상상해보시오.

18 상하이에서 사업차 회식자리에 참석했는데 혐오스러운 동물을 요리한 음식이 테이블에 서빙되고 있는 곤란한 상황에 직면했다고 가정해보시오. 그 자리가 당신의 승진이나 사업상 매우 중요하다는 점을 염두에 두고 이야기를 전개해보시오.

19 기이한 사람이 운영하는 타투 스튜디오에서 벌어질 법한 불가사의한 이야기를 만들어보시오.

20 사전에서 무작위로 단어를 5개 찾아내어 그 단어들이 서로 관련이 있도록 이야기를 하나 만들어보시오.

형편없는 책들로 문학 수업받기

만일 당신이 작가가 되길 원한다면, 일단 두 가지 일을 해야 합니다. 많이 읽고, 많이 쓰는 것이죠. 이것을 능가할만한 다른 방식은 알고 있지도 않고, 다른 지름길조차 본 적이 없습니다. 저는 책을 상당히 느리게 읽는 편이지만, 보통 6개월에 70권에서 80권을 읽습니다. 대부분이 소설이죠. 공적으로 무언가를 공부하기 위해 읽는 것이 아니라 단순히 취미 삼아 읽는답니다. 매일 밤, 책 한 권을 손에 들고 푸른 색 소파에 몸을 눕힙니다. 물론, 소설의 예술성을 공부하기 위해 소설을 읽는 것도 아니지요. 그저 이야기를 읽는 것을 좋아할 뿐입니다. 그렇지만 어떤 경우든 배움의 과정은 존재하는 법이지요. 한 가지 혹은 여러 가지를 가르치려는 목적을 지닌 책들이나 형편없는 책들조차도 때로는 좋은 책들보다 더 많은 교훈을 주기도 합니다. (중략)

형편없는 산문을 읽음으로써 글을 쓸 때 피해야 할 점 몇 가지를 명확하게 배울 수 있습니다.

이를테면 《소행성의 광부들(Asteroid miners)》이나 《인형의 계곡(Valley of the Dolls)》, 《다락방의 꽃들(Flowers in the attic)》, 《메디슨 카운티의 다리(The Bridges of Madison County)》 등과 같은 소설들을 읽는 것은 명성 있는 문예 창작 아카데미에서 스타 강사의 강의까지 모두 포함한 1학기 수업과 맞먹는다고 볼 수가 있죠.

— 스티븐 킹, 《유혹하는 글쓰기》

레시피: 꿈의 세계

나의 문학적 기교에 관심이 있는 사람들에게 다음과 같은 레시피를 전해주고자 합니다. 꿈의 세계로 들어가 보십시오.

그 속에서 제일 처음 떠오르는 이야기를 일단 구상해보고 20장 정도를 적어 내려가 보십시오. 그리고 그것을 한번 읽어보십시오.

이 20장 안에는 아마도 어떠한 장면이 있을 것이고, 흩어진 여러 문구나 흥미롭게 생각되는 메타포가 있을지도 모릅니다. 이번에는 다시 같은 방식으로 한 번 더 글을 써내려가되 흥미로운 요소들을 충분히 살려내어 줄거리를 만들어보십시오. 현실 세계는 의식하지 말고 오로지 당신의 상상이 필요로 하는 부분을 충족시키며 계속 써내려가길 바랍니다.

이렇게 두 번째 집필을 하는 동안, 당신의 상상력은 일정한 방향을 잡게 될 것입니다. 그리고 이야기의 범위를 좀 더 구체적으로 정의해줄 새로운 집단을 찾아가게 됩니다. 그다음에는 그 집단의 뒤를 따르며 당신이 쓴 20장의 뒷이야기를 이어나가 보시길 바랍니다. 다만 항상 흥미롭고, 창조적이며, 신비하고, 무언가를 밝혀내는 요소들을 찾아내야 합니다. 그렇게 하는 동안, 아마 자신도 모르는 사이에 핵심적인 여러 장면이나 메타포, 상징들을 발견하고 이에 적합한 핵심 코드를 얻어낼 수 있을 것입니다. 어떤 경우에든 논리적인 힘이 기반이 되는 한, 손가락 아래서 하나의 몸체가 형성되는 법입니다. 그리고 완성을 위해 필요한 나머지 부분은 당신이 만들어낸 장면들, 인물, 콘셉트, 이미지가 채워나갈 것입니다.

— 비톨트 곰브로비치 Witold Gombrowicz, 《일기 Dziennik》

21 졸업 이후 소식을 들은 적 없는 학창시절 친구가 지금 어떻게 살고 있을지 상상해보시오.

22 블라인드 데이트(서로 모르는 남녀의 데이트)로 만난 두 남녀에게 일어나는 일들을 각각의 관점에 따라 유머러스하게 전개해보시오.

23 당신의 삶에 나타나 하루하루 메시지를 전해주는 특별한 유령과의 만남에 관해 서술해보시오.

글쓰기의 위험

작가는 마치 금고 안에 돈이나 보석이 얼마나 있는지 모른 채 이를 무력으로 훔쳐갈 계획을 세우는 강도와 같다. 어떤 전리품을 얻을지도 모른 채 20년형을 선고받아 수감된다거나, 유배되거나 혹은 수용소에 갇히게 될 위험에 무방비 상태로 있는 것이다. 시인과 작가들은 매번 새로운 작품을 발표해 호평을 얻게 될 때까지 그러한 위험에 처해 있다.

— 하인리히 뵐 Heinrich Böll

24 살면서 있을 수 있는 매우 위험할 법한 상황을 가능한 한 상세히 묘사해보시오.

25 이루어질 수 없는 사랑이 분명하지만 단념치 않고 극복해나가려는 상황에 대해 써보시오.

26 주인공을 그로테스크한 상황으로 몰고 가는 과하게 공허한 이야기를 지어보시오.

27 실제로 완벽하게 성공할 수 있는 범죄를 구상해보시오.

28 살면서 자연과 교감하며 느낄 수 있는 신비로운 경험에 관해 이야기해보시오.

29 연락처에서 무작위로 5명을 선택하여 그들을 주인공으로 이야기를 만들어보시오.

30 "그녀를 마지막으로 봤을 때, 그녀는 단지 어린 여자아이에 지나지 않았다."라는 내용으로 이야기를 시작해보시오.

31 지칠 줄 모르는 호기심으로 답하기 곤란한 질문들만 계속하는 아들과 그 아버지의 대화를 만들어보시오.

32 의처증에 걸린 병적인 남자에 관한 이야기를 써보시오.

33 오늘의 별자리 운세에 착안해 이야기를 만들어보시오.

34 도박을 하다가 남의 돈을 날려버려 강박증에 사로잡힌 도박꾼의 절망적인 상황에 관해 이야기해보시오.

35 자신이 기억하는 가장 무서웠던 선생님을 주인공으로 하여 공포소설을 구상해보시오.

36 블랙 유머를 유난히 즐기는 무덤 파는 인부의 사적인 삶에 대해 그려보시오.

37 "시신을 발견했을 때는 이미 5일이 지난 후였다."라는 문장을 첫머리로 이야기를 써보시오.

38 전혀 예상하지 못했던 일들로 열정의 하룻밤을 보내게 된 이야기를 만들어보시오.

39 당신이 연루된 교통사고 현장과 사건이 일어나기 직전 당신의 머릿속을 스쳤던 것을 생생하고 적나라하게 묘사해보시오.

40 다이어트나 금연을 시도했을 때 느꼈던 점을 적어보시오.

41 당신을 찬 애인에게 교활한 복수를 하는 내용을 적어보시오.

반사 능력

근사한 작품을 만들어내는 이들은 섬세한 환경에 살면서 멋진 대화를 나누며 폭넓은 교양을 가진 사람들이 아닌, 자신만을 위해 사는 것을 돌연 멈추고 자신의 개성을 거울과 비슷하게 만드는 능력을 가진 이들이다. 그리하여 그들의 삶이 세속적 혹은 지적인 관점에서 봤을 때 아무리 평범하거나 시시하더라도 그 모습은 거울에 반사될 것이다. 그러므로 재능은 반사하는 능력에 있는 것이지, 반사된 광경의 본질적인 성질에 있는 것이 아니다.

— 마르셀 프루스트

42 협박이나 폭력이 난무하는 외진 동네의 고등학교 선생님으로 새로 부임하여 처음 겪게 되는 상황들에 관해 이야기해보시오.

43 영화배우가 파파라치 조직의 추격을 피해 미친 듯이 도주하는 장면을 묘사해보시오.

44 외롭게 살던 한 남자가 어릴 적 다른 집으로 입양 보내진 자신의 쌍둥이 형제가 존재한다는 사실을 알게 된다고 상상하시오. 그리고 심지어 그와 한동네에 살고 있다는 것을 알게 된 후 일어날 법한 이야기를 상상하여 전개해보시오.

45 당신의 인생에서 가장 기이한 선물을 받았다고 가정해보시오. 선물이 암시하는 의미를 파악하여 당신에게 그것을 보낸 자가 누구인지를 유추하는 이야기를 만들어보시오.

46 작은 사건에서 시작하여 일어날법한 연쇄적인 상황들을 지어내 보시오.

47 부정적인 결말을 초래하는 두 가지 해결책 중에 반드시 하나를 선택해야만 하는 남자의 극적인 상황에 관해 이야기하시오.

자연의 묘사

자연을 묘사할 때는 매우 간결하거나 구체적인 목적을 가져야 하며 다음과 같은 보편적인 느낌으로 마무리해야 한다. '지는 태양은 어두워진 바다의 물결에서 목욕을 하며 다홍색 금의 번쩍이는 빛을 사방에 흘린다.'라거나 '제비들이 물에 스치며 환희에 찬 목소리를 낸다.' 등이 그 예다. 자연을 묘사할 때는 작고 사소한 부분을 자신의 것으로 만들어야 하는데, 눈을 감고 마음속에 선명한 이미지를 하나 그려보는 것도 하나의 방식이다. 예를 들어, '부서진 병의 유리 파편이 물레방아 제방의 작은 별처럼 빛났다.'라는 글귀로 달빛이 밝은 어느 밤의 이미지가 떠오르게 되는 것이다.

—안톤 체호프

소설의 시작

독자는 텔레비전을 보다가도 몇 번씩이나 일어나는 사람들과 크게 다르지 않다. 독자에게는 책을 덮고 다시는 읽지 않을 변명거리가 얼마든지 있기 때문이다. 그들을 조금씩 매료시키며 가능한 한 붙들고 있어야 한다. 이를테면, 내가 젊었을 적 나는 첫 번째 구절은 독자를 붙잡고 묶어서 매듭을 지을 수 있을 정도로 충분히 길어야 한다고 배웠다. 짧은 구절은 그들을 금세 놓아주는 결과를 초래하니 말이다. 이것이 모두 사실이라고는 장담할 수 없다. 짧지만 다양한 구절들의 리듬 또한 긴 구절만큼이나 독자를 에워싸는 데 효율적일 수도 있다. 나는 어떤 책들은 전체 내용 중에서 시작점인 발단 부분이나 혹은 '제1장'이 가장 훌륭하다는 내용을 메모해 둔 적이 있다. 이것은 작가들의 책략이 아니라 단지 그 단락이야말로 작가가 다른 단락보다 비교적 더 많이 수정하고 정정했음이 분명하기 때문이다. 우리는 매번 우리가 써내려가는 것을 다시 읽는다. 나는 일반적으로 글을 쓰기 전에, 앞서 써오던 모든 것을 읽는다. 그리하여 처음으로 읽기 시작한 시점에서 마지막 수정할 때까지 반복해 읽는 일이 3년에서 4년 정도 걸리기도 한다.

— 아돌포 비오이 카사레스 Adolfo Bioy Casares

48 다른 사람에게 보내졌어야 하는 문자메시지가 잘못 도착하면서 벌어질 수 있는 일에 관해 이야기하시오.

49 지금 막 끔찍한 범죄를 저지른 남자가 느끼는 감정과 그로 인해 앞으로 일어날 일에 대해 남자가 어떠한 두려움을 느끼게 될지 명확하게 분석해보시오.

50 한 지역에 전해지는 전설에 착안하여 공포소설이나 단편소설을 써보시오.

51 당신의 인생에서 가장 지루했던 일이나 직업에 관하여 코믹한 느낌을 살려 서술해보시오.

52 사이버 공간(채팅)에서 알게 된 두 인물이 점점 사랑을 이뤄가는 내용을 전개해보시오.

53 당신의 부모님이 서로를 어떻게 알게 되었는지, 그리고 당신이 그들의 이야기를 쓰기 전까지 부모님이 어떻게 살아왔는지 이야기해보시오.

기억들

한 사람이 자신의 기억에 대해 쓰기 시작할 때, 몇몇 평론가들은 그런 기억들이 전혀 사실적이지 않으며 작가가 자신을 속이며 쓰고 있다며 격분하기도 한다. 그러나 만일 당신이 소설을 쓴다면, 모든 독자는 주인공을 보고 당신에 대해 알게 될 것이다. 특히 당신이 창조한 영웅이 비호감이거나 악질적인 인물이라면 사람들은 '자기 얘기네.' 하고 말할 테지만 그 영웅이 진정 영웅적인 인물이라면 '그런 인물은 당최 어디서 나온 것이요?'라고 말할 것이다. 이를 통해 간단한 사실을 알 수 있다. 사람은 다른 사람을 믿지 않는다는 것이다.

— 조르주 뒤아멜 George Duhamel

54 당신이 기억하는 가장 어려웠던 대화를 떠올리며 그것을 옮겨보시오.

55 만일 당신이 술잔 위에 있는 알라딘 요정을 발견했고, 그가 오늘 밤 안에 이룰 수 있는 세 가지 소원을 들어준다고 한다면 어찌할지 상상해보시오.

56 동화나 전통 우화를 현시대에 맞게 개작해보시오.

57 당신의 가장 나쁜 습관을 소설의 인물을 통해 묘사해보시오.

58 혼령을 부르는 의식에 참여한 한 어린아이가 느끼는 공포에 관해 서술해보시오.

일시적인 커플

형용사는 명사와 합법적인 관계가 아닌 불륜관계여야 한다. 어떠한 단어들 사이에는 결혼한 관계가 아닌 일시적인 결합이 더 적합한 경우가 있기 때문이다. 그리고 이를 통해 작가가 얼마나 독창적인지 가늠할 수 있다.

— 알퐁스 도데 Alphonse Daudet

이야기의 도덕성

이야기 속에 도덕성이 지나치거나 아니면 아예 없는 것은 둘 다 마찬가지로 나름의 근심을 지니고 있다. 예술 안에 몸을 숨긴 도덕성은 보편적인 잣대에 의해 표현되는 것이 아니고 이야기 속 개별적인 존재를 통해서만 구현된다. 결국 이는 예술 작품 자체가 추구하는 목표 안에 포함되지 못하고 단지 작품 내에서 극적인 내용 전개를 위한 요소 정도로 변모할 뿐이다. (중략)
누구든 도리안 그레이의 죄를 보지만, 아무도 그의 죄가 무엇인지 알지 못한다. 만일 누군가가 그의 죄를 발견했다면, 그 자신이 그 죄를 지었기 때문일 것이다.

— 오스카 와일드

59 연중 최고로 더운 날 밤, 한 침대에 누워 특이한 일로 다투는 커플에 대해 이야기하시오.

60 격렬한 총각파티 다음날 교회에 결혼식을 하러 가야 하는 예비신랑이 겪고 있는 끔찍한 숙취를 묘사해보시오.

61 잘 수밖에 없었던 곳 중에 가장 특이했던 장소에 대해 설명해보시오.

62 자신의 가장 은밀한 욕망을 이루기 위해 반드시 통과해야 하는 고난도의 테스트에 관한 이야기를 만들어보시오.

63 항상 머피의 법칙에 걸려서 모든 것이 필연적으로 잘못되어 버리는 인물을 창조해보시오.

64 유년기에 꿈꿨던 일을 실제로 지금 하고 있다면 당신의 삶은 어떨지 이야기해보시오.

65 첫 키스를 하기 바로 전과 하는 동안에 일어나는 모든 섬세한 감정들을 묘사해보시오. (그 이후에 일어나는 일도 포함 가능함)

인간의 조건에 대해

픽션은 기본적으로 두 가지 유형으로 분류된다. 작가 자신 혹은 독자의 재미와 즐거움을 위해 글을 쓰는 것이 그중 하나다. 이는 작가 자신이 시간을 보내거나 혹은 독자가 시간을 보낼 수 있도록 하며, 혹은 기분 전환을 할 수 있게끔 그 요소를 제공해 준다. 아니면 인간의 조건을 찾기 위해 글을 쓰기도 하는데 이 경우, 심심풀이 농담이나 놀이 혹은 유쾌함 등의 소재는 전혀 의미가 없다. 실제로 독자로서 이런 종류의 소설을 읽다 보면 불만스러운 감정이 생길 것이고 이는 전혀 이상한 일이 아니다. 게다가 이렇게 인간의 내적 시마(대륙 지각의 하부나 해양 지각을 구성하는 부분)를 탐험하는 부류의 글이 단지 따분하기만 한 것은 아니다. 이런 유형의 픽션을 읽다 보면 어느 순간 생각지도 않던 근심이 생기기도 한다. 이는 분명 유쾌한 일이 아니리라.

모리스 나디우는 작가와 독자를 같은 자리에 그대로 두는 소설은 쓸모가 없다고 이야기한다. 이 말은 옳다. 우리가 《심판》을 다 읽었을 때, 우린 읽기 전과는 다른 사람이 되어 있어야 한다. (그리고 확실한 것은, 그것을 쓴 카프카 역시 그랬을 것이라는 점이다.)

— 에르네스토 사바토

66 누군가 매우 급하게 화장실을 사용해야 하는데 정작 들어갈 칸이 없을 때 일어날 만한 골치 아픈 이야기를 만들어보시오.

67 처음 방문한 나라에서 길을 잃어 거리의 이름을 판독하거나 사람과의 소통이 불가능한 여행객의 우여곡절 스토리를 전개해보시오.

68 지금껏 살아오면서 긴장감으로 손에 땀을 쥐었던 순간과 그때 머릿속을 스친 모든 것을 이야기해보시오.

69 살아오면서 직접 목격했거나 경험했던 가장 유쾌한 상황을 떠올려보시오.

70 당신의 가족 구성원 중 검은 양에 해당하는 인물과 그가 했던 대표적인 악행을 이야기해보시오.

71 당신의 애완동물이 화자라는 설정으로 이야기를 써보시오.

72 출생지가 서로 다른 두 명의 문학인 혹은 작가를 당신의 이야기 속에서 만나게 해보시오.

73 잠을 자지 않고 버틴 최고 기록을 떠올리며 그때 몸이 당신에게 보냈던 특별한 신호를 자세히 이야기해보시오.

74 라디오 아나운서와 자살을 시도하려는 청취자 사이의 긴박한 대화를 전개해보시오.

75 처음으로 술이나 불법적인 마약류를 접해봤을 때의 일을 이야기해보시오.

76 진부한 패션쇼에 대한 대안으로 주최하는 못난이 패션쇼에 관한 이야기를 창작해보시오.

77 당신의 연인 앞에서 처음으로 알몸이 되어 나누었던 첫 경험의 느낌을 묘사해보시오.

78 장모와 사위 혹은 동서들이 서로 지나치게 증오하는 상황과 이로 인해 일어날 수 있는 예측 불가능한 사건들을 전개해보시오.

이야기의 첫 페이지

여러분이 자신의 취향에 맞는 좋은 작품을 하나 선택하여 그것의 첫 페이지를 분석해보길 바랍니다. 만일 단순히 장식만을 위해 늘어놓은 의미 없는 요소들을 발견했다면 놀랄 만한 일입니다. 이야기를 쓰는 사람은 시간에 구애받아서도, 작업을 잔뜩 쌓아놓고 진행해서도 안 된다는 사실을 압니다. 작가의 유일한 자원은 문학적 공간의 위아래로, 그리고 수직적으로 깊이 있게 일하는 데 있습니다. 그리고 이러한 은유적인 표현이 곧 이야기의 본질을 말해줍니다.

— 훌리오 코르타사르

79 결승선에 도달하기 전에 실신할 것만 같은 두려움을 느끼는 마라톤 선수의 고통을 상상해보시오.

80 평소의 모습과는 완전히 다른 사람처럼 행동하며 사악한 계획을 꾸미는 인물에 관한 이야기를 꾸며보시오.

81 살아오면서 겪었던 가장 위험한 순간과 그로 인해 일어날 수 있었을 법한 여러 가지 다른 결과를 상상하여 전개해보시오.

82 성년의 날을 기념하고자 밤에 외출하는 상황을 당신의 이야기로 가정하여 만들어보시오.

83 처음으로 회사에 면접을 보러 갔던 경험이나 특별히 참담했던 면접에 관해서 서술해보시오.

84 안 좋은 일이 벌어질 것을 암시하는 불안한 꿈에 관해 이야기해보시오.

85 자신의 애완동물이나 아끼는 화초 혹은 베개와 대화를 나누는 고독한 인물을 서술해보시오.

86 늦은 밤, 분초를 다투며 다급히 운전하는 앰뷸런스 기사가 떠올릴 법한 생각들을 이야기해보시오.

간결함에 대한 찬사

만일 문학 작품 한 편이 한 번에 읽기에 지나치게 길다면 두 권으로 만들어야 하겠지요. 이렇듯 인쇄물의 단위에서 차이가 나게 되면 굉장히 중요한 효과를 잃어버릴 수 있습니다. 두 권 사이에 놓인 일상적인 활동 자체가 스토리의 전체성을 망가뜨리며 방해하게 된다는 것이지요……. 그러므로 모든 종류의 문학 작품은 연장에 관련된 적절한 마지노선을 정해야 합니다. 한 번에 글을 읽을 수 있는 범위로 제한하자는 것이죠.

— 에드거 앨런 포

작은 레시피

할 수만 있다면 글을 쓰게나. 이는 마치 현실이 될 것 같지 않은 꿈과 같고, 메뚜기의 신혼여행처럼 어이없게 느껴질지 모르지만 어린아이의 순수한 심장처럼 진실한 것이라네.
— 어니스트 헤밍웨이

87 유년 시절에 느꼈던 공포심에서 영감을 얻어 어른들을 위한 공포물을 만들어보시오.

88 세기적인 사기를 치려는 일당을 주인공으로 이야기를 만들어보시오.

89 "넌 어제 어디에 있었니?"라는 질문과 관련한 이야기를 시작해보시오.

다다이즘 시를 쓰는 법

신문을 들어라.
가위를 들어라.
당신의 시에 적합할 만한 분량의 기사를 이 신문에서 골라내라.
그 기사를 오려내라.
그 기사를 형성하는 모든 낱말을 하나씩 조심스레 잘라서 자루 속에 넣어라.
조용히 흔들어라.
그다음엔 자른 조각을 하나씩 꺼내보아라.
자루에서 나온 순서대로
정성 들여 베껴라.
그럼 시는 당신과 닮을 것이다.
그리하여 당신은 무한히 독창적이며 매혹적인 감수성을 지녔으나 무지한 대중에겐 이해되지 않는 작가가 될 것이다.
— 트리스탕 차라 Tristan Tzara, 《7개의 다다선언 Sept manifestes Dada》

인터뷰는 끝났다

불행히도 우리가 흔히 볼 수 있는 인터뷰는 우리가 상상하는 대화와는 전혀 관계가 없다.
1. 인터뷰하는 사람은 우리의 관심사와는 전혀 상관없이 자신의 취향에 맞는 질문을 한다.
2. 대답 중에서 단지 맘에 드는 것만을 추린다.
3. 대화에서 사용된 어휘나 생각 등을 다른 식으로 해석해버린다.

인터뷰는 발행된다. 당신은 금방 잊게 될 거라며 스스로 위안할 것이다. 그러나 절대 그렇지 않다. 사람들은 그것을 인용하게 될 것이다! 고지식한 대학생들조차 작가가 집필하고 서명한 단어들과 다시금 재생된 단어 간의 차이를 구분하지 못한다. 나는 이전부터 단호하게 결심했다. 인터뷰는 끝났다는 것을.

— 밀란 쿤데라, 《소설의 기술 L'Art du roman》

104 러브레터의 형식으로 열정적인 로맨스를 만들어보시오.

105 당신 혹은 지인이 경험한 죽을 뻔했던 경험에 관해 이야기해보시오.

106 100일간 비가 멈추지 않는 도시가 있다고 가정했을 때, 그 지역에서 일어날 수 있는 일을 상상해보시오.

107 일곱 가지 대죄나 십계명과 관련된 이야기 혹은 소설을 구성해보시오.

108 무덤에 기대어 고인의 파란만장했던 삶을 기억하는 인물을 창조해보시오.

109 당신이 사는 지역에서 일어난 살인사건이 해결되지 않았다는 가정하에 이야기를 꾸며보시오.

110 관음증에 걸려 다소 위험한 시도를 하려는 인물의 상황을 전개해보시오.

111 일상에서 벌어진 이야기를 5개의 다른 관점에서 이야기해보시오.

112 "단 한 번도 내게 그런 일이 있으리라 생각해본 적이 없었다."라는 내용의 이야기를 시작해보시오.

113 길바닥에서 밥을 먹던 거지가 어느 날 기묘한 은인과 부딪히면서 일어날 수 있는 모험을 이야기해보시오.

114 햄버거 가게의 부엌에서 나누는 정사에 관해 이야기해보시오.

115 매우 중요한 무언가를 잃어버리고는 그것을 아무에게도 말할 수 없는 사람의 이야기를 지어내 보시오.

116 절대적으로 미신을 신봉하는 한 사람의 하루를 상세히 설명해보시오.

117 한 레스토랑의 화장실에 적혀있는 번호를 메모한 후, 자신의 휴대전화로 그 번호에 전화를 거는 인물의 이야기를 전개해보시오.

118 엄청난 금액의 로또에 당첨된 후부터 24시간 동안 일어나는 일을 상상해보시오.

119 어느 방에서 살인사건이 발생했고, 그 방이 잠겨있다는 내용으로 이야기를 만들어보시오.

개인 서재

각자가 스스로 자신의 고전을 위한 서재를 만드는 것 외에는 다른 방도가 없다. 그 서재는 우리가 읽었거나 이야기로 들은 책들과 우리가 읽으려고 생각했거나 누군가에 의해 듣게 될 가능성이 있는 책들을 각각 분류해야 한다고 생각한다. 그리고 그 사이에 우연하게 발견하게 될 책들을 위한 깜짝 공간을 비워두는 것이다.

— 이탈로 칼비노, 《왜 고전을 읽는가 Perché leggere i classici》

작가를 위한 십계명

1. 금주와 금연할 것. 마약 하지 말 것.
2. 사치스런 습관을 갖지 말 것.
3. 꿈꾸고 글을 쓰고, 꿈꾸고 또다시 글을 쓸 것.
4. 우쭐대지 말 것.
5. 겸허해하지 말 것.
6. 진정 위대한 것에 대해 쉼 없이 생각할 것.
7. 위대한 것을 다시 읽는 행위를 단 하루도 거르지 말 것.
8. 런던, 파리, 뉴욕을 동경하지 말 것.
9. 그대 자신을 기쁘게 하려고 글을 쓸 것.
10. 쉽게 기뻐하지 말 것.

— 스티븐 비진체이 Stephen Vizinczey, 《문학에서의 진실과 거짓 Truth and Lies in Literature》

120   무의식적으로 유령에게 조종당하는 인간들과 그들을 이용하여 자신의 한을 풀고자 하는 유령의 이야기를 만들어보시오.

121   가장 환상적으로 기억에 남는 휴가를 일기 형식으로 이야기해보시오.

122   어떤 선량한 사람이 살인에 가담하도록 협박을 당하는 상황을 상상해보시오.

123   중요한 데이트가 있는 날, 끔찍한 헤어스타일로 미용실을 나온 여자가 당신이라고 생각하며 이야기를 전개해보시오.

124   당신의 인생에서 맨 처음 기억나는 일을 묘사해보시오.

125   당신의 인생을 통틀어 가장 중요한 사람들을 알게 되는 파티의 장면을 그려보시오.